MOUNTAIN

登自己的山

All This Wild Hope

DAS GANZ NORMALE CHAOS DER LIEBE

爱的 失序

现代社会的 亲密关系

[德] 乌尔里希·贝克　[德] 伊丽莎白·贝克-盖恩斯海姆　著

苏峰山　魏书娥　陈雅馨　译

GUANGXI NORMAL UNIVERSITY PRESS

广西师范大学出版社

· 桂林 ·

图书在版编目 (CIP) 数据

爱的失序：现代社会的亲密关系 / (德) 乌尔里希·贝克,
(德) 伊丽莎白·贝克-盖恩斯海姆著；苏峰山，魏书娥，陈雅馨译.
桂林：广西师范大学出版社, 2025.5 (2025.8重印).
ISBN 978-7-5598-7960-8

Ⅰ. C912.3

中国国家版本馆CIP数据核字第2025ZN5274号

著作权合同登记号桂图登字：20-2024-028号

本书译文由立绪文化事业有限公司授权简体字版出版发行

AI DE SHIXU: XIANDAI SHEHUI DE QINMI GUANXI
爱的失序：现代社会的亲密关系

作　　者：（德）乌尔里希·贝克　（德）伊丽莎白·贝克-盖恩斯海姆

译　　者：苏峰山　魏书娥　陈雅馨

责任编辑：谭宇墨凡　李　珂

封面设计：董茹嘉

内文制作：燕　红

广西师范大学出版社出版发行

　广西桂林市五里店路9号　邮政编码：541004
　网址：www.bbtpress.com

出 版 人：黄轩庄

全国新华书店经销

发行热线：010-64284815

北京启航东方印刷有限公司印刷

开本：880mm×1230mm　1/32

印张：11　　　字数：212千

2025年5月第1版　2025年8月第2次印刷

定价：78.00元

如发现印装质量问题，影响阅读，请与出版社发行部门联系调换。

目 录

导　论

个体化，以及生活与爱的方式

"为什么你要跟这个男人结婚？"在迈克尔·坎宁安的小说《末世之家》中，一位女儿这么问她母亲。"你难道从不担心自己可能犯下长久的错误，像是偏离了真实生活的轨道，走上一条你永远无法回头的岔路？"她母亲对这问题挥了挥手，好像要赶走一只一直在旁边嗡嗡烦人的苍蝇一样，她手上的番茄酱闪闪发光。"我们从来就不去想这种大问题，"她说，"想这么多，计划这么多，你不觉得很辛苦吗？"（Cunningham，1991：189—190）

在《举证责任》一书中，斯科特·图罗用同样的话描述一位父亲，他女儿对自己的未来有着无尽的疑惑，这位父亲穷于招架："听着桑尼（他女儿）这个被各种冲动与激情——哀求、围困、讽刺、愤怒——折磨着的人的伤，斯特思突然意识到他和克拉克（他太太）是幸运的。在他所处的那个时代，一切都有比较清楚的界定。那个年代，在西方世界长大的中产阶级男女都会想要生儿育女，做一些大家都会做的事，每个人都沿着相同的道路前行。但是在新的时代，对晚婚的桑尼而言，每件事都是一个选择。她每天起床都要从头再来一遍，质疑两性关系、婚姻、男人，还有她选择的心性不定的伴侣——从她的描述来看，那个男人还像是个大男孩一样。这些令他想起玛塔，那个常说等她想明白自己需要男性伴侣做什么的时候，就会去找一个的女人。"（Turou，1991：349）

到底什么是"新时代"？本书认为，新时代的主要特征之一就是爱情、家庭与个人自由之间的利害冲突。以往核心家庭是围绕着性别身份建立起来的，而今核心家庭正遭受解放与平等权利等议题的冲击。这些议题不再像从前一样停留在我们的私人生活之外。结果便是常态性的混乱，我们称之为爱情。

如果这个诊断是正确的，那接替家庭，接替天伦之乐的将会是什么？当然还是家庭！只是不同的、更多的、更好的家庭：协商家庭、交替家庭、多样性家庭、离婚后的新安排、再婚、再度离婚，对于你的、我的、我们的小孩、我们以前和现在的家庭重新分类配对。那将是核心家庭在空间上的扩展和在时间上的延伸；那将如往昔一般是个人之间的联盟。那将会被大大地颂扬，因为在我们这个富裕却冷漠、传统不再、充满各种伤人风险和不确定性的冰冷社会环境中，家庭代表了一种避难所。比起从前，爱情将更为重要，但也越发不可能。

　　现代男女身不由己地追求正确的生活方式，尝试同居、离婚或合同婚姻，努力调和家庭与事业、爱情与婚姻、新的母职与父职、友情与交友。这种趋势蔚然成风，而且没有中止的迹象。我们可以说这是在阶级斗争之后的"身份斗争"。在财富和社会安全已有相当水平的国家，和平与民主权利已是理所当然。在这些国家，人们不再为日常生活中的不幸和压迫所苦，那已不再是日常抗争的对象，因此家庭需要与个人自由，或者家庭需要与爱情之间的矛盾也就不再被这种日常斗争所掩盖。当传统的社会认同逐渐消退时，男女之间关于性别角色的对抗日渐成为私人领域的核心。一连串看似琐碎却又重要的对立，从谁来洗碗争到性事、忠贞，以及各种态度问题，开始直接或暗地里改变了社会。在以个人成长为中心的社会，爱情如偶像般被膜拜，如此为众望所托，以致爱情似乎不知滑落至何处。当爱情承载了更多的希望，它似乎更快地散入轻烟中，不再有任何社会情义可言。

　　正因为这一切都是在爱情领域中出现的，所以它们以一种伪装的、隐蔽的方式秘密地发生。首先这种对立被认为只是"你"与"我"之间的相互厌恶。爱情所带来的紧张关系和我们赋予它的巨大意义，并不体现为互相矛盾的社会角色，而是直接呈现为当事人之间的正面冲突——由他们的性格、缺陷和疏忽所引发，最终演变成一个相互攻讦而又时刻想逃离的战场。说得世俗一些，工人与管理阶层也把他们之间的分歧理解为个人问题，可是至少他们并非注定要相爱、组建一个家庭、经营婚姻、共同养育儿女。另一方面，在家庭关系中，共享同一个家庭使男女之间的不协调都成为私人问题，而且令人感到痛苦。夫妻俩试图各自安排好一切，将外部世界的要求放在一旁，以对彼此的爱来创造自己的世界，这就将二人世界固有的不和转变为个人层面的困难。争吵和争执带来的伤痛之所以如此刻骨铭心，正是因为它们构成了这对伴侣的安全系统的一部分——在缺乏其他稳固情感基础的情况下，他们已将全部信任托付于这一系统。

爱情已不再令人安适，而人们却对爱情投注更高的希望，这只不过是粉饰爱情，以对抗诸如私人背弃这种令人不快的现实。"下一次会更好"这种安慰人的陈词滥调结合了失望与希望，同时激起这两种情绪并将之个体化。这一切是那么可笑，平淡无奇，令人啼笑皆非，有时则以悲剧收场，这一切是那么复杂而又紊乱——而这正是本书所要探讨的主题。也许人们只是失去了对其他问题的关注。或许，在期待与冲突的重压下，爱情已成为我们这种去传统化生活的新核心。爱情将自身表现为希望、背叛、渴望与妒忌——就算德国人这么严肃的民族都不免为情所苦。这就是我们所谓的爱情的常态混乱。

个体化：新起点，新社会？

可到底是什么驱使人们将自己的自由、做自己的渴望和自我等一切事物与家庭对立起来？为何要踏上这条探索自己最陌生（却又最亲近）、最神圣，也是最危险的大陆的旅程？这种看似高度个人化的却又广泛存在的模式，这种几乎痴迷的热情，这种愿意为此承受痛苦的决心，以及在撕裂自己根基、摧毁它们以检验其是否健康时展现出的普遍的冷酷无情，我们要如何解释呢？

许多人认为答案是显而易见的。问题出在个人主义者身上：他们的需求与不满、他们对刺激的渴望；以及他们日益减少的妥协、服从或忍耐他人的意愿。一种普遍的时代精神已经深刻影响了每一个人，驱使他们各行其是，而这种影响力能有多大则取决于他们移山填海般将个人希望与周遭现实融为一体的能力。

这种解释却引发了更多问题。许多人过得困顿不安，却又逃出家庭之外，我们该如何解释这种现象呢？成千上万的离婚者并没有主动这样安排自己的生活，他们背后也没有工会支持他们主张自主、争取罢工的权利。根据他们的理解，他们是在对抗一种常常威胁要控制他们的力量，他们相信自己正在为内心深处的愿望奋战。每一次的悲欢离合看起来都像是一场独特的独角戏，穿戴高度个性化的戏服，但事实却是，在世界各地的大都会中，这场表演以非常相似的道具一次又一次地上演，只是语言各异。

世界各地，成千上万人仿佛陷入集体癫狂般，依个人意愿决心放弃往昔婚姻带来的喜悦，用以换取一份新的梦想，选择在法律的安全和保障之外，共营"开放婚姻"，或者独立扶养小孩，我们该如何解释这种现象呢？而今，这样的梦想已有如梦魇，但他们仍执意如此过活，追逐独立、多样、变化等观念，持续翻开新的一页自我，为什么他们宁愿这么做呢？这是一种自我膨胀的流行病吗？是一种需要以伦理药水、名为"我们"的药膏和基于公共利益的日常劝诫加以治疗的发热病吗？

或者这是朝向新领域的先驱之航，探寻不为人知却更为理想的答案？尽管这些个体在自我决定的问题上显得光彩夺目，但他们是否可能成为更深层次变革的推动者？他们会是一群先锋，宣告一个新时代和一种个人与社会新关系的来临吗？这会是不一样的共同基础：不再基于对旧有准则的既定共识。它从个人的生命历程中浮现，每一步都要争论质疑，找出新的安排方式，面对新的需要，为自己的决定辩护；而人们必须帮助它抵御威胁我们生命秩序的离心力和变幻无常之破坏。这是本书所要呈现的观点和理论，其关键词是个体化。在此，我们首先用一个近期的例子来对比，进而解释这个术语的含义。

19 世纪末，家庭危机的征兆已经显露，德国《民法典》之父（德国《民法典》只有父亲绝非只是巧合）对婚姻做了如下的界定：婚姻乃是以其自身为目的，以其自身为合法基础的制度，是一个已婚之人尤其没有权利批评的制度。人们可以在讨论中看到这样的说法："符合一般德国人民的基督徒观点"（仿佛是从一本功能论教科书中"一般价值体系"那一项影印下来的内容），"草案的基本观点是，在婚姻法中……个人自由原则不该成为主导力量，婚姻更应该被视为独立于夫妻双方意志的道德法律秩序"。[1]

个体化旨在并确实带来了全然相反的原则。生命历程摆脱了传统的规范与确定性，不再受外在情境与一般道德法规的限制，变得更加开放并依赖个人决策，成为每个人该去成就的工作。生命中与个人决策无关的部分正逐渐消失，而开放给个人决策及个人主动性的部分则逐渐增加。标准生命历程转变成"选择生命历程"（Ley，1984），伴随而来的是所有的压力和"自由的战栗"（Wysocki，1980）。

换另一种方式说，家庭、婚姻、亲职、性或爱的意义是什么，它们应该是什么样子，可以是什么样子，关于这一切已不再可能有一套固定的说法；这些事情的实质内涵、例外情况、规范与道德变化多端，因人而异，因关系而变。想要回答这些问题，人们必须在如何、为何、为何不是，以及到底是什么等细节上进行斟酌、协商、安排和论证；虽然这么做可能会将原本在细节里沉睡、大家普遍认为已经被驯服的冲突与恶魔释放出来。更准确地说，越来越多想要共同生活的个人，正在成为自己生活方式的立法者、自身过失的审判者、为自我开脱罪责的祭司，以及为自身过往之事松绑的精神医师。然而，他们也逐渐成为复仇者，对持续不断遭受的伤害施以报复。爱情成为一面空白——恋人必须跨过日渐扩大的生命历程之鸿沟，将自身填入，即使这种行为可能是受到了流行抒情歌曲、广告、色情作品、言情小说或精神分析的影响。

感谢宗教改革，人们得以从教会与神圣有序的封建等级制度中解放出来，进入一个社会的、资产阶级的、工业的世界，这个世界提供给人们一个看似无限的空间，让人们能够运用科技的蓝图培育兴趣和征服自然。同样，身处当前繁华与常规的舒适中，借由现代科技，个人不再被某种责任所限制，然而现代科技却威胁着要接管他们的生活，使他们对任何有关繁荣和进步的断言产生怀疑。人们发现自己身处一块孤独之域，在这里必须为自己负责，自己下决定，并且将自己的生活与爱情置于险境，而人们对这些尚未有充分的准备，过往的成长经历也没有让人们获得处理这些事情的相应能力。

个体化意味着男女双方都能摆脱工业社会为核心家庭生活所规定的性别角色。这让个人处境更为恶化，人们发现自己在物质条件不利的折磨下，不得不通过劳动市场、培训与流动来建立自己的生活，如果有必要，还得以牺牲对家庭、亲友的承诺为代价来追求这种生活。[2]

因此那些看似是努力追求自由，发现真实自我的个人奋斗，实则也是一种符合普遍要求的普遍动向。这就决定了个人的生命历程必须以劳动市场为核心来进行规划；预示着个人必须具备一定的资格，而且可以自由流动。对那些极力主张快乐家庭的重要性，却又否定其成立条件的人来说，上述的要求更是被强调。自由的感觉和实际的自由打破了旧有的家庭生活图景，鼓励人们去追求一种新的家庭生活，这种自由感并非个人的发明，而是晚近劳动市场的产物，另一方面还受到福利国家的抑制。实际上，这是劳动市场的自由，意味着每个人都有自由地承受某些压力、适应职业市场的要求。重要的是你会将这些压力内化，将其融入你的人格、日常生活，以及对未来的规划，尽管你的家庭必然会排斥这些压力，它们必定与你家庭的需求及家庭内的分工相冲突，你还是会这么做。

从外部或从历史角度来看，表面上看似个体的失败，通常被归咎于女性伴侣，实际上却是家庭模式的失败。这种家庭模式能调和一个劳动市场的生命历程与一个终生管家的生命历程，却无法调和两个劳动市场的生命历程，因为劳动市场的内在逻辑会要求夫妻双方都优先考虑自己。要衔接两个分道扬镳的生命历程需要一番工夫，是一种惊险的平衡行为，前几代人从未如此广泛地期待过这种行为，可是在未来的世代，有愈来愈多的女人追求自我解放，这样的要求势不可免。

这只是问题的一面，可这清楚显示了，在两性之间这场牛仔与印第安人的游戏中，一个未被察觉的、外来的、非情色的和非性别的矛盾正在浮出水面：存在于劳动市场的需求与各种关系（如家庭、婚姻、母职、父职、友情等）的需求之间的矛盾。劳动市场所传达出来的理想形象乃是一个完全流动的个人，这类人将自己视作运作灵活的工作单位，充满了竞争性与野心，可以无视与其自我存在和身份相关的社会承诺而为工作付出。这种完美的职场员工符合职业的要求，随时准备配合工作需要来迁移。

个体化一词涵盖了极为复杂而又分歧的现象，更精确地说，个体化是一种社会变革；我们必须区分出这个名词的各种含义，而每个含义的实际意思都不该被忽视。一方面个体化意味着选择的自由，另一方面则代表顺应内化需求的压力；一方面它表示对自己负责，另一方面则意味着你必须依赖自己完全无法掌控的情境条件。因此鼓励个人主义的情境产生了一种陌生的新依赖形式：你有责任将自己的生存样态标准化。从传统限制解放出来的个人会发觉自己被劳动市场所支配，他们不得不依赖职业训练计划、社会福利的管控与照顾。从大众运输系统到托儿所设置地点与开放时间，从入学许可到退休计划都是他赖以生存的情境条件。

换言之，传统的婚姻与家庭并不就代表限制，而现代的个人生活并非就是自由，只是一个同时包含限制及自由的混合体被另一个混合体所取代，而后者似乎显得较为现代，更具有吸引力。尽管现代人的生活可能充满压力，却很少有人想要回到"过去的美好时光"，可见这种生活形式是比较能适应现代挑战的。当然也有一些男性想让时光倒流，不过并不是想让他们自己回到过去，而是让女性回到过去。

　　历史悠久的规范逐渐消退，不再能决定我们的行为。以往被视为理所当然的生命历程，现在则常被提出来检讨、沟通、讨论、寻求新的同意，也正因如此不再被视为理所当然。在追求亲密关系时，行动者转而成为自己的批评者、指导者和听众，一边表演、一边观看并讨论，却无法达成快速实现目标所需的规则共识。这些规则不断被证明是错误和不公平的偏见。在这种情况下，躲进固化的思维中，重新回归非黑即白的二元思考，几乎就像是一种拯救——"好了，就这样，够了"。

　　由此产生的多样性充满了独特而相互矛盾的真理。人们尝试打破禁忌，将之变为常态。这种变化很有感染力，甚至那些曾经觉得待在旧有的确定性中十分安稳的人，也不禁会产生怀疑的情绪。毫无疑问，多样性要求相互容忍，但从另一个角度来看，它也很容易呈现出失序、放荡或道德无序，难免有人呼吁要用铁腕整顿。我们可以依此来解读对传统确定性的渴望：这样的渴望响应了人们对失去自己的生活与社会地位之恐惧，也响应了强烈的文化不确定感，这种不确定感被个体化的过程所唤醒，潜藏在日常生活的每个层面、每个角落。正是在这种情况下，那种对"标准"的信念在暗中发声，人们焦虑地看到性别角色在日常生活中逐渐瓦解，于是呼吁拯救祖国、国家，以及类似的传统象征。

个体化不是一直都有吗？

或许有人会质疑，个体化的过程难道不是一直在进行吗？古希腊（Foucault）、文艺复兴（Burckhardt）、中世纪的宫廷文化（Elias）等何尝不是如此？[3]确实，个体化在一般意义上不是什么新鲜事物，也不是现在才在繁华德国出现。然而，表面看起来好像一样的现象，实际上却有不同内涵，这些并没有被充分发掘。当代个体化现象与以前最大的不同在于其大众性，即当前个体化潮流的范围广度和系统性特征。它作为长期现代化过程的副产品出现在西方富有的工业国家中。如前所言，这是一种劳动市场的个人主义，我们不要把它与有如传闻般的市民阶级概念相混淆，后者在现代社会早已寿终正寝，却一再在美丽辞藻的修饰下重现。往昔只有一些小团体和少数精英才有余暇关注自身兴趣的发展；现在，与个体化息息相关的"有风险的机会"（Heiner Keupp）已被民主化了，或简单一点说就是，正在通过我们的生活方式——繁荣、教育、流动等各种因素的互相作用——被生产出来。

在德国，即使是社会阶层中较低群体的生活水平，也已经"以一种革命性的方式，在社会历史层面上，显著且全面地得到改善"（Mooser，1983：286），虽然过去一段时间，高失业率引发了一些衰退。以前的人每日汲汲营生，陷入贫穷与饥饿的循环；现在大部分人都能具备一定的生活水平，虽然贫富差距在拉大，但安排规划自己的生活也足够。更重要的是，20世纪70年代以来，教育进步所造成的影响不容低估，教育进步对女性的影响更是不容忽视。"一旦女性开始阅读，女性议题就诞生了。"（Marie von Ebner-Eschenbach, in Brinker-Gabler, 1979：17）教育开启了通往自由的天窗：它让女性逃离家庭主妇的宿命；它让两性不平等丧失合法性；它加强女性的自尊，使她愿意挺身为自己以前不被允许的荣耀而战；女性有自己的收入，能够提高自己在婚姻中的地位，使她不必单纯为了经济理由而不得不维持婚姻。这一切未必真的消除了不平等现象，却加强了我们对不平等的意识，让我们觉得不平等是不合乎正义的、令人良心不安的、在政治上必须正视的问题。[4]

你当然可以反对说，我们只是从少数个案中归纳出一般性结论，我们过度夸大这些少数特例的趋势及其膨胀的未来。可是我们不应该把这里所谈的个体化过程视作一种突发的改变，好像它是在刹那之间对所有人都造成影响。个体化过程实际上是长久发展的结果，这样的发展在有的地方比较早，在有的地方则比较晚，所以有些人会觉得我们的说法像来自遥远异国的新鲜事，有些人则会觉得那是他们耳熟能详的日常生活。就德国来说，像慕尼黑、柏林和法兰克福等大都市，单身家户的比例正凸显其个体化趋势，可是在东弗里斯兰、中弗兰肯或上巴伐利亚等乡村地区，情况就完全不同。[5]这就好像工业社会后期仍然会有手工业者和农民一样，在个体化最发达的国家城市中，仍然存在阶级区分、稳定的婚姻和核心家庭。在某种意义上，我们可以谈论个体化社会的轮廓，就像在 19 世纪，封建主义和社会等级仍然无处不在时，人们可以谈论工业社会一样。重要的是这种趋势，以及将这些现代发展联系在一起的力量。

如此看来，并无所谓"当下"；我们所能看到的，是恩斯特·布洛赫所说的"共时的非同时性"，观察者有时会将其中的现象说成是甲，有时候又说成是乙。到底我们的世界是有延续性，还是变动不居？现实为双方都提供了武器。不过扬克洛维奇对美国的刻画，同样适用于德国：

> 在美国生活中，连续性与无所不在的变迁是同时并存的。美国文化实际非常多样，所以观察者想要强调其连续性将是很容易的事。换个角度，观察者同样有充分的证据指出美国生活根本是在持续改变的。关键在于：重要的事物是否仍然相同，或是有所改变？如果重要的事情已经改变了……那么它们将会渗透文化界限，流入我们的政治经济生活。如果它们足够重要，那将会彻底打破我们生活的连续性。(Zoll et al. 1989：12)

我们所勾勒出的图景并没有刻意去平衡双方。我们的重心被日渐凸显的新现象占据，而不是旧有和熟悉的事物。我们更关注冲突与危机，而不是过往成就。但也正是喧哗骚乱才令人困惑，促使人前进去面对那些议题。正如亨利希·曼所说，"一个全然快乐的时代或许不会有文学存在"（Wander，1979：8），或许也不会有社会科学。

或许读者可以将这本书视作包含了两本书，同一个"客体"的两个版本（当然，这还取决于我们所讨论的事物在多大程度上是"客观"的）。虽然我们之间有许多对话与共同经验，但是我们各自书写自己的章节，而且我们并不想抹去各自作品之间的差别。结果就是各章节有重叠之处，想法互相流通且重复出现，但是我们接受这样的结果与他人对此的批评。此外，以这种方式呈现出来，可以让大家更清楚地看出我们的讨论只是阶段性说法，有些大胆的假设和冒进。进而言之，想要夫妻齐心一意，没有相左的看法共写爱情的混乱，简直就像穿着百慕大短裤学因纽特语。这样做的危险是显而易见的。

在截然不同的情境下，伊万·伊利奇曾经清楚有力地说了一些话，我们同样以此期待阅读这本书的男男女女。"你们可以想象，我们的写作过程就像六次攀上相同的山顶，或者骑着扫帚环绕高山六圈。有的人甚至会觉得自己是向地狱沉沦，一次又一次见到同一个阴暗的洞穴，但每一次……都是沿着不同的螺旋梯向下走。"（Illich，1985：18）

作者声明：

我们共同完成了这本书的写作，分工如下：导论部分由我们两人共同撰写；第 1 章、第 5 章和第 6 章由乌尔里希·贝克撰写；第 2 章、第 3 章和第 4 章由伊丽莎白·贝克—盖恩斯海姆撰写。

爱或自由

共同生活、分居或争执

自由、平等、爱

　　一个人可以热爱各式各样的人、事、物：西班牙的安达卢西亚、他自己的祖母、歌德、雪白肌肤衬着黑色网状丝袜、干酪三明治、大胸脯女人诱惑人的微笑、新鲜面包卷、流动的云，以及小腿、爱娜、伊娃、保罗、海因茨·迪特里希——他可以以双手、齿牙、字词、眼神、狂热，同时地，连续地，极端地或是无声地爱着所有这些。然而性爱（无论其采取何种形式）具有如此令人难以抗拒的力量，它是如此夺人心神，以至于我们常常将自身广泛的爱欲潜力弱化为去渴求一个爱抚、一个字眼、一个吻——还需要我再继续举例吗？

　　日常生活的两性战争，无论是嘈杂还是沉默，无论是公开还是隐秘，也无论是在婚前、婚后还是伴随整个婚姻，或许最能生动反映我们对彼此之爱的渴望。世人呼告"天堂就在眼前！"他们认定天堂或地狱若非在此世，否则便是不存在。这个呼声在受挫者和自由追寻者的怒吼中得到回响，他们明白自由加上自由并不等于爱，而更可能意味着爱情的威胁，甚至终结。

人们结婚与离婚都是为了爱情。我们经历着有如可以相互替换的关系，这不是因为想要摆脱爱的束缚，而是真爱的法则要求如此。建筑在离婚判决之上的当代巴别塔纪念着令人失望且被过分高估的爱情。即使是犬儒的态度有时也无法掩饰自己是在经受爱情煎熬过后变了形。人们因此熄灭了对爱情的渴望，这似乎是唯一保护自己免受难以承受之痛的最佳办法。

许多人谈论爱情与家庭就像早几个世纪的人们谈论上帝一样。对于救赎及情感的渴慕、无端的心烦意乱，以及深植人心的流行歌曲里不切实际的老生常谈——所有这些都带有宗教色彩，是日常生活中对超越的希冀（对于这个观点的延伸性讨论，见本书第 6 章）。

这个残存而新兴的爱情圣教，在决心要捍卫个体性、要在离婚律师或者婚姻咨询专家的办公室里一决胜负的双方间，引发了宗教论战一般的苦涩争执。在现代，对爱情的沉溺是几乎所有人都服从的基本教义派信仰，那些自认为反基本教义的人尤甚。爱情是宗教消失后的宗教，所有信仰尽头的终极信仰（这个类比在第 6 章有说明）。它之于我们的环境就像宗教审判之于原子能委员会，雏菊之于开往月球的火箭。爱情的图像依旧盛放在我们心里，受我们最深切期盼的灌溉。

爱情是私生活中的神祇。我们仍生活在真正的流行歌词的年代中（见第6章"当下的浪漫主义：爱是一首流行歌曲"一节）。浪漫主义已然获胜，心理治疗师们正靠它大赚一笔。

存在的意义不再失落；至少在日常生活的诱惑和压力之下，生活不再空虚。某一有力的势力奋起，填补了被从前的世代认为是由上帝、国家、阶级、政治或家庭所支配的空缺。我才是最重要的：我与作为我助手的你，而你可以是任何人。

然而无论怎么想，爱情都不等同于欲望的满足，肉体的激颤只是爱情的光明面。爱欲隐含的许诺唤醒了我们的欲望，暗示着新奇而亲密的欢悦，然而即使是爱欲的强大诱惑也并不意味着欲望的满足，或甚至不需要满足。这个目标的达成经常使得前一刻尚如此欢悦的肉体景观变成吸引力尽失的苍白肉块，就像那些被粗率剥掉的衣物。

才满足的期盼要变成冷淡的凝视是何等容易啊！不过在片刻之前，压倒性的急切让两个从事禁忌游戏的恋人肢体交缠，彼此水乳交融而泯灭了界限；而现在这对人儿彼此瞋视，就如同是前一刻看着牛只、猪只的人们，如今成了肉品的检验员甚或看着香肠的屠夫。

无论如何，对那些将追寻肉体高潮与在爱情泥淖中安稳生活混淆在一起的世间男女而言，生活是没什么指望的了。爱情是愉悦、信赖、情感及其反面的厌倦、发怒、习惯、背弃、寂寞、要挟、绝望和冷笑。爱情抬举了你的情人，对你而言他或她可能是欢乐的源泉，对别人来说，却是层层的脂肪堆积，隔夜的残羹剩屑。

爱情并不优雅，更别说能信守誓约。恋人们貌合神离、言行不一。被抛弃和误解的恋人又能向哪个法官要求权利？谁说恋爱讲什么正义、真理与权利？

从前的人盼望并相信，当两性同享自由与平等之时，真爱将如花朵般光辉、热烈地盛放；毕竟，爱与不平等犹如水火不容。而今我们似乎至少抓住了这个理想的一端，却因此发觉自己正面对另一方面的问题：两个期望平等、自由或是期望变成平等、自由的个体，如何找到能使爱情成长的共同基础呢？在过时的生活风格遗迹当中，自由似乎意味着突破常规，尝试新事物，跟随自己的节奏，不再与他人步伐一致。

也许在遥远的未来，这两条平行线终将相遇。也许并不会。我们永远无法得知。

性别斗争的现状

人们花了两千年的时间才开始怀疑"人人（男人）平等"这个启示所造成的强大影响。又过了二十年——从历史长河来看不过是短暂瞬间——人们才惊恐地认识到"女人也一样"。

如果这只是爱情与婚姻的问题就好了。然而人们却再也无法单用像是双方同时涉入的性、情感、婚姻、亲职等来定义两性关系，他们还必须将几乎所有其他的事，包括工作、职业、不平等、政治、经济也统统包括进去才行。就是这么一堆各不相同的因素所造成的无法摆平的混乱，使这个议题变得格外复杂。任何人要讨论家庭就必须论及工作和薪水，要谈到婚姻则必须检视一下教育、机会与流动，特别是还得要讨论这些因素的分配有多么不均衡，尽管如今女性往往拥有与男性相同的学历和资格。

从不同角度来看男女不平等的现状，有人能意识到过去所发生的任何变化吗？我们的发现是暧昧的。一方面，与性、法律和教育相关的各个面向都出现了巨大的变化，总的来说，这些变化——性的方面除外——主要出现在态度和字面上，而非在事实上。另一方面，男女行为方式却惊人地停滞不变，在就业市场中情形更是如此；而在保险和津贴给付的范围上，两性差异也同样维持不变。分析这结果我们发现一些矛盾之处：两性间越像是平等，我们越能意识到这之间固有而致命的不平等。

这种旧状况与新态度的混杂共生可以说有双重破坏性。一方面，受到较好教育的年轻智识女性期望在公私生活里都被视为合作伙伴，但她们却面临劳动市场和男性同侪的反挫力量。另一方面，男性大事宣扬平等，却言行不一。两方面的幻想都极容易破灭；虽然两性间资格能力相当，同享相同的法定权利，然而大家都明白不平等的现象与日俱增——对于这种局面，已经找不到任何合理的理由去辩解其正当性。女性渴望能活得像她们的同侪、伴侣一样平等的雄心与她们面对的实际状况存在尖锐矛盾。

同样，这样的冲突也出现在男性身上；他们既坚持一种共同承担责任的刻板男性价值，却又不乐意自己例行的日常生活有丝毫改变。我们似乎正处于从旧有封建模式中分离的初步阶段，直面这一转变所带来的所有正负效应——对立、机会，以及冲突。女性的觉醒远远走在现状之前，但没有任何人能使时间倒转。我们预诊了时代的病况，发现自己正面临艰苦的长期战斗；在未来的好些年里，两性战争将持续上演。接下来，我们将展示一些来自不同领域的数据，用以描绘这样的现状，并试图提供一些理论性的思考。

性与婚姻

几乎所有西方国家都出现了高离婚率的信号。虽然德国相对于其他国家，比方说美国，离婚率算是低的，但就算是在此地，也几乎是每三对夫妻中即有一对以离婚收场（大城市里的离婚率是二分之一，小镇和乡村地区则大约是四分之一）。虽然统计数字显示自 1985 年[1]以来离婚率有些微下降，但长期婚姻中的离婚率却有显著的增加。[2]与此同时，二婚和有孩夫妻间的离婚率也在持续攀升。亲子关系连带地呈现出愈加纠结纷乱的状态：我的小孩、你的小孩、我们的小孩，以及相关联的每个人各自不同的生活规则、反应和争执。

然而"非正式婚姻"数量的急剧攀升，远超过官方的离婚数字。据估计，1989年的德国（当时的西德）约有250万至300万人过着"私通"的生活。[3]非婚生子女数的增加亦指出了同样的状况；1967年，非婚生子女占所有孩童的4.6%；到了1988年，这一数字已经上升到了10%（在瑞典已达到46%）。[4]然而我们无法得到任何关于非正式家庭离婚率的统计数字。不只是选择这种同居方式的人口比例在十年间增加了四倍之多。令人惊讶的是，这种直到20世纪60年代都还被极力反对的"非正式婚姻"已被广泛接受。这个变迁的步调或许主要是显示了一种非官方、非传统式的生活模式已然建立的事实。

在20世纪60年代的家庭里，婚姻与工作被视为建构正常生命历程的坚固基石。可是在另一方面又总会蹦出许多问题和选择来。一个人不再清楚自己是要结婚还是要同居，是要在自己家还是要跟别人在外面养育小孩，是要选择应该生活在一起的这个男人，还是要选择自己爱着却和别人同居的那个男人来当孩子的爹，或者这些事情是该和事业同时并重，还是有个先后比较好。

所有这些共识都有可能被推翻，因此它们的维持有赖双方对其正当性的共同认可，而这种认可或多或少都意味着不平等的负担。这个现象可以被理解为惯常隶属于婚姻与家庭生活的行为态度的脱钩及分化。这使得我们愈来愈难将现实与概念联系起来。家庭、婚姻、亲职、母亲、父亲等制式名词的使用，掩盖了隐身于它们背后的那些日渐成长的异质性：离婚父亲、独生子女的父亲、单身父亲、非婚生子女的父亲、外籍父亲、继父、家庭主父、与妻子平分孩子的父亲、周末才能和孩子见面的离婚父亲、妻子是职业女性的父亲，等等（参见 Rerrich，1989 及本书第5 章）。

家庭成员的组成也显示了社会发展的趋势；越来越多人过着独居生活。在德国，已有超过三分之一（35%）比例的家庭是单身家庭。在诸如法兰克福、汉堡或慕尼黑等重要城市，单身家庭的比例则超过 50%，而且仍在攀升。1900 年，家庭成员五人以上的占所有一般家庭的 44%，到了 1986 年，这个群体只剩下 6%。相对地，双人家庭的比例则从 1900 年的 15%，增长到 1986 年的 30%。20 世纪 80 年代晚期，在德国有 900 万人（大约占人口总数的 15%）独居，而且这个数字仍在持续增加，其中只有半数多一些的人符合单身的刻板印象——年轻未婚的专业人士，其他的则都是些鳏寡独居的老人，尤以女性为多。[5]

把这种倾向单一地诠释为男女关系中日益增长的无政府状态和恐惧承诺的反映，恐怕是错了。在这同时也存在着一种相反的趋势；三分之一的离婚率意味着仍存在三分之二的"正常婚姻"与家庭（无论隐藏在这个名词背后的

可能是什么）。的确，在一个单一世代里，性行为方面已
经有了令人惊讶的改变，尤其在女性身上。过去，只有年
轻男性被允许私下"乱搞"，甚至这样的行为也常招致讪
笑。如今则有超过一半以上的女孩（61%）认为对女性
而言，性的历练是重要的。其中又有半数人可以体会脚踏
两条船所具有的特定吸引力（Seidenspinner and Burgeg，
1982：30）。然而这些数字不应该吓住我们；事实上这些
新的行为规则自有其严格的规范。多数年轻人尽管把拒绝
婚姻与家庭当作一种生活模式，也仍然追寻情感的许诺。
即使在今天，他们还是把稳定的伴侣关系当作自己的理
想和目标，"哪怕没有法律和宗教信仰的正式压力，人们
也似乎常把对关系的忠诚视为理所当然"（Allerbeck and
Hoag，1985：105）。因此我们还不清楚这整个趋势将要
把我们带往哪个方向，而针对"家庭是否正在走向消亡"
这个常见的问题，这里得到的答案是"是"或"否"皆可。

教育、就业市场与雇佣工作

　　尽管德意志联邦共和国的宪法保障了两性的法律平
等，但直到1977年新的婚姻与家庭法问世时，一些重要
的歧视性做法才被废除。如今我们再也找不到成文的理由
可以差别地对待两性了。女性被允许保留娘家的姓氏，从
前法律强加在女性身上的那些对家庭和孩子的责任已被抛
弃，谁来持家成为夫妻间必须商量的大事。此外，由于

双方都有在外工作的权利，照顾小孩成为父亲与母亲的共同责任——法律规定，夫妻双方如果对此意见相左，"必须尽力取得共识"（Beyer，Lamott and Meyer，1983：79）。

在这些为女性权利而进行的深远改革之外，战后德国最引人注目的变化，甚至可以说是一场近乎革命性的变革，就是女孩和年轻女性取得了接受各种形式的教育和训练的机会。直到 20 世纪 60 年代，教育领域中对女性的歧视仍是不证自明的（令人惊讶的是，这个情况在上层阶级更为明显）。到了 1987 年女孩实际上已经可以和男孩并驾齐驱了，而且在完成中等学校义务教育的人中，女孩占了大多数（53.6%）。

然而，也有一些改变与这一趋势相反。从接受职业训练的机会看，强烈的性别偏见仍然存在（20 世纪 80 年代早期，40% 的女性劳工并未获得任何正式的职业证照，而男性劳工只有 21%）。愿意继续上大学的女孩比例从 80% 落到 63%（而青年男子愿意继续升学的比例则从 90% 降落到 73%）。[6] 女学生仍继续偏好某些学科（几乎 70% 的人选择了人文、语言或者教育学），而进入教育行业的女性往往只能获得层级"较低的"学校的任教资格。[7]

但与之前的情况相比，说教育领域已经女性化了也并不为过。问题是教育的革命并未带动劳动市场或者就业体系的变革。相反，由更好的教育打开的大门，"在雇佣及劳动市场中……再次被砰然甩上"（Seidenspinner and Burger，1982：11）。从事"男性"职业的女性人数虽有些许增长，但她们在其他各项领域中的工作也相应地被大幅取代。20世纪70年代所要求（并鼓励）的女性职业化趋势，仍然遵循着一种倒转等级结构的"封建性别模式"：越是社会的核心领域，占有位置的女性数量越少；相反，在越被认为是边缘性的活动、越缺乏影响力的团体里面，女性担任职务的可能性越高。相关数据显示，所有领域——政治、商业、高等教育、大众媒体等——情况都是如此。

在政治领域的高层职位上，找到一名女性仍是一件反常的事。尽管自1970年以来女性在所有决策机构中的比例有所增加，但越接近政策制定中心，女性比例就越低。德国社会民主党的女性配额法正是为了克服上述现象而出现的，然而其效果仍有待评估。到目前为止，女性最容易进入的是政党委员会（从1970年的14%上升到1982年的20.5%）。女性在议会中的比例呈现从上到下递增的趋势，在县市层级比例最高（地方议会里女性的比例约在6%到15%之间，乡镇民代表会里，女性比例则在9.2%到16.1%之间）。

在商界，很少有女性能取得真正具有影响力的职位，她们大多担任较不重要的工作（例如人事部门）。法律系统中的情况也类似，尽管比例略高一些，例如在1977年，检察官里有10%是女性，而在1987年这一比例增加到了16%（Federal Office of Statistics，1988：30）。

但在联邦法庭，在那些"做出重要裁决的位置和决定未来十年社会发展方向的地方，女性（几乎）绝迹了"（Wiegmann，1979：130）。

在高等教育系统，女性爬到薪资金字塔顶端的仍属少数例外；1986年，爬到教授职级顶层且拿到最高薪的人共计9956位，其中只有230位是女性。职级越往下，女性的比例就越高。在薪水较差的职位——不稳定的中级职位及助理教授中，尤其是在"边缘领域"，女性所占的比例更是大多了。[8]大众媒体里亦出现同样的情形，职级越高的地方，女性越少。如果有女性活跃在荧幕前，也多半是担任助理职务或者是在轻松的娱乐部门，少有人能进入重要的政治和经济新闻部门，女性要进入决策层更是困 难（Federal Minister of Youth，Family and Health，1980：31）。

年轻女性的专业能力并不是这种性别差异存在的理由。她们受过良好的训练，而且大部分爬到比她们母亲那一辈还要高的位置（还经常超越她们的父亲！）。但这种印象具有误导性。在许多职业领域，女性接管的是日益衰落的行业。她们经常从事未来并不确定的工作，像是秘书、销售员、老师、工厂里不需要什么技术的女工之类。正是那些有大量女性从业人员的领域，出现了大量裁员的趋势；用社会学家的术语来说，这里有"相当大的优化潜力"——一种特别适用于工业的说法。在电子业、食品业、服装和纺织业，大部分给女性做的工作都很难机械化，往往是填补机械化过程中的空白，或者为高度自动化生产出来的产品做最后的修饰，然而这些工作可能将很快被计算机或全自动的设备所取代。失业率显示大量的女性已经因此而失去工作。登记在案的女性失业比例始终高过男性，而且数字还在持续增加当中。1950年，女性的失业率是5.1%（男性则是2.6%），到了1989年，女性失业率已攀升到9.6%（而男性是6.9%）。1988年在联邦共和国（西德）约200万的失业人口中，超过半数是女性，尽管女性也不过占劳动人口的三分之一。[9]1980年至1988年间，男性学术从业者失业人数增长了14%，而女性则增长了39%。这些数据还不包括那些为了成为家庭主妇而自愿或半自愿离开工作的女性。这也意味着被归入"难以归类失业状态"的人数大增，尤以选择回归家庭者为众（1970年只有6000人选择家务工作，1984年时已增至12.1万人）。换言之，对女性而言，一切都在上涨：参与劳动市场人数，以及失业、准失业人数都是如此。

一般而言，职场女性所受到的歧视最终显现在普遍较低的收入上。女性工厂作业员在1987年的时薪是13.69马克，仅为男性平均工资的73%（Federal Office of Statistics，1988：480）。自1960年以来所做的历时性研究显示，整体而言两性间的时薪差距有所降低，但即便在接受相同培训和年龄相近的情况下，男性普遍还是赚得更多。例如，女性白领工作者平均只取得男性月薪的64%，而在负责实际生产的团队里，女性也只挣得她们男同事薪水的 73%。[10]

事态发展明显不符合年轻一代女性的期望与需求。赛登施平纳和布格尔在《少女》研究中发现，"对十五到十九岁之间的女性来说，最重要的事情是取得职业成就"，比婚姻及母职的重要性高（Seidenspinner and Burger，1982:9）。年轻女性极想要取得专业证照、找到好的工作，但她们却只能被迫面临职场上的反方向压力。至于她们将会如何应对私下或公开的无情打击，短期及长期内仍有待持续观察。

打破传统性别角色的影响范围当然不限于女性。事实上，只有到了男性也改变态度和行为的时候，传统性别角色才可能真正破除。在对女性重新筑起一道高墙的就业市场及其他"女性工作"（像是持家、育儿等）的传统领域，这一点愈发显现出来。

从男性观点看女性解放及家务工作

1985 年梅茨-戈克尔和穆勒发表的研究《男人》为我们提供了一幅矛盾而冲突的景象，这种矛盾反而让问题变得更清晰。普罗斯在 20 世纪 70 年代中期的报道中这样表述让男性感到满意的性别角色观点："男人较强壮，他希望拥有一份工作来养家。女人则较弱势，她希望维持她在家庭里固有的角色，而且只希望偶尔能有一份相对要求不高的工作，她尊敬她的丈夫。"（Pross，1978：173）

然而，这种态度如今被一种口头上开放而行为保守的态度所取代。"男人的反应是分裂的。他们不去做自己所宣扬的事，而是把实际上的不平等用追求公平基础的口号给隐藏起来。"（Metz-Göckel and Müller，1985：18）

最近情况几乎没什么改变，尤其是关于家庭和养育孩童的责任方面。"父亲们不煮饭、不洗衣服、不扫地，他们认为自己对于养家和育儿方面的经济贡献已经够了。"（p.21）相应地，"大部分男人接受家庭主夫这个角色时，只把它当作是适用于别的男人身上的事"。（p.63）这种表面上（口头上）具有弹性，骨子里仍抱着旧性别角色不放的态度十分狡猾。对他们而言，捍卫自己"作为家务助理的权利"和接受女性平等观念这两件事并不冲突。过去，大部分的男人用女性所受训练较少作为借口来解释职场女性所受的歧视。自从近来女性在教育方面大有进展以后，这些借口已经不再适用了。于是新的城墙被筑起——他们开始拿女性的母亲角色作为新的借口。

61％的男性认为女性之所以无法在职位阶梯上晋升，是由于她们身负家庭责任……当被问到一个拥有（十岁以下）小孩的家庭，怎样才是分配工作、家务和育儿时间的最佳方式时，大多数德国男人（80％）建议女性留在家里，让男性出外工作……在男人眼中，这种安排并非不利于女性，而只是出自客观考量……把女性议题转化成儿童议题是对抗女性对平

等要求的最佳堡垒。（pp.26—27）

历史上的一个小讽刺是，与此同时一个规模虽小但逐渐
成长的群体——家庭主夫和单身父——正在削弱这种防
守位置。

　　作者挖苦地总结了女性新的阳刚形象中的矛盾：

　　　　甜蜜家庭已逝。他们认为女性有权做出自己的
　　决定非常重要。一个知道自己想要什么的独立女性是
　　令人向往的。独立的新女性能够以一种负责任、自信
　　的方式处理好自己（以及家庭其余成员）的事，因此
　　她能帮助减轻一些男性的负担……男性甚至可以在
　　这一类的女性解放者身上发现一些积极的面向……
　　只有当女性的"独立"威胁到他们自身、当女性对男
　　性提出要求、当女性主张的利益和男性自身的相抵触
　　时，他们才会对女性的解放感到不安。（pp.22—23）

对于这一小群转变了性别角色而成为新好爸爸、家庭主
夫的男人所做的初步研究提供给我们一幅更完整的图景
（Strümpel et al.，1988；Hoff and Scholz，1985）。根据
他们的说法，这一决定在严格意义上是自愿的，但只是在
有限的范围内。他们"顺应了配偶继续发展职业生涯的要
求和需要，在某些个案里，这甚至是她们孕育小孩的前提
条件"（Hoff and Scholz，1985：17）。这些家庭主夫深

受家庭主妇综合征困扰：看不到成就、缺乏存在价值和自信。他们之中的一位说道：

> 最糟糕的是清洁工作，那真是恐怖得令人作呕。你只要每天都做一次就会知道了。假如你在某天，譬如说星期五，清理了某个地方，在下个星期相同时间的相同地方会躺着同样的脏东西。这似乎就是这个职业让人感觉屈辱的真正原因了，或者说至少使人几乎提不起劲来……几乎可以这么说，这工作有点像是想要擦拭整片大海一样。（pp.17—18）

有了这样的经历，即使是那些有意放弃"使人疏离的职业"转而从事家务的男人，也改变了他们原先对于家务工作的看法，而开始明白在外工作是他们和其他人拥有自尊的基本原因。现在他们所有人都在寻找至少是兼职的时薪工作（pp. 2，43）。我们可以从下列事实中看出这种性别角色的转换是如何为社会所不容：男性经常因为承担家务工作而被称赞，然而女性拒绝家务却遭受大量批评，被控诉为"坏母亲"（p.16）。

　　总结来说，在两性共同耕耘的理想关系表象背后，矛盾时时发生。要说是进步或者倒退，取决于你从哪个角度去审视。和她们的母亲那一辈相较，年轻女性如今的确享有了全新的自由领域，她们拥有更多的权利、教育机会，以及更多对于私生活和职业的选择（Beck-Gernsheim，

1983及本章）。然而更仔细地检视社会发展，我们发觉这些新的自由并未受到社会的保护。在就业市场，以及政界和商界中，男性坚决排斥女性担任重要职位的态度，让人们不得不怀疑，目前为止女性所面对的争论不过是温和的嘴仗，后面还有一场真正的硬仗要打。

无论是立场出发点，还是未来展望，都充斥着明显的矛盾。总体而言，与过去的世代相较，现在的女性可说是相当成功的。她们受到较好的教育，也因此拥有获得好工作的资格。然而在职场上她们已经被同样受到良好教育的丈夫超过了，女性仍被宣判得过着"家庭主妇的生活"。女性渴望经济独立和拥有一份有意思的工作，而这和丈夫想要一个具有爱心、母性的伴侣的愿望相抵触。那些了解放弃职业生涯和依赖丈夫意味着什么的女性，可能对此感受尤深。女性在"为自己而活"与"为他人而活"之间艰难挣扎，揭示出女性个体化所牵涉的整个复杂过程。当然这股新的解放精神也不可能被迫再走回头路。从男性的观点来看，在女性的见识由于教育而增广之后，如果还希望她们看不穿男性为了捍卫封建现状而提出的陈腐言论，那未免也太短视、太天真了。

一段时间以来，男性在这方面也有了一些改变。"硬汉"这种老掉牙的说法已不再适用。多数男性希望能表露自己的情绪，也希望能示弱（Metz-Göckel and Müller，1985：139及本书第5章）。他们对于性开始发展出一种全新的态度，"它不再是一种单纯的欲望，而是他们人格中自然的一部分。对他们而言，体贴自己的伴侣是很重要的"（p.139）。

然而，男性的处境却有所不同。对他们来说，平等一词的含义截然不同。平等不是指更好的教育、更好的机会、更少的家事这些发生在女性身上的改变；恰好相反，平等意味着更多竞争、放弃职业、做更多的家事。大多数男性仍沉浸在鱼与熊掌兼得的幻想里。他们想象平等不会改变旧日的性别劳动分工（他们自身的情况尤其如此）。根据从前的经验，每当女性的权利开始对他们形成威胁时，男性便诉诸自然法则，他们借着生物基础上的性别差异来正当化普遍存在的不平等，从而自欺欺人，掩饰自己言行之间的矛盾。从女性具有生殖能力这事起，他们直接跳到结论，首先是说她们对小孩、家事和家庭有责任，然后说她们因此应该放弃职业生涯或是安于从属地位。

这些浮现出来的争论与不合触及了某个男性非常敏感的领域。根据传统的性别刻板印象，一个男人的"成功"和他的经济和职业成就密切相关。只有稳定的收入才能使他达成"会养家的好男人""顾家的丈夫和好父亲"的性别理想。从这个角度来看，即使是在现有社会规范下满足他的性需求，长期而言仍依赖他的经济状况。于是相反地，男性必须"卖命"工作，内化工作强加给他的压榨，甚至耗尽自己来满足这些期望。

这一模式背后的"男性辛勤工作"是雇主运用奖惩策略来管理劳动力的关键。有妻子及两个小孩要养的男性可能会去做老板交代的任何事。另一方面，要一个男性在工作上消耗精力，则必须以女性提供的"幸福家庭"为前提。顺应工作理念所遭受的压力使男性在情感上变得过分依赖。他们投身劳动分工，将自身及自身情感上的一些重要部分托付给自己的配偶。同时，他们也感觉到一种想要符合他人期望的强烈压力。男性或许能培养出一种无视正在酝酿的冲突的能力。但这也使他们在伴侣部分或完全收回情感支持时，显得极容易受伤。家庭生活不睦而且充满紧张愤怒时，他们会伤得更重。没有人理解他们。当配偶拒绝了解自己时，他们简直无助到了极点。

命题

男女之间的问题并非仅如表面所见，例如，并不只是性方面的差异问题。这些问题是整个社会结构瓦解的隐秘象征。表面上看似个人的问题，实则在理论上可以通过以下三个命题来勾画：

（1）规定的性别角色是工业社会的根基，而不是可以轻易抛弃的传统遗物。没有男女角色之别，就不会有核心家庭存在。没有核心家庭，就不会有以典型生活和工作模式为特征的资产阶级社会。资产阶级工业社会的形象建立在一个不完全的，或者更确切地说是割裂的基础之上，即人类劳动力的商品化。工业化、商品化是与传统形式的家庭角色互斥的。一方面，薪资劳动者是以家庭劳动者的存在为前提，而市场性生产又预设了核心家庭的存在，在这个面向上，工业社会依赖性别角色的不平等；另一方面，这些不平等和现代观念相悖，并且随时间推进而引发越来越多的争论。男女之间越是平等，家庭的根基（婚姻、亲子关系、性）就似乎越是动摇。换句话说，第二次世界大战以来的这一现代化时期，工业社会既创造了极大的进展，却也开始步入解体。原本女性受限于照顾丈夫的"命定身份"，丈夫则必须负担两人的生计。而今市场经济无孔不入，使女性得以挣脱这层束缚。但夫妻间彼此生命历程的配合——关于生育与生产方面——以及家务的分配却因而变得更加困难，女性在社会保障方面的匮乏也更为明显。如今夫妻需要解决的问题，实际上是工业社会在其封建与现代根基动摇下产生的矛盾趋势的个体化版本，而这些矛盾源于我们对"做自己"的渴望。

（2）那种把社会阶级成员变成独立个体的变迁动态并未止步于家庭这块领地。它们创造出一股自己也不了解的神秘力量，无论这股力量呈现出什么形式，僵化的性别角色、资产阶级道德纲领、固定的生活方式都得让路，要不就被这种力量深深震撼，触及心灵深处。向它们袭来的是一股信念——尽管我是个女人，但首先我是我自己；尽管我是个男人，但首先我是我自己。"我"和那个被期望的女人或被期望的男人来自不同的世界。此处个体化过程得出了一些相当矛盾的结果。由于其他社会束缚似乎太薄弱或是不可靠，在男性和女性从传统规范中解放出来并寻求"为自己而活"的同时，他们又被迫要在一个封闭的关系里寻求幸福。理想婚姻和伴侣关系所展现出的是你必须去和某个人分享你的内在情绪，而这却不是人类的基本需求。这一需求随着我们变得更独立而不断增强，并让我们察觉到随之而来的失落。因此，或早或迟，从婚姻与家庭出逃的那条直路还是会把我们带回婚姻与家庭。

（3）20世纪最为显著的特征，是各式各样的利益冲突正在各种家庭中上演，这些家庭包括共同的家庭、自己的家庭，以及婚前的、婚姻状态中的或是婚姻结束后的家庭。这些地方展现的只是利益冲突中私人的那一面。家庭不过是冲突事件的环境，而非根本原因；即使我们更换了这个环境，冲突仍会继续上演。两性之间以情人、父母、配偶、薪资劳动者、个人，以及社会成员等身份紧密交织在一起，而这些利益间的冲突似乎使这些关系松动了。当已婚（或未婚）的伴侣们意识到还有其他选择——例如在别的地方工作、以不同的方式分配家务、更改某人的家庭计划、与其他人做爱——时，争执就开始了。做出这些决定使我们体会到，男性和女性面临的后果有多么不同。实际上两性属于不同的阵营。譬如决定谁来照顾小孩也就是在决定谁的事业更优先，而这也会单方面决定谁会在未来成为经济上的依赖者，并由此带来一系列后果。这类决定涉及个人和公共两个层面；没有公共方面的支持（日间托育、弹性工时、充分的社会保障），私生活的斗争定会加剧，有足够的外援才能缓和家庭里的紧张气氛。因此，我们必须把解决问题的个人和公共策略看作是相关的。

现在该是更细致地讨论这三个命题的时候了，这三个命题是：工业社会的"封建"性质、性的个体主义倾向，以及我们日渐觉察有权做出选择是一件好坏参半的事。

工业社会：现代形式的封建主义

要定义性别角色的独特性质，最好的方法是将其与阶级区分相比较。劳动人口由于普遍的贫穷和悲惨境遇而在公领域里引爆了阶级战争，而今日的冲突则多在私人关系里爆发，在厨房、卧室、游戏室一决胜负。这些冲突的征兆包括无休止而迂回地谈论情绪；或者是冷战、疏离冷漠的逃避态度；对曾经理解的另一半失去信任；经历离婚之痛，将精力集中在孩子身上；努力从另一半身上夺回属于自己的小小角落，却仍不得不在许多事情上和对方分享；对日常生活细节吹毛求疵，而其实压力都是自找的。"两性间的壕沟战""自我的隐退""自恋主义的年代"，你想怎么称呼这现象都可以。这正是社会结构——工业社会的封建内核——向内崩塌渗透进私人生活的过程。

在某种意义上，工业体系所引发的阶级斗争是一种现代社会现象，是工业运转方式的产物。两性间的战争既不适用于现代阶级冲突的模式，也并非只是过去的遗物。两性战争是第三种变形。就像劳动与资本间的对立一样，在薪资劳动以家务工作为前提的意义上，19世纪时，生产和家庭部门才被区隔出来成为两个范畴。因此性别战争既是我们工业世界的产物，也是其根基。与此同时，男性和女性一出生即被指派各自的位置，从这个方面来看，他们也就进入了一种奇异混杂的"现代等级制度"：在工业社会当中，一种男尊女卑的现代阶层被建立了起来。从现代思维与旧模式间具有冲突的角度来看，争执乃是不可避免的。相应地，作为争执来源的性别暨社会角色，其展开冲突的方式也异于现代化过程早期的阶级问题。只有在随后的现代化过程中，在社会阶级已经丧失大部分意义，新的观念因而能渗透进家庭、婚姻、亲子关系，以及整个私领域的现在，性别暨社会角色的冲突才于焉展开。

19世纪的工业化进程帮助形塑了核心家庭，而如今核心家庭已失去了传统的样态。家庭内部和外部的工作组织方式是相互矛盾的（Rerrich，1988）。市场力量在家庭之外发挥影响力，家庭内的无偿工作则被视为理所当然。家庭成员之间的关系往往影响着伴侣之间的约定，而家庭和婚姻也意味着共同体的利益。就业市场上鼓励的个体竞争与流动性，与家庭对牺牲个人利益、为他人付出的相反期望冲突，家庭被视作一项集体事业，需要投入其中。于是，两种以截然不同的价值体系和规则组织的时代——现代性与反现代性、市场效率与家庭支持——相互交织、相互补充、相互影响，又相互矛盾。

工作场所与家庭的区隔造成男性和女性日常处境的本

质性差异。因此这并不只是一种基于市场价值的不平等，即薪资、工作和升迁等事情上的差异；这也是日常生活里偶然会遇见的另一种不平等。经由劳动市场，生产得到调节，而工作则是以金钱交换为条件的。从事这样的工作使人们——无论多么依赖雇主——变成了自给自足者。他们是获得新工作、新任务和新观点供给的人。另一方面，无偿家务工作则是经由婚姻强加给女性的天职，其本质即意味着依赖。那些从事家务工作的人——我们都知道她们是谁——以"从别人手里接过来的钱"持家，持续依赖配偶的收入来源。这些工作的分配——工业社会封建性根源所在——并不是我们要讨论的问题。原则上，即使是在工业社会，一个人的命运是终生从事家务工作，还是配合劳动市场，是在摇篮里就被决定了的。这些封建的"性别命运"通过我们彼此对于爱情的承诺得到减轻、缓解、加剧或者隐藏。爱情是盲目的。由于爱情看起来是从它自身带来的痛苦中逃脱的唯一办法，我们便倾向于去否认隐藏于爱情背后那不平等的真实性。然而不平等是真的，这不平等使爱情显得陈腐而冷酷无情。

从社会理论和历史角度来看，看似是由"亲密关系的恐吓"（Sennett）所形成的威胁其实不过是现代观念只适用于一半人口所引发的冲突罢了。这半数的人口从事家庭外的工作，而另一性别的人们的个体自由与平等在出生时就被剥夺并赋予其他人。工业社会从未并且也无法完全地工业化，它从来都是半工业、半封建的。工业社会里封建的这一面并非只是遗留物，而是工作与家庭生活分离的先决条件及结果。

第二次世界大战结束后，随着福利国家建立，发生了两件事。一方面，根据就业市场需求来组织个人生活的想法也影响了女性。这想法本身并不是全新的运动，而是支配工业社会的原则跨越了性别界限。但这导致的结果却是男性与女性间的全新区分。把女性纳入劳动力大军意味着家庭理想、性别命运、亲子关系与性的禁忌开始走向终结，甚至还导致家庭与工作场所之间有一部分开始重新融合。

在我们的工业社会中，社会结构呈现为等级秩序，而这样的社会结构有赖几个相异的元素而存在。这些元素包括：家庭与工作场所之间的劳动分工及其矛盾的规则、出生时即被强制指派并规定了人们应该如何生活的角色，以及被厚厚的（或薄薄的）爱的外衣所掩盖，还打着夫妻和父母之间相互关爱和珍视的幌子的一种完全失衡的关系。回顾过去，上述结构显然是无视彼此间的极端阻力而建立起来的。现代化也常被过于片面地审视。事实上现代化有两面；现代封建性别模式乃是平行于 19 世纪工业革命的发展而被引入的，也可以说现代的进步步伐是伴随着保守的倒退步伐前行的。家庭外的生产性工作与家庭内的家务工作形成了重大差异，这种差异被确立、被辩护，并被美化成永恒的真理。男性哲学家、神职人员和科学家们所形成的同盟则将这些社会现象包装起来，称其为男性的"本质"和女性的"本质"。

换言之,现代化并不只是推翻了农业社会而已。它还创造出自身的封建规则。这些规则在现代化的第二个阶段逐渐失效。20世纪现代化进程所发挥的影响力乃与19世纪正好相反。19世纪的现代化进程导致薪资劳动与家务工作间的截然二分,如今它却努力想将这两者重新结合起来;鼓励女性从事工作的诱因替代了迫使她们依赖他人的限制,陈旧的性别角色刻板印象被破除,取而代之的是两性都有机会逃离性别的限制。

然而,这些现象不过是为我们指出了正在前进的方向罢了。本质问题在于,只要社会仍被互相冲突的生活模式和工作期待一分为二,市场经济中人的问题就无法得到解决。男性和女性都希望而且也必须在经济上独立,但只要核心家庭仍然是我们制定就业条件、完成社会立法、进行城市规划、设计学校必修课程凡此种种的指导原则,这一目标就难以实现——这些领域至今仍然假定两性应扮演不同的角色。

在无数家庭里上演的"世纪之战"混杂着沮丧及罪恶感,其爆发的原因是两性试图在私生活中摆脱性别刻板印象,却又在家庭外继续维持这种刻板印象。结果不过只是用一种不公正替换另一种不公正罢了。要将女人从家事的负荷中解放出来,男性势必被期待要适应"这种现代的封建生活",并且要承担起女性为了自己着想而拒绝去承担的责任。从历史的观点来看,这就像是要把贵族阶级变成佃农的奴隶一样。虽然男性并不比女性更希望"回到罪恶的渊薮"（这点女性应该比男性更清楚），但这也只不过是问题的一个面向罢了。两性间的平等不可能由那些自身已预设了不平等的制度来达成。试图让新人适应旧模式，即传统的就业制度、城市规划和所谓的社会保障体系，是不现实的。假如这种紧张局势导致夫妇在类似"角色互换"或者"分配打扫工作"等事情上爆发恶毒口角，那也不必感到惊讶。

从性别角色中解放？

刚刚概述的观点与经验数据形成了奇特的反差。这些令人印象深刻的数据记录了一种与重建性别阶层制相异的倾向。到底在什么意义上，人们方可正当地谈论自由？这个自由是同等适用于两性的吗？在什么条件下它是可行的？又有哪些因素会成为阻碍？

就像前述的数据所证实的，至少我们把女性从传统的女性任务中略微解放出来了。这一趋势可以分为五条并不完全相关的主要轴线。它们也已经有了长足的进步。

第一，女性如今拥有较长的平均寿命，她们生命历程的轮廓因此有了变化。特别是如伊姆霍夫的社会史研究所显示的，这种变化带来了"由人口结构变化推动的女性解放"。几个世纪前，女性的寿命还只够她生育和抚养达到社会"理想"数量的健康子女，如今，她"做母亲的职责"
在大约四十五岁时便已完结。女性只有在一段短暂的时间
里"为子女而活"，接着便是平均为时三十年的"空巢期"，
超出了传统意义上女性生活的重心。"今天单在德国一地，
超过五百万处于后亲职关系黄金时期的女性……经常……
无所事事。"（Imhof，1981：181）

第二，特别是从第二次世界大战以来的现代发展，已
经使家务工作产生革命性的转变。如今家务劳动所带来的
社会疏离已并非其固有特色，而是面对传统生活模式的态
度发生改变的结果。随着个体化过程的发展，核心家庭倾
向于强调自己的独立性，以一种自扫门前雪的态度，拒绝
接受亲友邻里的束缚。其结果是家庭主妇成为最卓越的孤
立工作者，堪称典范。

另一方面，自动化设备已经接管了难以计数的家务任
务，各式各样的电器、机器和消费品减轻了家庭主妇的负
担，却也剥夺了其工作的意义。她们的工作被立即可用的
产品、付费服务、技术完善的器具所取代，最后只剩一系
列不可见的、无休止的"善后工作"。把家庭主妇的孤立
状态和自动化的趋势放在一起考虑，两者所造成的影响是
使家务工作"去技术化"，因此许多女性在外头找工作以
寻求自我实现的机会。

第三，虽然母职仍是让女性束缚于传统女性角色的最
强烈纽带，然而，避孕及堕胎合法化在帮助女性摆脱传统
责任方面的重要性再怎么高估都不为过。

孩子和由此而来的母职（及其导致的所有结果）不再是女性"与生俱来的命运"，至少在原则上，小孩及母职都是意图及期望的产物。当然，数据也显示，对许多女性而言，能够不在经济上依赖丈夫或伴侣而尽母职，或者多少不必全责照顾小孩，这些都仍只是梦想罢了。然而年轻女性不像她们的母亲，她们现在至少能和伴侣共同决定是否要生小孩、什么时候生，以及想生几个这些事情。与此同时，她们的性生活也不再必然与母职有关系，而可以用经常是违反男性规范的方式来自信地探索、开发。

第四，逐渐增长的离婚率揭示了婚姻所提供的支持是何等脆弱。正如埃伦赖希（Ehrenreich）所说，女性通常只是"离丈夫远一点"就陷入贫困。领取养老金的女性是最常需要纾困救济的人。在这个意义上，获得解放的女性也可说是失去丈夫这张长期饭票的人。统计上记录了女性大量涌入劳动市场的数字，表明她们之中的大部分已经从这个历史教训中得出了自己的结论。

第五，教育的平等机会也已经有助于促使年轻女性进入就业市场。包括人口解放、无偿家务工作、避孕、离婚法、专业训练和机会等在内的所有因素，共同凸显了女性已准备好挣脱现代封建角色的束缚，这运动肯定是无法被喊停的。然而，这确实也意味着女性追求的个体解决途径——保持灵活、有资质、可流动，以及具备职业意识——会给家庭带来双重甚至三重冲击。

此外还有些力量正在驱使女性回到她们的传统位置

上。假如我们的市场经济真的健全，每个男人跟女人都自负生计的话，那么高得令人震惊的失业率还会继续增加。只要存在大量失业人口，那么女性虽然能够摆脱对婚姻的直接依赖，却依然无法通过家庭外的工作获得独立。即使丈夫已经撤销了对她们的支持，这些女性还是在很大程度上倚赖经济庇护。这种在"不依赖"配偶支持与"自由"地找份工作之间不上不下位置的徘徊，最终取决于母职的诱惑。一旦女性不只要生孩子，还要照顾孩子，自觉对他们负责，将孩子视作生命里面基本的部分，那么小孩就会成为她们甜蜜的"负担"，成为拒绝这种激烈竞争时难以抗拒的理由。

于是，当女性试图在这些相互矛盾的选择中取舍时，她们左右为难。她们的困境反映在行为上。她们逃离家庭找到一份工作后却又再次回头，试图在生活的不同阶段，做出矛盾的决定来平衡她们面临的冲突与期望。她们所处的环境使得情况更糟。她们不得不忍受离婚法庭对她们为何忽视了自己事业的质问，而社会工作部门则质问她们为何未尽母亲的职责。她们被指控只为了自己的野心而让丈夫们原本就艰苦的职业生涯过得更糟了。对年轻女性来说，个体化看起来就是：隐藏在离婚法背后的社会现实、社会保障的缺乏、劳动市场关闭的大门，以及家事的沉重负担。

对男性而言，情况就很不一样了。当女性被期待放弃"照顾他人"的旧角色，并且寻求经济自立的新社会认同时，男性作为独立收入者的角色则依然适应旧有模式。依

照男性刻板印象，"事业型男人"的形象、经济自给自足，
以及男性气概这三者是合而为一的。男性从来不让配偶
（妻子）养，他们把工作谋生的自由视为理所当然。传统
上，这种背后支持总是由女性提供。男性在某些情况下可
以不那么严格地认同传统的男性角色，而是尝试新的行为
方式，这样的尝试会带来某种愉悦或满足感。父职所带来
的喜悦和责任总被认为只是小小的消遣罢了，可以分阶段
承担。父职并不是男性事业的一种阻碍；相反，找到工作
才是他们的强制责任。换句话说，所有那些将女性从她们
的传统角色中解放出来的因素，在男性这边都不存在了。
在男人的生涯脉络中，父职与事业、经济独立与家庭生活
是不相抵触的，他们不必去和普遍的社会环境对抗；实际
上，这些方面与男性角色的契合是预先规定好的。然而从
这个意义来说，个体化也意味着鼓励男性在行为上遵从传
统阳刚气质的规则。

假若男性拒绝性别角色的要求，他们的动机也不尽相
同。对个人事业的执着其实也是种矛盾：这意味着为了某
样他既无闲暇、需求，也无余力享受的东西牺牲精力和时
间，挤破头争取晋升、为了个人无法却仍必须与其融为一
体的职业和组织目标而耗尽自己、忍受实则并非如此的表
面上的"冷漠"，等等。然而，除非女性施加压力，否则
这种状况就没有内在的改变动力；而压力有双重意义。假
如女性进入劳动市场，男性就可以从家庭唯一支持者的枷
锁中解放出来。一方面，这可以减轻为了妻子和家庭而服

从他人的压力，使男性与这两个领域内的约束关系有新的形式。另一方面，家庭气氛可能会有所转变，男性生活中交由女性来运转的那一面出现了新的变化，他们开始意识到自己在日常事务和情感上有多么依赖他人。所有这些情况都鼓励他们以更具弹性的方式来认同自己的男性角色，并尝试各种新的行为方式。

夫妻间争执越多，两性地位的差异就越是凸显。小孩和经济的安稳是引发争执的两个核心"催化剂"。婚姻中，冲突可能隐藏在这两者背后，而一旦夫妻决定离婚，冲突必然表面化。在从单职工到双职工的过渡过程中，责任和机会通常会被重新分配。坦白说就是离婚后女性被迫承担照顾小孩的责任而且没有收入，而男性只有收入而没有小孩。

乍看之下，离婚之后，双职工模式和单职工模式似乎并无太大差异。女性拥有收入，同时也（依据大多数离婚法官的裁决）获得了子女的抚养权。然而，无论是女性找到了高薪工作，还是法院要求支付抚养费，或是有退休金需要分配，男性和女性因此在经济上变得更加平等了，于是做父亲的逐渐意识到自己在自然上、法律上都处于不利地位。孩子是女性怀孕生育的结果，所有人都知道从生物学和法律上来说，孩子都属于她。卵子与精子的所有权属谁仍是众说纷纭之事，孩子的父亲是谁却总是任由女性决断——事实是，在堕胎所牵涉的各种问题上，这一点表现得尤其明显。随着男性和女性角色分化加剧，一个倒转现象出现了：选择了放弃事业计划以便多陪伴自己小孩的男性，发现自己回去的家已变成了空巢。父亲被法院剥夺孩子抚养权后绑架自己孩子的案件日渐增多（尤其在美国），正是这一现象的明显标志。

　　个体化可能促使男性与女性分离，矛盾的是它也促使他们回到彼此的臂弯之中。由于传统风气式微，亲密关系的吸引力遂逐渐增加了。人们失去的所有事物都要在另一半身上寻回，上帝消失了，或者说是我们疏远了他。"信仰"一词曾经意味着"体验"，如今它被以尖酸的语气说成是"违背我们理智的判断"。随着上帝消失，向神职人员告解的机会也变少了，我们无处可以卸下罪孽的重担，也无法辨明是非。过去那些至少可以为自己造成的痛苦提供自我辩解的阶级体系已然蒸发，成为统计数字及其批注的烟幕。曾经因为交换小道消息及共享回忆而兴盛一时的邻里关系，因为工作及居住地的分离也正在消失当中。一个人或许认识了许多朋友，然而这些朋友都倾向于各过各的生活。他或许得加入一个俱乐部，才能得到真正的友情。交往的范围是更广更多样了，但交往的对象又太多，且大部分只是肤浅的接触，以至于我们才刚显示出对彼此的兴趣，就因为对方更多的要求而急忙踩刹车。即使是亲密关系也仿佛只是这样的一种短暂交换，不过就像是个握手的动作一样。

　　所有这些也许都能使事物保持流动并开启新的"可能性"，然而关系的多样性却不能取代给予人们认同感的稳定的根本联系。研究显示，多样的接触和持续的亲密关系都是人的需求。拥有幸福婚姻的家庭主妇经常有不安全感和孤立感。即使是有许多社交联系的离异人士，面对孤独时也常感难以承受。

现代社会的发展方向反映在我们如何将爱情理想化上。我们对它们的赞美，恰好抵消了我们在生活中感受到的失落。即使没有上帝，没有牧师或神父，没有阶级，没有邻里，那么至少还可以礼赞"你"。这个"你"的分量与看似普遍的情感空虚成反比。

这意味着与其说是物质安全感，倒不如说是对孤独的恐惧才让家庭与婚姻结合起来。尽管面临诸多危机和质疑，或许对婚姻而言，最可靠的基础正是我们在失去它时遭遇的威胁——孤独。

我们可以从这里面得出什么结论呢？首先，所有关于家庭的争论都是相对的。资产阶级核心家庭已经被神圣化，或被诅咒了。人们要不只能把焦点放在危机上，要不就对在失败的其他模式"灰烬"中重生的完美家庭观抱有幻想；但所有这些观点都建立在错误的前提之上。所有把家庭贴上美好或者邪恶标签的人都忽略了一个事实：家庭不过是使两性间长期存在的差异浮出水面的场所罢了。无论在家庭内外，两性彼此间都经历着日益激烈的各种矛盾。

在什么意义上我们可以谈论逃离家庭呢？由于个体化过程的动态已然渗透进家庭生活，所有的共同生活形式也都开始产生根本性变化。个人的生命历程与家庭间曾有的联结已然松弛。一个由男女夫妻二人共同组建并相伴一生的核心家庭正在成为例外，而根据个人所处的生命阶段，在不同的家庭和非家庭环境中交替生活则成为常态。当我们从一个阶段跨到另一个阶段时，生命历程背后的家庭根源正被日益切断，其影响力也在减弱。每个人都参与了好几个家庭和非家庭的阶段，在这个意义上人们可说是越来越过着自己的生活。只有从纵向角度而非从统计数字或暂时性的观点来观看生命历程时，人们才会发现家庭生活是如何的个体化，从而颠倒了传统的优先顺序。因此，家庭纽带松动的程度可以通过离婚、再婚的统计数据，以及婚前、婚中、婚外等生活形式的变迁来观察。可以预见的是，这些发现本身就充满矛盾，它们所揭示的婚姻生活的利弊也是相互矛盾的。面对着家庭或非家庭的抉择，越来越多人"选择"了第三种可能性：各种家庭形式的混合，以便找出似乎最能适合目前情境的一种。

于是许多人终其一生，都在痛苦并努力地尝试和他人一起生活的不同方式。结果如何则难以预料。不管犯了再多"错误"也无法阻止他们一再尝试。

察觉差异，必须做出抉择

两性在处境和期待上的差异并非昨天才出现。然而直到 20 世纪 60 年代绝大多数女性仍理所当然地接受着这样的差异。过去，人们已更加关注这些差异，并且为争取女性平等权利做了政治上的努力。这些初步的成功提高了人们对于不平等的觉知程度，因此我们必须区分真实的不平等及其背后的原因与公众对此的认知。性别角色间的矛盾有两个能够相对独立变化的面向：一是事情实际的、客观的状态；一是我们面对它们的觉知程度和态度。那么，是什么让我们意识到这种新局面呢？

随着现代化进程的推进，日常生活各方面必须做的抉择数量急速增加。可以略带夸张地说，"什么事都要做决定！"谁在什么时候洗碗盘、谁换尿布、谁负责采购、谁来用吸尘器吸尘的问题，就和谁回家时顺便带条培根、谁决定是否搬家，以及床上的夜生活是否仅限于和结婚伴侣共同享受的问题一样，答案都变得不再明确；所有的决定都必须和个人献身以共度日常生活的伴侣分享。婚姻可以与性分开，性与父母身份可以分开；父母身份可以通过离婚来多次实现，而生活在一起或分开、拥有多个家庭，以及随时可以重新审视决定的可能性，也使整个事情变得更复杂。这种"数学运算"的结果，虽然总量较大，但也时常波动，暗示了"婚姻"与"家庭"这两个坚定而正直的字词背后，隐藏了各种多多少少以家庭为基础的模糊身份。

我们的私生活中随处可见新的可能性，同时，我们也被迫要做决定。必要的计划与协议可能被变更或是废止，而由于它们经常涉及某种程度的不公正，所以必须被正当化和辩护。在这过程中出现的讨论和争执、沮丧和错误透露出男性和女性所面临的风险和机会有多么的不同。从系统性的观点来看，把既定的事实转变成抉择是把双刃剑。"不做决定"的选项正在逐渐消失，而拥有选择的机会本身也让人感受到压力。我们无法逃避，只能慎重地权衡自己的情感、问题，以及可能的结果。然而做抉择本身变成了一种提高自我意识的过程；人们会突然看到决定的意涵和那些影响了可能解决方案的隐含问题和矛盾。

　　这种情况通常始于一个看似普通的决定，比如搬家。就业市场不考虑职场员工的家庭状况而要求他们具有流动性。这和家庭的期望正好相反。若要按照市场经济的逻辑推演到底，一个人该没有任何家庭束缚才对。每个人都应该独立自由地迎合公司的要求，从而确保自身的经济生存。在理想的情况下，职场员工是不受家庭阻碍的个体。相应地，除非小孩能跟着流动的单身父亲和 / 或母亲一起长大，否则这也该是个没有小孩的社会才对。

　　只要人们仍理所当然地认为，婚姻对女性而言即意味着放弃事业承担育儿责任、随丈夫工作需要而迁徙，个人关系的牵绊与商业要求之间的矛盾就仍会被掩盖。但既然夫妻双方都希望或者都必须设法维生，他们就得面对这个困境。从理论上讲，国家完全可以提供一些解决方案或援助措施，比如向公民提供最低收入保障和不与就业挂钩的社会保障、消除阻碍夫妻共同就业的因素、改变某些工作标准，等等。然而，目前并没有任何类似的官方计划。因此，夫妻必须寻找私人的解决方案，而这些解决方案实际上只能是在双方之间分配风险。其中的关键在于，谁愿意放弃在现代社会中被认为不可或缺的两样东西，即他 / 她自身的经济独立和安全感呢？除非完全放弃职业生涯，否则任何放弃工作而跟随配偶迁徙的人都必须处理这个不利的处境。

除了职业流动，夫妻间需要处理的其他重要因素还包括：在期望的孩子数和生育时机上协商一致、决定谁来照顾小孩、合理分配日常家务这一长期存在的问题、由某个人来单方面承担避孕的责任、寻求关于堕胎或性冲动的共识、抵抗甚至是来自奶油广告里面的性别歧视者的猛烈炮火。所有这些都影响了两性的同居生活。当思考这些议题时，我们更加不得不注意到两性间的观点差异有多大。生小孩的选择，对于可能成为母亲或父亲的人来说，就会产生完全相反的影响。假如人们只把婚姻生活中最美好的时期当作是种暂时的和解——怀抱着随时准备离婚的态度——那么双方所恐惧的分离到头来也不过是意料中的事，这是一开始就讲明了的决定与安排所造成的不公平结果。

如果考虑到所有最新的技术进展和相关禁忌的崩溃——包括让小孩接受特殊的教育或心理课程、怀孕过程中的介入，更别提基因工程创造出来的科幻般的现实（参见本书第 5 章），我们显然会发现，曾经是一个整体的家庭已经被分成了不同的阵营：男人对抗女人，母亲对抗小孩，小孩对抗父亲。在抉择的压力下，传统的家庭共识已被摧毁。人们常常担心自己要为这些问题给家庭带来的过重负担承担全部责任，但实际并非如此。几乎所有这些议题都有非个人的一面（例如，托儿服务的困扰是官方坚守照顾孩子无法与职业承诺兼容这一观点的副产品）。当然，这种认知对解决问题几乎没有帮助，尤其对孩子来说更是如此。但这也揭示了来自家庭外部的一切——劳动力市场、就业制度或法律——是如何必然地以一种扭曲而有缺陷的方式渗透进我们私生活的。在家庭（及家庭的所有替代方案）中，一种系统性产生的错觉被滋养着，即家庭成员有能力掌控一切，并可以通过自身努力扭转伴侣之间的不公平。

即使家庭生活最核心的亲子关系也开始解体为母子关系与父子关系。现今在德国，每十个小孩里面就有一个成长于单亲家庭，也就是由单独的男性或女性来抚养。随着双亲家庭的数量减少，单亲家庭的数量正在上升。成为一个单亲妈妈不再是被"遗弃"的下场，而经常是一种有意识的选择。许多女性审视自己与（只有在生小孩一事上才派得上用场的）孩子父亲间的争执之后，认为单身是将她们如此渴望的孩子抚养长大的唯一途径。

对孩子的感情与承诺会随着个体化进程的推进而改变。一方面，小孩被认为是自身发展的阻碍（Beck-Gernsheim，1989；Rerrich，1988）。养一个小孩是昂贵、耗费精力、结果难以预知、处处受限而且还可能使自己审慎描绘的计划落空的困局。一旦小孩降临，父母的生活便沦落到被孩子的需要所支配；小孩用温情的微笑和嗓音召唤父母臣服于他们的生理节奏。换个角度看，这正是亲子关系不可替代的原因。

孩子成为最后残存的、不可改变的、独一无二的、主要的爱之对象。伴侣来了又去，孩子却留了下来。人们徒然地在伴侣关系中寻找的东西最后总在孩子那里找到，或者孩子就是他们所要找的。如果说男性和女性越来越难彼此相处，孩子就成了陪伴的唯一来源，是分享情感、享受自然身体接触的唯一途径，而这种身体接触在别处已经变得不寻常而且似乎是种冒险了。在孩子身上，一种原始的社交体验可以被赞扬和培养，每个人都渴望这种体验，它在这个个体化的社会中却变得越来越稀有。宠爱孩子、把他们视为生活的重心——这些被宠坏的小可怜虫——争夺离婚期间及之后的孩子监护权等，所有这些事都是渴望这种体验的征兆。孩子成了孤独的最终替代品，他们是座堡垒，使人们可以抵御越来越没有机会去爱人与被爱的生活。他们让生活"再次蒙上魔法般的色彩"，他们是用来挽救普遍的除魅状态的秘方。出生率也许是下降了，但是孩子从来没有比现在更重要过。普遍的情况是，养一个小孩要花费的心血使人们打消了再养另一个的念头。但那些因此而想象是（经济的）成本阻止人们生育的人，不过是陷入自己那套损益思考方式的囚牢罢了。

工业社会所需要并保存下来的中世纪最后残余，也就是前面讨论过的那种看似自然的封建性别角色正在瓦解。目前重要的是，要去辨认出这一变化的各种面向。那些试图从病人个人的童年生活来了解他们目前痛苦的精神治疗师和心理学家并没有抓住问题的重点。当人们必须用一种全新且具有内在矛盾的方式生活时，把焦点整个放在童年经验而去追寻人们痛苦根源的做法无异于误导。当两性拒绝了封建角色时，他们作为情人、配偶和父母所遭遇到的问题，大部分都和影响他们整个生活的不平等有关。心理学家们现在该从这个角度来处理问题，并修正他们理解这些面向的方法了。

个体的终结，抑或无限主体的复兴？

在个体之死的争论中，工业社会中封建性别刻板印象的消失起到了怎样的作用呢？我们的内心生活是否只是被揭示出来，随即就被蓬勃发展的心理产业、宗教派别和政治狂热分子所接管？我们已经失去了自我的最后一块净土，变成被市场塑造的消费者，准备接受一切提供给我们的东西吗？

乍看之下，但也只有在乍看之下，20世纪70年代的社会驱力似乎已经沦陷在主体性和自恋主义的泥淖中了。

无论远近，人们都能看到，由于婚姻及家庭的

> 生活方式不符合未来趋势，在婚姻和家庭的内外，到
> 处可见关系及承诺在日常现实里艰苦挣扎。总体上，
> 这些正在发生的变迁再无法被视作是私人现象。在私
> 领域这个高度敏感的范畴当中，一连串想要尝试修补
> 两性关系的努力正逐渐累积起来。这些尝试不论其形
> 式如何，尽管遭遇反复的挫折，依然试图在共同承认
> 的压迫基础上找到一种新的团结方式。这种方法或许
> 比任何脱离现实的理论家提出的策略更能触及社会
> 困境的根源。（Muschg，1976：31）

个体常常被宣告死亡并被埋葬。经过两百年来的文化评估
及意识形态分析之后，它仍萦绕在我们的脑海和写作当
中，但仅仅作为"主观要素"而存在。这就是阿多诺给出
的结论。在一篇名为《单纯的西蒙》的文章中他指出：

> 在标准化、组织化的人类单位当中，个体仍残
> 存着，甚至被保护着并且还赢得了专属的价值。但其
> 实个体充其量只是自身独特性所产生的作用。就像是
> 引起孩子们惊叹与嬉笑的婴孩一样，只是个展示品罢
> 了。自不再拥有独立的经济存在以来，个体的性格开
> 始与客观的社会角色产生矛盾。正因为这矛盾的存
> 在，个体在自然保护区里被看管着，只有在无用的沉
> 思时，才能享受自身的存在。（Adorno，1978：135）

这个观点与 20 世纪七八十年代发生的事是互相矛盾的，
而这一切至今仍未被彻底理解，那就是完全出乎意料、具
有深远影响的主体性复兴[11]。当时针对各式各样议题的各
种小团体、小圈子，有如雨后春笋般冒了出来。虽然由于
组织不健全的因素而未能持续很久，然而它们对抗了既存
的政党及学院的阻力，以及亿兆元工业投资的强大压力，
成功使社会开始关切和讨论世界正面临的危机。普通公民
已经掌握了决定哪些议题重要的主动权，这么说似乎并不
夸张。通往政治认可的阶梯是：先被迫害，再被嘲笑，然
后被排斥，接着是"这正是我们一直在说的"，继而成为
政党纲领，最后成为政府政策。女性议题、环境议题、和
平议题都以同样的方式产生。当然这些不过是文字而已，
通常只是一种友好的表态，时不时拿来遐想。但至少在口
头上，这些胜利已经甜美得不像真的。

　　也许这些措施大部分只是包装和投机罢了，只偶尔才
会拿出来例行反思。这些措施大多都并未触及行动和实际
状况。然而有件事仍是真实的：这些如今人人朗朗上口的
未来性主题并不是出自统治者的远见或是议会里的辩论，
当然，更不会是从商业和科学的权力核心中孕育出来的。
这些议题之所以能抵抗制度化忽视的阻力而引起社会的
关切，应归功于经常是混乱、热衷于说教而充满疑虑的小
团体的努力。民主性的颠覆已经赢得了极为难能可贵的胜
利，而这竟然发生在德国——这个民众长期相信当局，以
至于对任何疯狂且残暴的官方政策都逆来顺受的国家。

这仅仅是对饱受打击的左翼知识分子的一种安抚吗？是在天真地把退却重新诠释为反抗吗？不是的。几乎没有人认为事情正变得更好，没有人能看见一丝希望。那位早晨写诗、午间劳动而傍晚垂钓的"新的全人"哪儿去了呢？在解读过去公共意识上议题的转向与变迁时，若以全然童子军／阶级斗争式观点加以诠释的人，必然会被他／她自己那僵化的前提所束缚。

阿多诺将个体的消失解释为其独立经济地位的丧失，这便是错误的所在。个体在福利国家当中已经获得——套个历史用词——新的经济地位。他不再仅仅是某一特定企业的雇员，而是劳动市场中的参与者，通过集体谈判和社会保障体系，凭借自己的资格和流动性获得保障。这导致的特殊结果是他／她成为自愿适应社会标准的独立社会个体；这结果当然不代表最近已然凋敝的资产阶级个体的复活，也无法说是无产阶级由于受诱于资本主义魅力，并且自我隐瞒其阶级角色而产生的妄念。简要地说——或许过分简要了——社会个体是自身生命经验的舞台导演，注定在各个方面都要面对自由选择的命运。

在一个个体化社会当中，每个人都必须学会把他／她自己视为生活运转的轴心——他／她是他／她自身能力、爱好、关系的规划者；否则就会面临不利的处境。假如我们书写自身的生命历程，"社会"必然被视为可以供我们操纵的变量。毫无疑问，大学职位短缺的问题影响到成千上万的人，而我们又如何能无视自己不理想的成绩而着手争取医学教职呢？这些影响个人生活的社会决定因素必须被视为"环境变量"来处理，并且得借着"创造性的手段"来改善或克服。

我们所需的是日常生活中充满活力的活动，这种活动以自身为核心，选择并开拓机会，从而能够计划自己的未来并做出有意义的决定。当我们耽溺于智力上的对抗时，假如我们想要继续存活下去，我们必须在背后发展出一种以自我为中心的态度来颠覆世界与自身的关系，也就是让世界来提供我们自己所需的机会。

然而，与这种对"个体化解决方案"兴趣相伴而来的是巨大的压力，其要求人们以一种标准化的方式行事；鼓励了个体主义的那些手段也会导致千篇一律。市场、金钱、法律、流动性、教育等各个领域都是如此。个体的处境深深依赖就业市场；可以说，这种依赖已经完善到渗透进我们生活的最深处。这就是当社会把市场法则运用于个人时所产生的结果，只有少数例外仍依赖传统支持系统（例如婚姻）。

事实上，我们正同时处于要成为个体和要采纳标准化策略的压力之下，但这并不足以充分解释我们的困境，因为新就业市场的要求是完全不同的。这些要求跨越了私人生活和公共身份的界限。在编写我们自己的生命历程时，我们不得不让公司、办公室、业务、工厂等进入自己私人的家庭。由此产生的情况是矛盾的，具有双面性：个体的抉择深受外在影响；看似是外界的事物却变成了个体生命历程的一部分。因此，影响我们私人生活的抉择，越来越明显地被我们无法掌控的外部环境和决策所预先决定。我们遭遇的是自己可能无法处理的风险、摩擦和困难。它们几乎涵盖了政治人物所争论的各个领域：所谓"社会安全网的漏洞"、工资谈判和工作条件、官僚程序应对、教育、交通问题、环境保护，等等。

换言之，我们自身的生命经验逐渐由外部力量书写，我们的私人决策逐渐不受掌控。诚然，个体的选择、行动或者不作为确实引导人们走向了生活中的某些路径，并为人们在社会中分配了相应的位置；这些选择可能包括进入某所学校、通过或通不过考试、选择哪种工作，等等。但重点是，即使是这些显然是自由而私人的决定和行为方式，也都与政治发展和公共期望紧密相连。以教育为例，无论是弱势群体突然被认为值得支持或给予奖学金，还是这种援助被撤回并用于培养精英，相关的最高教育决策都会对个体生活产生深远影响。此道理同样适用于家务事，以及离婚法、税务法规和养老金制度，这些决策都会根据经济状况来鼓励或阻碍结婚或再婚。

人们越是依赖这样的官方决策，他们的生命历程就越容易受危机影响。一个人谋生的关键在于就业，而成为一个合格的职场员工意味着找到合适的培训机会。拒绝上述两项中任何一项的人会在社会和物质上失去立足之地。因此对要在社会上取得一席之地的年轻人来说，为他们提供职业培训是很重要的。同时，经济或者人口上的波动，也会将整整一代人推到社会边缘。换句话说，根据市场需求而做出的支持或忽视某些人的官方决定，可能会让整整一代人或同龄群体失去立足的机会。这一点也体现在政府发放的不充分补助中，这些补助被期望可以用来弥补所有年龄相仿的群体在雇佣市场上所遭遇到的机会短缺情况。

　　然而，官方的思维方式和规定仍沿袭"标准化人生历程"的模式，尽管这一概念变得越来越不适用。以社会保险为例，即使在大量人口失业的时候，也只有少数人能符合给付标准，而给付标准也未能回应家庭与两性关系的进展。"养家的人"这一概念已经过时，取而代之的观念是认为在家庭中，抚养和照顾小孩的工作该彼此分担与轮替。"完整"家庭的地位已经被各式各样"破碎"的家庭所接管。离婚法保证了母亲对于抚育子女的垄断，于是越来越多单亲爸爸因离婚法而受到歧视。诸如此类的现象屡见不鲜。

　　一个逐渐偏离工业社会核心轴心（如社会阶层、核心家庭、性别角色）的社会，正在面对一个由社会服务、行政和政治机构构成的体系，它们在工业时代接近尾声时接管了这些核心功能，通过制定规范来进行干预，对任何"偏离"官方标准的生活方式给予认可或惩罚，坚持着一些现在只适用于少数人口的确定性标准。这样一来，官方规划与真实生活之间的对照越来越尖锐，而工业社会有滑向规范性法律主义的危险。

　　由此，一种新的社会主体性逐渐形成，在这种主体性中，私人和政治议题交织并相互增强。就此意义而言，个体化其实并不意味着成为个体，而是一种消费者意识和自信心的混杂。由于人们必须寻求个人解答、对抗不确定性、承认自身疑虑、接受不一致并以欣然的犬儒态度来面对这些不一致，这种自信心或许可能成为生活的灵药。就像是成千上万的卡夫卡式人物活了起来一样，他们是普通、平凡的人，却准备好像水族箱里的鱼一样，灵活绕过遇到的障碍。

然而，在性别混乱的背景下，在反污染与和平倡议中，说某种形式的启蒙似乎正在复兴，并不是夸张。这种启蒙的形式远离高深的哲学思考，却贴近日常生活。这样形容这么一件小事是不是太言过其实了呢？对这样一个小小的萌芽来说，"启蒙"这个词是否太过宏大？如果说，启蒙可以包含从日常责任的重负中开辟出自己的一小片天地，那么这株在个人生命历程花园中精心培育的名为"自我意识"的小植物，就像是那株高贵兰花"启蒙"（现在通常被加上"后"字前缀）的野生的或被遗忘的表亲。我们无须否认人们正在"围着黄金般的自我舞蹈"，或者是迷失于个人提升机会的丛林当中。然而，即使这些冲动常是短暂或不一致的，即使它们试着以一种不恰当而且陈腐的言辞来表达自己，忽视这些新的冲动也是十分愚蠢的。

根据当下盛行的理论，这些体验根本不存在，甚至不可能存在，但它们确实存在。我们在这里讨论的维度，对于一个人来说可能是他/她经历过的最重要、最真实的体验，而对另一个人来说则完全是无稽之谈。尝试讨论这些体验意味着我们是站在两个不同体验领域的边界之上。在某人眼里看来完全不必说明的事，在其他人眼里却是极端荒谬的。任何想传达这种"意识觉醒"意涵的尝试，似乎都具有令人难以忍受的抽象性。谈论某些无法证明存在的东西又有何意义？这正是困境所在：当我们似乎得到新的机会，可以了解自我和我们在世界上的潜能，并也逐步取得进展的同时，有些人却认为讨论这些事是多余的，或者这样的讨论根本不可能。

至少在这个意义上讨论"自恋主义的年代"（Lasch，1977）是有道理的，不过这是个误导人的标签，因为它低估了这股被解放出来的活力所能触及的范围和影响力。个体受到社会变迁驱使而极不情愿地进入了一个寻找和探索的年代。他们希望尝试和"体验"（取这个词语的主动意义）新的生活方式，对抗那些越来越无关的角色（男性、女性、家庭、事业）的支配。他们希望能自由地表达自我，顺从那些他们过去一直压抑的冲动。他们允许自己在此时此刻而非在遥远的未来里享受生活，并且有意识地培养对生活中美好事物的享受。他们开始将自己的需求视为权利，在必要时对抗官方的命令和义务来捍卫这些权利。他们发展出一种对自由的感知，并且高度意识到必须保护自己的生活免受外界的侵蚀，随时准备在自己的私人领地受到威胁时采取社会和政治行动，无视既定的政治行动表达和组织形式。

这种体验是以"对自己的责任"为基础的新伦理的起点。这种新伦理采用了新的方法,把那些可改变的、投射的社会认同考虑进来,以便能整合个人与社会,它并非只是种唯我论式的误解。在生活和思想中摆脱标准化模式成为一种持久的习惯,一种永无止境的个人学习过程。取代过去固化形象的是一种新的人类观;蜕变是可能的,个人发展与成长也是可能的。在这种意义上,以社会角色为基础来定义自身的做法不过是过去遗留下来的假设和惯性,而我们尚未完全从中摆脱出来。

背对启蒙所指出的方向而前进,一群松散的个体领衔踏上了这条前无古人的路途。必须做的不再是了解自然法则、发展技术、增进生产、增加物质财富,以及改变经济、社会和政治环境并等到最后才能将男性和女性从单调的工作中解放出来。相反,这条轴线里的最后一项成为当务之急:发展自己的个性吧!这将对婚姻、家庭、工作伙伴、事业、工作态度,以及我们应对资源和世界的处理方式有长远的影响。关键的问题仍在于:如何在保持社会属性的同时发展自己的潜力?怎样的社会能让我们迈出这些通向自由的步伐?

从爱情到婚外情

个体化社会中的关系变迁

　　流行歌曲依然歌颂永恒的爱情。近来的研究显示，相比于外在现实的荒凉冷漠，人们仍旧认为，与某个人一起生活是找到亲密、温暖与感情的理想所在。

　　与此同时，家庭图景出现了深刻的裂痕。舞台和荧光幕上，小说和言不由衷的自传里，人们注意力所及之处，交战声不绝于耳。两性战争是当代的核心剧目；婚姻咨询专家生意繁荣，家事法庭迅速兴盛，离婚率居高不下；即使在一般家庭的日常生活里也能听见有人在悄悄地叹道："为什么？为什么生活在一起这么难？"

　　埃利亚斯在一篇评论里曾建议了这个问题的解答方法："若不知昨日事，一个人无法理解今日正在发生之事。"（Elias，1985：Ⅷ）因此我们必须先考察过去。它将告诉我们：当逐渐抛弃了前现代社会的约束、命令和禁忌时，人们开始对爱情寄予新希望，同时也发现自己陷入了新的

困境。我们所知的当代爱情，便是这两个因素结合产生的
爆炸性混合物。

爱情变得比以前更重要

割断传统纽带

前现代与现代社会之间的对比总是强调，过去人们的
生活是被众多传统纽带——家庭事务、乡党、故土与宗教，
乃至社会地位及性别角色——所决定的。这些纽带总是有
两面性（参见本书第 3 章）。

一方面，它们严格限制了个体的选择，另一方面它们
又提供了亲密与保护、稳固的立足点，以及确定的身份。
只要这些纽带存在，个人就不会孤独，而是被整合到一个
更大的整体当中。就以宗教为例：

> 我们的先人受信仰基督教约束这一事实……一
> 般意味着，他们的小世界、小天地乃是与另一个更大
> 的世界、大宇宙联系在一起……小天地和大宇宙间的
> 联系，庇护了统一的较大世界中成百上千的小世界，
> 而这结果又有赖基督教教义中上帝的全面性接纳；于
> 是，即使最卑下者也未徒劳地战斗过，也从不会让他
> 自生自灭。但不只是这样而已；这联系必然也给予我

　　们的先人一种情感上的稳定性，即使在最严重的瘟疫、
　　饥荒和战争中也不会轻易动摇。（Imhof，1984：23）

随着向现代社会的过渡，变革在多个层面上发生，带来了
意义深远的个体化进程，而这过程将人们从传统的纽带、
信仰和社会关系中剥离。就如韦伯在《新教伦理与资本主
义精神》一书中说明的，个体化过程始于宗教改革的教义，
它取消了救赎的确定感，并将人们推入一种深刻的内在孤
寂当中。在接下来的几个世纪里，这过程在许多层次上继
续展开；在我们复杂的经济体系，还有其错综复杂的基础
设施和渐增的世俗化、都市化和个人流动等之中，都可以
见到个体化的过程。越来越多人被它所影响，如今已达到
了前所未有的程度。其结果是，我们每一个人都逐渐被期
待，也同时被强迫在任何特定社群或团体的包容之外过自
己的生活。

　　对个体而言，与传统纽带的断绝意味着从先前的束缚
和义务中解放。然而与此同时，紧密团结的社会提供给个
人的支持与安全感也开始消失。随着世俗化站稳脚跟，新
生活方式孕生，价值体系与宗教竞相争取人们的心智，从
前那些为人们提供方向、意义，以及在大宇宙中对个人精
神寄托有重大意义的事已不复见。其结果是哲学家、历史
学家、社会学家和心理学家常描绘的一种内在稳定性的深
刻失落。随着"世界的除魅"（Weber，1985）而来的是
一种新的"内在无依"状态，个体孤身处于宇宙洪流当中

(Berger, Berger and Kellnner, 1973 : passim)。荣格描绘了人与自然的关系是如何变化的:

> 我们的世界非人化的程度等同于我们的科学知识成长的程度。人类在宇宙中感到迷失,因为人类不再与自然联系在一起,也已经失去对自然现象那种情感上的"潜意识认同"。自然现象逐渐失去了象征性内涵。雷声不再是神明的怒号,闪电不再是他施予惩罚的矛……石块、植物与动物不再对人们说话,人们也不再相信它们会理解而继续对它们说话。人们丧失了与自然的联系,而此一象征性结合曾经产生的强力情感能量亦随之一并消失。(转引自 Imhof, 1984 : 174—175)

我们可以把这现象称为个体化过程的初步阶段。几个世纪的时间里,传统的诠释和信仰形式——简言之即社会所规定的解答——已被逐渐磨蚀。当个体遭遇一系列新问题时,下一阶段于焉展开;多半是有太多新的生活方式和教育机会供人们选择的缘故,20世纪后半叶,这一情形特别明显。20世纪50年代和60年代,人口中较低阶层的生活水平改善的程度,可以被描述为"社会史上惊人而包容广泛的一场革命"(Mooser, 1983 : 286)。前几代人常处于贫乏的饥贫交迫状态,只知为日常的生存而奋斗。如今,大部分人口都拥有足够的收入,可以利用各种可能的方式过上自己的生活。从 20 世纪 60 年代开始，教育机会的普及，使成千上万的年轻人摆脱了从小就需要挣钱的或身心疲惫的生活。他们可以尽情挥洒自己的青春，从心理学的意义上来讲，这是个等候期，是延迟支付的暂停期（Hornstein，1985）。他们自由地学习超出日常生活所需的科目，对新的经验领域、不同的传统和思考方式敞开心扉。

这样一些社会结构变迁所带来的结果是，第一次有许多人有能力思考与日常谋生无直接关系的问题。在生活变得更加轻松的同时，对生活意义的思考也变得更加迫切。以下这些陈旧的哲学议题如今开始进入我们的私人生活："我是谁？我从哪里来？我要往哪儿去？"面对这些问题的挑战，我们必须寻求答案，它们变成了一种压力，有时甚至给人带来恐慌。诠释世界的旧方式已变得太过陈腐，每个个体都发现他 / 她独自面对新的疑问。并不是每个人都能找到答案，焦虑仍在持续，这种不安全感与如何生存的问题关系不大，而是关于我们存在背后的意义，关于一切的意义。

正如心理治疗师维克多·弗兰克尔所言，"过着无意义的生活"是这时代的流行病。我们"不再像在弗洛伊德的时代那样遭遇性挫折，而是遭遇存在挫折。现代的典型病人不像阿德勒时代的病人那样罹患自卑情结，而是苦于一种结合了虚无感的深刻无意义感……一种存在的空虚"。（Frankl，1984：11）

个人稳定性的来源

18 世纪，主要的生活模式并非现代意义上的家庭，而是一个涵盖了"扩展家庭"的大家庭，它构成了一个经济单位。这个大家庭的首要使命是谋生，并确保下一代的生存。在这样的情况下，个人的爱好、感情和动机并没有太多的空间。择偶和婚配都是基于经济需求，而很少注意到个体的相容性（或者不相容性）。

> （对这位庄稼汉来说）"个人的幸福"……就是娶一个能与之共同劳作的女子，生下胖娃娃，并用她的嫁妆使他免于负债。谁都不会怀疑这也是种幸福。然而关系到伴侣人格并独立于劳动基础的爱情本身，却无从发展了。（Rosenbaum，1982：76—77）

社会史的研究显示，在迈向现代的过渡期，人们经历了一场意义深远的变革。以前的夫妻是一个分工合作的团队，现在则成了分享情感的伴侣。资产阶级家庭的诞生带来了"一种家庭内部的情感支配"，这种情感的支配引入了作为现代家庭特征的隐私和亲密感（Weber-Kellermann，1974：107）。

也许并不是巧合，这正好发生在一个传统纽带开始松绑的时代。这个阶段，家庭生活逐渐成为情感和责任的核心，这显然在一定程度上抵消并弥补了那些随着社会演变为现代形态而逐渐消失的社会准则和确定性。由于越来越迷茫，人们对于家庭的渴望愈加强烈。家庭变成了避难所，在家庭里，人们似乎比较能忍受内在无依的状态，家庭是荒冷人间的一座避风港（Lasch，1977）。从历史上看，这是一种新的身份形式，也许可以用与个体相关的稳定性来描述。由于越来越多的旧式束缚失去了意义，身边的亲密关系变得不可或缺；它们在潜意识和意识上，帮助我们在这世上找到定位，维持我们的身心安顿。

为了从实证上说明，下面是一项关于社会支持与慢性疾病之间关系的研究结果。研究显示，与他人维持亲密、信赖的关系可提供重要的情感保护，并让对新情况的必要适应变得更加容易：

> 即使……一个人由于某些原因（例如不得不退出职场）而大大减少了与社会接触的机会，这并不一定意味着他会更容易陷入抑郁状态，只要他拥有一个"知己"。这种特殊关系——一个完全可以信任的人，一个可以依赖其理解、随时倾诉个人问题的人——似乎是一种特别的保护因素。（Badura，1981：23）

作为内在支柱的爱情与婚姻

假如我们情感与心灵的稳定性都有赖他人的密切支持，那么爱情作为我们生命的核心就具有了新的意义。人们的理想是，将两个情感有密切联系的伴侣间产生的浪漫恒久的爱情结合起来，并赋予这两人的生活以内涵与意义；对个人而言，伴侣就是全世界，是太阳、月亮和满天繁星。以一首经典的情诗为例吧，吕克特的《你是我的月亮》：[1]

> 你是我的月亮，我是你的地球；
> 你说你围着我转。
> 我不懂；只知道我在夜里
> 因你而微微发亮（……）
>
> 你是我的灵魂、我的心，
> 我的欢喜、我的愁。
> 你是我居停的世界、
> 翱翔的天空，
> 噢，你是我常埋忧思的墓冢。
>
> 你是沉静与和平，
> 你是上天赐我的；
> 你的爱让我珍视自我，
> 你的目光使我脱胎换骨，
> 你让我超越自我，
> 啊，我良好的精神，更好的自我！

这体现了与个人相关的稳定性所包含的一切；而此一稳定

性乃是以浪漫爱情为基础。这种浪漫爱情的内在核心可描绘如下：其他参照物越是消失殆尽，我们就越是渴望自己所爱的人能给我们的生活带来意义和安全感；我们愈会倾向于将希望寄托在他人——这个男人或那个女人的身上。他或她应该在这个旋转得越来越快的世界中支撑我们，让我们站得更直，走得更稳健。普法伊尔以一句话简洁地描述一切："'浪漫的婚姻之爱'在这个世界中几乎是不可或缺的。"（Preuss，1985：37）贝纳德与施拉费尔更生动地形容：

> 也许以前会容易些。人们相信教堂和国家，相信只要能做个好妻子、好母亲，死后就能升上天堂。现在，上帝即使不死也出走了，人们只剩下"人"本身作为存在意义的来源。对大部分人来说，职场……并不是多么令人向往或者能感到满意的地方。剩下的是家庭，家庭是个人与那些他愿意给予承诺的人建立起来的关系。理解、沟通、体谅已撤退到亲密关系的狭小圈子里了。如果连这些都失去的话，个人便要落得只剩办公室里的冰冷互动了。人们问，时间逝去……我们做了什么？假如有一个或一些人可以作为参考点来帮自己确定一个相对位置，那么关于生活意义的问题，就会没那么难以承受。如此，人们也才有可能为自己在虚空的宇宙中建立一座文明之岛。（Benard and Schlaffer，1981：279）

在这一背景下，婚姻也有了新的含义——我们所熟知的含义。社会学家和心理学家已经发现了婚姻的基本模式。它变成"针对现实的社会设计"（Berger and Kellner，1965）。在同居生活中，男性和女性建立了由共同的态度、意见和期望所组成的世界，这些期望从日常琐事到世界政治大事，无所不包。它们在口头或非口头的对话里，在共同的习惯、经验，以及和另一半的持续互动中动态发展。对世界的共同认知不断在磋商中发生变化——被调整、替代、质疑并重新确认。

婚姻背后的基本主题不仅仅是我们生活中的社会结构，它也越来越多地涉及身份认同问题。对婚姻的心理学研究尤其揭示了这一点：当我们在各个层次上寻求伴侣进行交流的时候，我们也在追寻自我。我们寻找自己的生命历程，想让自己与伤害沮丧和解，想拥有规划生活目标的能力，想和他人分享希望。我们在他人身上看见自己，"我"心中的"你"也是"我"的理想化形象："你是我内心秘密世界的映像"（Schellenbaum，1984：142ff.）和"更好的自我"（Rückert）。婚姻正逐渐成为一个"专注于个体自我发展与维护的制度"（Ryder，1979：365）。爱情与身份认同之间开始紧密交织。

因此在坠入情网的一开始：

　　恋爱是在寻觅个人的命运……一种深入内心深处的自我寻找。这是通过与对方的对话，通过相遇时

> 互相在对方身上寻求认同，在接受、理解、对抗与解
> 放过去和现在的过程中实现的。（Alberoni，1983）

同样地，在交往好些年的伴侣间那些亲密的交流当中：

> 过去未解的问题与悲伤得以重见天日。更确切
> 地说，构成每个人的过去和现在都在寻找"我是谁，
> 为什么我在这里"这个问题的答案。个人寻找的不过
> 是个想倾听这些问题的人罢了；仿佛只有在他人倾听
> 时，我们才能理解自我；只有在他人的耳朵里，我们
> 的故事才能完整一样。因此，伴侣双方对自己和世界
> 的认知，都是在彼此交谈中产生、确认、修正和改变
> 的……"我是谁，你是谁？"这个关于个人身份的问
> 题不断被讨论。（Wachinger，1986：70—71）

婚姻咨询顾问，更不用说离婚率数据都确认了一件事：一
开始时热情得以至于常支吾忘词、吞吞吐吐的那些对话，
到了后来却被沉默的禁忌所阻隔、中断了，甚至不再进行
下去。为什么会发生这样的事情呢？这就是接下来几节要
探讨的问题。渴望加深了，失败却经常发生；我们将追溯
这两个现象如何可以拥有共同的根源。简言之，我们对爱
情的期待既包含了失望，也承载着希望，而它们都源于现
代人对"做自己"的过分执着。

爱情比以前更困难了

独自生活的优缺点

前现代社会的旧式忠诚和责任是由严格的行为规范和规则构建的。随着这些规则逐渐消解，生活似乎变得不那么受限了，人们拥有更多选择的空间和可供选择的可能性；从许多方面来说，生活比过去更少受到束缚，也更加灵活（关于这方面的研究可参见 Berger，Berger and Kellnner，1973）。然而这一变化也意味着我们每个人都必须在许多层面上做决定，从去哪儿度假、买什么厂牌车子的日常琐事，到生几个小孩、送他们上什么学校这类长远重要规划，各种问题，不一而足。我们被期待成为负责任的公民和精明的消费者；既注重价格，又关心环境问题；既了解核能相关知识，又清楚正确的用药知识。如同现代的分析者所注意到的，"生活在选择过多的世界"经常使人们不堪重负（Riesman，1981：123）。

到目前为止，一直被忽略的事实是，当个体不是单独地，而是和另一人共同生活时，造成压力的因素会成倍增加；所有直接、间接影响伴侣的议题——包括看哪个节目、去哪儿旅行、选哪样家具、遵循哪个惯例等——在决策过程中都必须考虑两个不同个体的观念和期望、习惯和标准。其结果是可以预见的：决策越复杂，发生争执的可能性就越高。

此外，伴侣之间产生分歧的可能性还因为选择自由的另一面——新的限制——而进一步增加。从某种意义上来说，每个人都可以自由地计划和决定；但换另一个角度来看，个体主义的逻辑却常常成为障碍。随着家庭作为经济单位的逐渐解体，新兴的谋生方式更多地依赖劳动力市场和个体本身。个体要找到工作得依赖市场法则，像是灵活性、流动性或者是竞争力、职业经历等，而很少考虑私人关系的承诺。那些不遵守这些法则的人，往往面临失去工作、收入和社会地位的风险。

在这里我们可以看到社会内部的一系列结构性发展，其影响在战后德国尤为明显。各种形式的流动——在工作与家庭、工作与休闲，以及培训、工作与退休之间的地理上、社会上和日常的转换——不断迫使人们脱离已有的纽带（如邻里关系、同事联系、地方习俗等）。同样，许多人发现教育将他们与自己的成长环境割裂开来。取得职业资格意味着在就业市场上有更多机会；然而这种必然影响所有人群的成就模式，也迫使每个人都必须自行规划、决策，并自负成败责任。

以上仅是这些变化一部分的外在描述。个体化的逻辑使本可以灵活适应的生命历程朝着某些预定方向发展，因此也对个人产生了内在的影响。这导致个人在字面意义和比喻意义上争夺"自己的空间"、寻找自我，以及实现自身潜能。这些词语不断出现在访谈、临床治疗和文献当中，然而这并不意味着我们正在经历一场集体性利己主义的暴发。事实上，那些关于发现自我和独立行事的谈论，反映的正是每个人在日常生活中面临的压力——像是具备流动性、接受教育、找到一份工作等，连个人最隐秘的感受和思想也受到这些压力的影响。于是，这些主题都在此刻以一种私人问题的外在形式，呈现在个体生命历程当中。当生活变成了一部"自己写下的生命历程"（Berger，Berger and Kellnner，1973：passim）时，对自己潜能的发掘也就"不只是我们价值体系的天际间一颗闪耀的新星，还同时是一种对生活中出现的新挑战的文化回应"（Baden-Württemberg Provincial Government，1983：32）；或者用简明的话来说，这是一种社会的必要需求。

随之而来的问题是：自己写下的生命历程里充满了压力及限制，其中还能为一个拥有自己计划和问题的伴侣留出多少空间？在这种情况下，对方如何避免成为额外的障碍，甚至是破坏因素？如果社会情境迫使个人必须专注于自己的利益，分享彼此生活的可能性还有多少呢？即使动机全然地良善，以下的情况也必然会产生：两个单独的个体执着于捍卫各自的独立世界（而不是构建共同世界），最终导致了时而文明时而失控的猛烈争执。

从这个角度出发，比较一下自助书籍中推荐的关于爱情、婚姻和亲密关系的新理念是很有意思的。现在的趋势是把自我主张放在首位，不仅在办公室和公共汽车上，在家里也是如此。这个神奇的魔法公式被称为本真性。在无数的贺卡、咖啡杯和床头海报上，被引用得最多的是"格式塔疗法"的基本原理：

> 我做我的事，你做你的事。
> 我活着不是为了要迎合你的期望，
> 你也不是为我而活。
> 你是你，我是我，假如我们偶然一拍即合，
> 那是美事一桩。
> 假如不行，也只能叹声无奈了。
> （Perls and Stevens，1969：4）

这与吕克特的情诗形成了鲜明的对比！不可否认，大部分自助书籍还没有走到这个地步，不过它们暗示的其实是同样的方向。从过去主张适应他人的生活模式，到现在倡导有意识的分离，它们教导的是一种建设性反对："在爱情中学会说'不'。"（Schellenbaum，1984）婚姻治疗试图传达以下观点："两个彼此相爱的人不需要心灵合一。"（Preuss，1985）它们推崇的是"尽可能在婚前协议上写明日常生活的各个面向"，从"个人自由的权利"到"分离时的安排"（Partner，1984）。

　　类似的表述反映了个体化应用于伴侣生活的基本模式。这是一种努力平衡的尝试，尝试帮助拥有自己目标及权利的独立个体，既能拥有自己的生活，又能将生活与另一个人分享。然而，我们仍不禁质疑，补救这个根本困境的措施，是不是往往在扩大问题而非解决问题？当我们

被告知"争吵能让人们联系更紧密"（Bach and Wyden，1969）时，那么有多少次能达到预期的创造性张力，又有多少次会导向"创造性离婚"（借用另一本类似图书的标题，Krantzler，1974）？

　　根据另一本书所说，如果这类协商破裂，就可以实现"成功的离婚"——这种离婚绝不应被视为一种失败，而是"从个人向上流动的角度预先考虑的选择，与其强调正在离开什么、可能失去什么，不如着眼于前方那些可能融入一个新的、更好的自我形象中的事物"。这本行为改正的书告诉我们，在成功的离婚之后："'小小的风流韵事'可能是有益的……拥有'积极的自我形象'的个人不需要对婚姻的混乱感到忧虑。所有这些事情都是'有意义的'，因为它们全都有助于'自我经验的累积'。"（Ehrenreich and English，1979：276）

假如爱情与希望再度破灭了，那么你所要做的不过是再找一个新的罢了。此处的箴言是"如何成为自己最好的朋友"（Ehrenreich and English，1979：176）。难道这就是仅存的希望了吗？诱发我们浪漫渴望的个体化过程总是必然导致一个后浪漫的世界吗？

　　在后浪漫的世界里，旧有的纽带已经不再束缚人了，只有你自己是重要的：你可以变成你想要的样子；你的生活、环境甚至是外表及情绪都由你来选择。旧有的以保护与依赖为基础的等级体系已经不复存在，只剩下自由订立与终止的合同关系。市场机制早已从生产关系扩展到所有人际关系。（Ehrenreich and English，1979：276）

如今，不只是每个人的生活都变得更加灵活、适应能力更强，人们还能以多种方式选择与他人共同生活。前工业社会为夫妻订下严格的规则来确保经济上的生存。婚姻是团队合作，男女各有分工，小孩是受欢迎的帮手和继承人。现在呢？我们有一连串永无止境的问题要回答。妻子是不是要在外面工作呢？要从事全职的还是兼职的工作呢？丈夫的目标应该锁定事业攀升，还是也要分担家事，甚至留在家里当个家庭主夫呢？生小孩会是个好主意吗？假如决定生小孩，什么时候生、生几个？又要由谁来照顾小孩呢？假如不生小孩，谁来承受避孕的负担呢？这种状况导致伴侣之间迟早会在某些方面产生分歧。出现这种分歧不见得是因为私人原因、不愿承诺或者存心刁难，而是因为他们作为雇员的职业经历给他们设置了明确的界限，假如他们想避免工作场所的困扰，就无法按照自己的意愿来安排生活。

　　除了需要做出许多重大决定，时间因素也是不可忽视的。婚姻中，每个决定都有可能会被推翻或重新调整。

事实上，决定必须是可撤销的，如此一来才能适应外界的新需求。个体化的生命历程假设每个人都能更新自己的决定并使其尽可能达成完美，而这一假设还受到一种新兴心理观念的影响——要求每个人都以开放的心态面对新挑战并勇于求知、学习。毫无疑问，这种基本原则有助于避免婚姻陷入枯燥的例行公事，进而不会让夫妻间变得沉默而对彼此漠不关心。然而，这些基本原则也的确有其风险。假如夫妇其中一方十分满足于现状，而对方却正相反，又或者两人都想改变而方向不同，情况又将如何呢？

有些夫妻曾一致同意妻子全心投入家庭生活。几年之后，妻子厌倦了这种单调、孤立的家庭生活，想要重回职场，而对现有熟悉模式感到十分满足的丈夫却将这一变化视为威胁，并坚持维护他所习惯的权利。再以 20 世纪 60 年代结婚的夫妻为例，那时他们还抱持着关于忠诚的传统观念，然而过了几年，他们读到了关于"开放婚姻"的理念。假如现在他们其中一方还想紧抱着熟悉的安全感不放，而另一方却渴望着尝试新奇事物的吸引力，是谁会得逞呢？谁又是对的呢？

有时候，没有人是对的。当双方不再享有一个共同的标准，对或错变成了含糊的范畴。现在人们所拥有的只是两段生命历程各自构成的标准，而这些标准又受到快速变化的社会观念和刻板印象的影响。随着主观解读的空间不断扩大，人们的愿望得以自由表达，而夫妻双方往往都有各自的愿望，即便这些愿望不尽相同。最终结果就是，有越来越多的已婚人士尝到误解、受伤、背叛的滋味。

男人 V.S. 女人

在经典的女性主义著作中，人们常怀有这样的希望：一旦女性不再受到压迫，男性和女性就能找到新的、更好的相处方式。其基本假设是，只有在自由和平等的伴侣之间，爱情才可能存在。这一观点可以从玛丽·沃斯通克拉夫特于 1792 年撰写的名作《女权辩护》中找到例证：

> 期望女性在尚未从男性那里获得某种程度的独立之前就具有美德是徒劳的；是的，期望女性生来就有当好妻子、好母亲的慈爱本能也是徒劳的。只要完全依赖丈夫，她们就会变得狡猾、卑贱而自私；而可以从这种献媚式慈爱的谄媚当中获得满足的男性，也并不具备多少细腻的情感，因为爱情是无法购买的……如果男人能慷慨地打破束缚我们的枷锁，满足于理性的伴侣关系而不是奴隶般的服从，他们将发现我们会成为更贴心的女儿、更亲爱的姊妹、更忠实的妻子……因为我们学会了自重，我们对丈夫的爱将出于挚情。（Rossi，1974：64 and 71）

谁敢诚实地说这些自豪的希望都已经实现了呢？问题是，

为何情况会变得与期望大不相同？要找到答案我们必须更细致地检视现代化过程是如何影响男性和女性的。关于现代变革的论战，其背后的普遍假设是，从旧式生活到现代生活的过渡已经把个体从过时的责任与束缚中解放出来了。然而，把这个观点与社会史及女性研究的发现相对照，便不难发现，它既是对的也是错的。更确切地说，它只反映了一半的事实，因为它忽略了人类的"另一半"。现代初期，个体化依然是属于男性的专有特权。

这一点在费希特的《自然法》（1796）中得到了体现，这部书对女性之于男性的关系描述如下：

> 一个女人在维持其人性尊严的情况下，必然会放弃自己的个性，为丈夫付出所有……最微不足道的后果是，她将自己的命运与所有权利都让渡给丈夫，与他一起生活。只有在他的陪伴、凝视，以及和他有关的事情当中，她才"活着"或是扮演着积极的角色。她不再以个体的方式生活；她的生活变成他的一部分了（这在她必须冠夫姓的事实中可见一斑）。（Gerhard，1978：146）

美国历史学家 C. N. 德格勒总结如下：

> 在西方，个体主义的观念有着悠久的历史……洛克和亚当·斯密赞颂个体权利与行动的原则，然而

他们想法中的个体是指男性。总体而言，女性在当时并未被视为真正的独立个体，而是男性的辅助角色——尽管她们被认为是必要的，却没有独立的身份和权利。在西方思想中，"个体"这一概念总是假设每个男性（即每个个体）背后都有一个家庭存在。而除了这个在法律和习惯上都是一家之主的男性，家庭中的成员并不是"个体"。（Degler，1980：189）

现代化过程的一个显著特征正是男性和女性的标准人生历程开始往不同的方向发展。19世纪，女性的生活范围并没有扩大，反而被限制在家庭提供的内部空间里。为家庭的其他成员提供情感和物质支持变成她们的特殊任务——听从她的丈夫、倾听他的烦忧、调停家庭纷争；简单地说，她们做着今天被称作"情感劳动"或是"关系照护"的工作。

丈夫越是需要在充满敌意的世界里冲锋陷阵，妻子越被期待能保持"完整、美丽与纯洁"，以便"在宁静和平的家庭环境中"维系"内在的安稳互动"（Riehl，1861：60）。在一个日益理性化的世界中，女性被视为感性的补充角色，为丈夫提供一个充满宁静与温情的绿洲。

具有吸引力的女性世界是我们幸运遇见的宁静绿洲，是生活中诗意的源泉，是天堂的遗迹，而我们不希望它被任何的"女性议题"或是任何感到挫折的女性知识分子、受过高等教育的经济学家给夺走。我们希望尽可能地保留它……上帝保佑，就当作是为了那些极度贫困的"劳工"。（Nathusius，1871；in Lange and Bäumer，1901：69）

女性身上吸引着我们的特质是感性温暖、天真烂漫和清新活力，这是她们优于过度工作的早熟男性之处。如果这些最迷人的特质被教育摧毁，那么她们对男性的吸引力也将无可挽回地失去。（Appelius，Vice-Presidential address to the Weimar Landtag，1891；in Lange and Bäumer，1901：94）

由于个性独立和行为作风男性化，女性堕落了。真正的女性最大的骄傲莫过于阴柔气质。这意味着不假思索地使自己顺从、谦逊，不追求超出其注定角色的事物……男性在女性之前被创造出来就是为了享有独立，而女性被赋予男人，就是为了他而存在。（Löhe，nineteenth century；in Ostner and Krutwa-Schott，1981：25）

在18世纪和19世纪的政治、哲学、宗教、科学和艺术领域中，类似的观点以各种变体形式大量存在，它们真正强调的是已确立的"对比性美德"（哈贝马斯语）这一概念的核心：男性在家庭外越是被要求自我主张，则妻子在家庭内就越被训练要自我牺牲。这一现象也明显地体现在一些法律条款中，它们规定了妻子对丈夫的依附地位（Langer-El Sayed，1980：56）。例如，女性必须使用丈夫的姓氏，与他共享公民身份，与他同住，服从他的意愿。丈夫有权监视她的信件往来、订立事关家务和支出的规矩；在许多情况下，妻子的个人财产处置权也被转移到丈夫手中。

这些规定的代价是高昂的，明显不利于女性。然而它们的目的却很明显。由于从定义上就不允许男女之间存在分歧的意愿，这种安排在某种程度上实现了家庭的稳定，尽管对一方来说可能极其压抑。在这样的条件下，即使女性拥有更多的选择权，也未必会破坏家庭的和谐。关键在于丈夫想要的是什么。女性真正想要的则是适应男性："从青年时期起，她就必须养成一种习惯——将男性视为注定的主宰，并通过温柔、耐心和顺从使自己对男性更具吸引力。"（Basedow；in Kern and Kern，1988：51）阿加莎·克里斯蒂追忆她少女时期时写道：

> 在某种意义上，男人是至高无上的：他是一家之主。一个结了婚的女人必须接受丈夫在这世界上的地位和他的生活方式，这是她的命运。对我而言这似乎是正当的想法，也是幸福的根基。假如你没法面对你男人的生活方式，那就别蹚这趟浑水——换句话说，就是别嫁给他。比方说，有个卖布的批发商，他是罗马天主教徒，他比较喜欢住郊区，他打高尔夫球

并且喜欢到海边度假。所有这些加在一起就是你要嫁的对象。下定决心去接受并尝试喜欢它，然后真正去喜欢它。这没有那么困难。(Christie，1977：122)

从那时起，变革发生得很快。19世纪末以来，尤其是从20世纪60年代开始，当初属于男性特权的事，女性也可以做了——摆脱旧有行为模式正是其中之一。这一点在教育领域尤为明显；尽管在19世纪和20世纪之交，女性获得了一些新机会，但真正的转变发生在五十年后，即20世纪60年代——所有人都拥有了受教育的机会。长期以来被视为理所当然的女性教育劣势，现在开始被有意识地质疑，这些质疑所带来的改变远超我们的预期。仅仅在二十年之间，学校教育中明显的性别差异就已经消失，从各级公立学校到大学，就学的男女数量几乎是相等的。[2]

另一个例子是女性外出工作的情况。虽然主妇和母亲的形象曾是资产阶级家庭的理想，但底层女性一直被迫赚钱，因为丈夫的工资往往不足以维持家庭生活。到了19世纪晚期，即使在中产阶级里，由于家庭内部的工作逐渐失去与生产过程的联系，越来越多的女性发现自己不得不外出寻找收入来源。没有私有财产、必须外出谋生的女性人数不断增加。然而在中产阶级社会里，这种工作通常是有时间限制的，通常仅持续到结婚为止；女性的主要职责仍被认为是在家庭中。

真正影响深远的变迁发生在20世纪50年代。在德国，与其他工业国家一样，第一项转变是已婚女性外出工作的人数显著增加。[3]紧接着的趋势是已婚女性在第一个孩子出生前都持续工作，并在孩子长成后回到工作岗位上。德国在第二阶段的发展再度和所有工业社会同步；这一阶段的显著转变是有孩子的女性外出工作的人数增加了——她们是在职母亲。[4]如今工作对她们来说已经不只是一个过渡阶段，"对女性来说，不工作逐渐变成一个例外的情形，并且只发生在照顾年幼孩子的阶段"（Willms，1983a：111）。

人口结构的变化也在其中扮演了重要角色。自20世纪初以来，人类的预期寿命不断上升，并在20世纪晚期达到了历史最高水平。与此相反，生育率却大幅下降，这一趋势始于19世纪末的欧洲，并在20世纪60年代后加速。这两种发展趋势结合后产生的影响，决定性地改变了女性的标准生命历程。在大家庭解体并被资产阶级小家庭取代之后，抚养子女成为女性的主要任务，而这一任务从时间上来说，如今占据她们生活的比例越来越小。于是，一个历史上全新的阶段出现了，即所谓的"空巢期"；空巢期的女性不再需要扮演母亲的角色，也不再因这一角色受到束缚（Imhof，1981：180ff.）。

随着教育、职业机会、家庭生活、法律等方面的变化，职业女性的家庭责任变得更少，同时她们对丈夫支持的期望也在降低；她们必须以某种形式（尽管往往充满矛盾）保持独立并能够养活自己。当然从主观方面来说，女性正在发现——事实上是她们必须发现——自己对于生活的期待为何，并且制定自己的计划；这些计划并不必然以家庭为焦点，而是关注她们自己的个性发展。首先她们必须计划的是如何打理自己的财务，必要时甚至要学会没有丈夫也能生活。她们不再自认是家庭的"附属品"，而把自己视作具有相应权利与利益、拥有自己的未来与选择的个体。

以下是易卜生的戏剧《玩偶之家》最后一幕的经典台词：

> 海尔茂：……你就这样背叛你最神圣的责任。
>
> 娜拉：你说我最神圣的责任是什么？
>
> 海尔茂：这还要我告诉你吗！难道不是对你丈夫和孩子的责任吗？
>
> 娜拉：我也有其他同样神圣的责任。
>
> 海尔茂：你没有。其他什么责任？！
>
> 娜拉：对我自己的责任。
>
> 海尔茂：你首先是个妻子、是个母亲。
>
> 娜拉：这话我已不再相信。我相信，我首先是一个人——与你一样的人——或者至少我要学着做一个人。*

---

* 译文引自易卜生《玩偶之家 培尔·金特》，夏理扬、夏志权译，民主与建设出版社，2018年，后同。

有意思的是，这些变化到底是如何影响到两性关系的？显然，这里有一种新的关系，这种关系不再像前工业社会那样，将男女局限于日复一日的谋生劳作之中；也不再像19世纪资产阶级的模式那样，将男女置于相对立的性别角色之中，虽然这些角色在某种程度上互为补充，却是以女性的从属地位为前提。相反，现在有了建立一种志同道合的纽带的可能性，或者更谨慎地说，这是生活风格与态度都相近的两个人之间的伴侣关系。这正是女性主义著作所渴求的那种"最美妙的事情"，是《玩偶之家》剧终所闪烁着的希望之光：

> 海尔茂：娜拉，——对你来说，我就永远是一个陌生人了吗？
>
> 娜拉：哦，托尔瓦，除非那件最美妙的事情发生。——
>
> 海尔茂：你告诉我，最美妙的事情是什么？
>
> 娜拉：那就要你和我都得改变，那样——。哦，托尔瓦，我不再相信什么美妙的事情了。
>
> 海尔茂：但我要相信。告诉我！我们都改变，那样就——？
>
> 娜拉：那样我们的结合就能成为真正的婚姻。告辞了。

这里面最引人注目的并不是剧中人那些美好的期望或者可

能出现的奇迹，而是它的反面——如今困扰着无数婚姻与
风流韵事的失望与失败。显然，随着传统生命历程的改变，
对两性来说，生活在一起变得更困难了。前面已讨论过我
们在选择如何生活时所遭遇的限制，但在某个关键的面向
上仍然不够明确：这些限制预设了两性都能以真正的伙伴
身份来行事、共同做决定——而这种状态远非理所当然。

　　我们现在终于可以把事实完整地揭露出来了。改变爱
情与婚姻的新因素并不是如社会学家所说的，某个人——
通常指男人——在现代化进程中变得更自我、更独立。真
正造成影响的是女性个体生命历程所产生的新变化，这些
新变化包括将女性从家庭义务中解放出来，以及从 20 世
纪 60 年代起便逐渐鼓舞女性外出闯天下的那股动力。更
精确地说，过去，当只有男性发展自己的潜力，而女性被
迫以补充角色承担照顾男性及他人的责任时，家庭的凝聚
力在某种程度上能够维持——但这是以牺牲女性的利益及
个性为代价的。现在，这种"现代性的分工"（参见本书
第 1 章）再也无法继续下去了；我们正在见证女性历史的
一个新时期，这也意味着两性关系史进入新时代。如今，
陷入爱河的两个人第一次发现他们可以描绘自己的生命历
程，直面自己设计的人生轨迹所带来的机遇和阻碍。

　　从男女双方对于一起生活的期待中，我们可以看出这
种变化的端倪。如伯纳德所言，每段婚姻都由两段婚姻组
成，丈夫的婚姻和妻子的婚姻（Bernard，1976）。这一
定义突出了一个长期隐而未现但随着女性运动和女性主义

著作而浮现的方面：在许多重要的方面，男女对"爱情"这个魔力字眼所附加的希望存在很大差异。正如鲁宾挑衅性地描述的那样，他们是并且始终是"亲密的陌生人"（Rubin，1983）。这种差异体现在性需求（Ehrenreich，Hess and Jacobs，1986）、浪漫幻想（Alberoni，1987）、劳动分工（Metz-Göckel and Muller，1987），以及构成日常生活支柱的沟通模式与议题的优先级（Ehrenreich，1984；Fishman，1982）上。

男女双方期望上的差异也许并不是个崭新的现象，真正新的是人们应对它的方式。女性越是自认为拥有自我期许，就越难以接受这些期许不会被满足的事实。相反，她们越来越倾向于要求满足自己的需求，甚至在其他办法都行不通时选择离婚。关于离婚原因的研究表明，对于同居生活，女性比男性更期待有益的情感满足（Höhn，Mammey and Schwarz，1981；Wagnerova，1982）；因此她们也更容易对婚姻感到不满。这就像易卜生《玩偶之家》中的娜拉，她离开了一个在丈夫看来幸福的家，并表示只有当这个家变成"真正的婚姻"——也就是符合她理想的婚姻——时，她才愿意回来。这里所示意的趋势可以总结如下：过去的女性受到挫折时会放弃自己的期待；如今她们会执着于自己的期待而放弃婚姻。

在一项调查当中，女性被问到为什么放弃了从外在标准来看一切皆良好的婚姻。调查者描述她们的理由如下：

　　她们离开是因为她们想要的超出了婚姻所能给
予的。对我们的母亲——甚至对尝试建立婚姻的自
己——来说，可能被视为"尚可接受"的婚姻，现在
不再令人满意。这些女性想要的不只是一片遮风避雨
的屋顶、一个支持她们的丈夫，以及照顾孩子的责任。
她们还想要情感的亲密、平等的伴侣关系，以及对自
己生活的掌控。(Rabkin, *New Woman*, September
1985：59)

潜在的矛盾就这样不断增加，而化解困难的可能性却在逐
渐减少。女性越学会照顾自己（事实上，在这个个体主义
的时代，她们不得不学会照顾自己），就越无法像她们的
母亲和曾祖母一样逆来顺受——顺应丈夫的期待而牺牲自
己。从前用来保证家庭凝聚力的粘合剂（传统的女性角色、
为他人而否定自我、愿意为了粉饰太平而默默承担那些无
休止而又无形的情感修补工作）正在消失。现在谁应该来
承担这些任务呢？许多女性厌倦了做抚慰者，而许多男性
又还没准备好接手；当男女双方发现在一整天的工作竞争
压力之后，傍晚还有堆积如山的情感劳动等着自己时，他
们可累坏了。

　　这种两难困境因社会变革和生活节奏变化所不可避免
带来的摩擦而进一步加剧。两性都被困在旧的角色模式和
新的现实之间，面对着不同生活领域或不同群体中出现的
陌生要求，常常因自己矛盾的态度而感到困惑。处在"不

再是"与"还未是"之间的这个阶段，产生出一种不稳定的混合状态，对男性和女性都造成了明显痛苦万分的结果。

首先出现的是所谓的单身女性贫困问题。这类情况多见于缺乏教育的女性，她们既失去了婚姻中的传统保护，又不足以应对由自己规划的生命历程。这些女性"只要失去丈夫就不得不依赖福利救济"；如果丈夫不在身边，就和越来越多的单身和离异女性的情况一样，便会出现所谓的"贫困女性化"（Pearce and McAdoo，1981）。在天平的另一端产生了另外的问题，影响着那些寻求独立事业的女性：在很多个案当中，女性为了事业必须付出高昂的代价——成功女性的孤寂感（Bock-Rosenthal，Haase and Streeck，1978；Hennig and Jardim，1977）。

以心理学家琼·贝克尔·米勒对这类发展的描述为例。在米勒的经验中，女性寻求心理治疗的原因在几年内有了显著的改变。之前，病人基本上是早婚且育有子女，并最终意识到自己为此付出太多的中年女性；如今，求助于心理治疗的病人经常是事业成功的年轻女性，她们卖力工作，单身或离过婚，却发现现有生活无法满足情感需求。对于那些将生活奉献给工作的女性来说，要找到准备好照顾她们被忽略的情感生活的家庭主夫是十分困难的。结果很明显："要么是两人都忙着追求传统定义的成功而无暇发展亲密关系，要么是职业女性发现自己连个伴侣也没有。"（Gordon，1985）

伊西多拉——埃丽卡·琼的小说《降落伞与吻》里的

女主角——就属于这种类型。作为离婚三次的知名作家，
伊西多拉悲愤地想着：

> 有成就的女人（错误地）以为对男性适用的法
> 则对她们也同样适用：成就会带来名声、财富和美丽
> 的爱人。但是，唉，我们得到的往往正相反。我们所
> 有的成就在爱情方面换来的只是感到威胁的男性、不
> 堪一用的性能力，以及被抛弃的命运。我们不禁反思：
> 如果追求职业荣誉必须以牺牲个人幸福为代价，那我
> 们努力工作是为了什么呢？（Jong，1985：113）

与此同时，一些女性群体正尝试扮演新的角色，她们追随
以下的箴言来摆脱旧的依赖关系："不管有没有男人，每
个女人都要靠自己。"追求自我身份意味着排除男性的参
与，作为一种合理的逻辑反应，她们将注意力完全聚焦
在自己的权利上。女性文学市场的发展——两性关系常常
退化为冷冰冰的对抗——就是这个趋势的良好指标。这类
作品的标题往往故意挑衅，具有超越符号的价值："现在，
轮我上场了"（Wiggershaus，1985）完全可以作为一个
口号。不是"我们"而是"要么他要么我"（Zschocke，
1983），再有疑问就是"我就是我"（Jannberg，1982）。
女性曾是顺从的，而现在她们认为"算总账"的时间到了
（Schenk，1979）。当两个身体毫无额外情感地开始下一
次性接触，而身体所属的人仍然彼此陌生时，这两人一个

可说是"厌女的人"，[5]另一个则公然宣称"白马王子已经死亡"（Merian，1983）。情况发展到极端，个人也只有"选择独身"了（Meller，1983）。

女性对其传统角色的拒绝给男性带来的影响尚未得到充分的记录，部分原因在于男性始终掌握更多权力，有更多的逃避途径，但有部分原因在于他们发现自己在自如表达感受与阐述挫折方面遇到了更大的困难。诊断结果因观察者的视角和性别而异。有些人察觉到了"男性的不安全感"（Goldberg，1979），其他人则注意到男性被压抑的感情、不愿理解，以及拒绝放弃特权的态度。处于这些不安时刻的男性被判定为"世故但不具有智慧"（Benard and Schlaffer，1985），他们只不过是披上国王新衣的旧式父权家长罢了。

可以肯定地说，男人对这些新的信号感到既困惑又矛盾；这些信号与他们的社会化经历并不相符，而且多少公开地打击了他们的自尊。来自各种不同背景的男人都会对"女人到底想要什么啊？"这个问题感同身受（Eichenbaum and Orbach，1983）。许多男性原则上愿意承认女性的要求是有道理的，不过当洗碗、照顾小孩这类不便侵入他们的生活时，他们就变得不情愿而且顽固了。最重要的是，我们可以发现某种新的"开明态度"，而当事情开始变得对男性不利时，这种态度就暴露出它的局限性（Schneewind and Vaskovics，1991：171）。于是一种新的理想女性形象便出现了，她们既独立又愿意从男性的利益考虑来配合他们（Metz-Göckel and Müller，1985：
22f）。就像一位男性在另一个研究中指出的：

> 你期待的是娶个受过大学教育的女性，她的智
> 能足以和你交谈，而且有信心可以在事业上或者生活
> 中协助你做出决策。同时，她也愿意照顾家庭、做
> 家事。假如能找到这样的女性，你就知道你成功了。
> （White，1984：435）

这些让人失望的结果令所有牵连其中的人都同感痛
苦；有鉴于此，女性运动转向了一个新的主题：如何在解
放与承诺之间取得困难的平衡。没有人渴望回到过去那种
充满束缚的模式，但人们对平等伴侣之间充满爱的关系仍
怀有希望。然而，希望幻灭的人们比以往更频繁地质疑：
两个平等的人有可能相爱吗？爱能在解放中生存吗？或
者，爱与自由注定是水火不容的对立面吗？

一方面，人们意识到爱情会夺走人的自主性："你对
我的爱化为加诸我身的枷锁，使我成为你那匹瘦马上的桑
丘·潘萨*，剥夺我的身份和生活。接受你的爱并爱你，将
是灾难的开始。"（Fallaci，1980：156）另一方面，人们
也因为尝试获得自由而失去了爱人："我们冒着失去爱情
的危险以求脱离无知。我们安慰自己，思想的启蒙永远值

------

* 《堂吉诃德》中的人物，主角的忠实随从。

得我们以痛苦来换取，然而这种确信不过是冰冷的抚慰。我们将所求得的真理应用于私人生活时，却发现这往往摧毁了爱情。"（O'Reilly，1980：219）

　　这里似乎就是两难困境之所在。旧式的关系虽压抑了女性的进取精神，但正是由于这种压抑，关系反而拥有了一种韧性。新的关系则需要同时容纳两段独立的生命历程，或者至少要承认这种要求的合理性。在人类性别史之中，这个不幸的尴尬阶段带来的或许只是争执和痛苦吧，正如琼所指出的："他们仍相爱，却无法生活在一起——至少现在还不行。"（Jong，1985：12）或许在这个阶段，个人要真正成为独立的个体仍不太可能，人们唯一能做的只有尝试错误，找出看起来最合适自己的生活方式。正如某个社会学研究的主旨所阐明的："对女性而言，这类暂时性的手段变得越来越有必要，而且可能也不仅仅是对女性如此。"（Brose and Wohlrab-Sahr，1986：18）

　　令人不安的问题依然存在：假如我们目前遭遇到的困难并非一时之事呢？假如这些困难是追求自我独立的划时代变革（最初这种变革只涉及男性，但最近女性也开始参与其中）的必然结果呢？两段不同的生命历程能够交织在一起吗？还是说，这种尝试只会让关系运转的齿轮卡满沙砾，以至于这段共同的旅程会彻底停滞不前？

中年危机

对于统计数字的检视揭露出一个惊人的事实：在那些看似稳定且婚龄长达十几二十年的婚姻当中，离婚率正在飙涨。[6] 对此我们可以从心理学的自助手册（Jaeggi and Hollstein，1985；Wachinger，1986）中找到一些解释。人们经常谈论中年（婚姻）危机，此时夫妻已经建立起稳固的基础，开始发展各自的兴趣，并且必须相互对抗来维护这些兴趣。"给我自由！"是这个阶段的战斗口号，常常伴随各种持久的权力斗争，从拒绝对方的亲密示好，到借口生病逃避责任，再到寻找帮手，有时甚至发展到公开的暴力行为。所有这些策略都在思考同一个问题："我们中谁能作为一个独立的个体生存下去？"在一个共同生活的框架中，这些行为本质上都是试图生存下去的挣扎，而这一点如今主导了婚姻场景。以下是两个不同视角的描述，其一来自埃丽卡·琼的小说《怕飞》中的内在视角：

> 那些婚姻所压抑的渴望……又如何呢？那些时不时想要走向未知之路的渴望，想要发现你是否仍能在自己的头脑中独自生活，想要发现你是否能在林中小屋里生存而不发疯；长话短说吧，想要发现在成为某人的另一半这么多年后，你是否仍然完整……这五年的婚姻生活让我……极度渴望独处。（Jong，1974：18）

接着是一位婚姻顾问从外部视角所做的描述：

> 大部分的婚姻一开始充满了对共同生活与互相
> 分享的激情，个体几乎被消解，一切都以共同生活为
> 中心。建立婚姻需要很大的凝聚力，为了彼此、为了
> 孩子们、为了事业目标付出巨大的努力……然而，在
> 一起多年之后……年轻时的活力多已消散，光华不
> 再；当事业目标已然达成，新的目标却又难以找到
> 时，旧的问题便会以一种全然不同的面貌浮现，而且
> 变得更加迫切："我是谁？"另一种热情凌驾了一切，
> 要有自我的主张、要独立地做决定、要有自己的生
> 活……于是"我是谁"的问题不可避免地转向配偶：
> "你真的了解我吗？"……此时，相较于放弃自我及
> 自身兴趣的威胁，解除婚姻的损失似乎还小了一些。
> （Wachinger，1986：80—83）

我们可以借助心理发展规律来解释上述模式。这些规律显
示，迈向成熟的每一步总是伴随着某种形式的分离。青春
期的斗争与混乱在中年危机中有其对应表现——人们渴望
逃离婚姻中的同居生活：

> 这些冲突……在各方面都像是青春期男女和父
> 母亲之间的斗争，而它们也的确具有相同的目的：重
> 新构建自我身份，从共生的深度融合中游离出来，

　　并意识到另一个人永远无法真正分享自己的孤独。
（Jaeggi and Hollstein，1985：219）

　　从心理学角度来看，这种现象似乎是婚姻的一种自然发展过程，是一种预设模式。但从社会历史的视角来看，这一现象展现了其特殊性。简单地讲，中年危机是社会事件，而非自然事件。首先，它是我们曾描写过的个体化过程的结果；更具体地说，它是这一进程的高级阶段的产物。在这个阶段，女性的生活脉络首次被纳入个体化过程。最后，它可以说是人口结构变化的产物，平均寿命的大幅度增加是使夫妻双方能够经历这个阶段的唯一原因。在一个世纪的发展中，“婚姻的平均持续时间（无离婚的情况下）几乎呈倍数增加。1870 年结婚的夫妇共同生活的平均时间是 23.4 年；1900 年结婚的夫妻共同生活的时间则达到 28.2 年，1930 年是 36 年；而 1970 年写下结婚誓词的夫妻在另一方的死亡终止婚姻之前预计平均共度 43 年的岁月”。[7]

　　只有当普遍的个体化过程，特别是女性的个体化，以及平均寿命的增加一齐作用时，中年危机才会出现。作为一种历史现象，中年危机是一个新生事物，直到 20 世纪下半叶才广泛出现在社会的各个阶层。其发展过程可以追溯如下：在前工业社会，无论是个人生活还是婚姻，都很少有自主决策的空间，婚姻本质上是合作的关系。我们可以合理地推测，在当时并没有太多探索自我身份的需求。

　　这种情况随着个体的地位凸显而发生变化。当环境迫使女性必须照料自己时，这种变化更为明显。最后，当我们意识到在建立好家庭及事业之后，还有多年的岁月等在前头，我们的态度也会发生转变。一个比以往更迫切的问题开始浮现："就这样了吗？"——换句话说就是，个人遭遇到了棘手的问题，不得不列出至今为止生活中遇到的挫折与困难，并开始憧憬一种新的、更好的选择，以弥补过去的遗憾。

　　这就是我们开始思考"我为配偶放弃了什么"的时刻。人们回忆起自己年轻时候怀抱的远大计划，看到了他们在共同生活中的妥协。不论是否合理，人们将许多的遗憾都归咎给配偶，将婚姻当成某种生活未能实现的代罪羔羊。在潜意识里，人们认识到有些事情他们已经无法再做，还有些事情他们不再敢尝试（比如年纪大了，无法成为一名音乐会钢琴家，也没有足够的勇气移居南美）。

　　即使一切不可能从头来过，人们仍然需要趁着还有时间时对当前的单一婚姻状况采取一些行动。至少，人们希望为自己争取更多空间和时间。当另一方因为也在努力寻找自己的身份而表现出抗拒时，这种坚持会变得更加强烈。于是伴侣现在变成了敌人，婚姻也变成了某个场所（安全阀、避雷针或是类似替代品），人们在这里竭力维护自我身份认同和自我尊严。

　　随之而来的交战历程经常充满矛盾，沿着以下的方向开展："和你在一起不行，没有你也不行。"很多案例表明，夫妻双方多年来以各种新形式和升级方式展开"战争"，但他们却始终无法彻底分开。他们分分合合；一起生活却又宣称说实际上已经分手，分居却无法正式道别，感觉被困在一条死胡同里。这些年来他们的反反复复让朋友们只能摇头无奈；对那些未亲身经历的人而言，这似乎难以理解，甚至十分荒谬。

以下又是来自不同视角的两段描述。其一摘自奥里安娜·法拉奇的小说《一个男人》：

> 我回去时……留了一封信给你，解释我为什么拒绝让这样的关系继续下去……但绳子已经断了，没有什么会比带着哽咽去修补它更加糟糕；我也不愿意让任何事物打破我内心的平静。唯一有可能让我动摇的，是可能听到你的声音……即使只是一通电话，也会让我无法下定决心。然而，这种恐惧只持续了一个星期；第二个星期时，我已经不再相信它会发生。这真是个要命的错误——在我出走后的第十七天，当电话铃响起，我听到你说"嗨，是我！"……几个小时后，我坐在飞机上想着：堂吉诃德，我来了，我来了；桑丘还是桑丘，永远是可以让你依靠的随从，我在这儿……我的问题无解，我还是无法拥有自我，出走一无所获。（Fallaci, 1980 : 246, 362, 264, 357）

一位治疗师从外部视角提出了他的看法：

> 当然，他们经常吵架，各自单独度假，只在少数事情上有共识。但除了不停地嚷着要分手，他们谁也没有真正行动过，尽管从外表看，他们都完全可以独立生活。当我和凯琳单独谈到这件事时，她提到了一些近乎荒唐的想法。
>
> 她害怕分手后会变得"孑然一身"，没有人会来关心她。（实际上，凭借她的事业，她的朋友比狄雅特还多！）另一方面，在他们频繁的争吵中，我听到狄雅特几乎歇斯底里地喊着说假如凯琳不把行李放下的话，他要"吊死在阁楼里"。一个旁观者可能会觉得他们俩都疯了。但事实上，在婚姻以外的生活中，他们是适应良好、成功而且非常受人喜爱的人。那些争执只不过是以一种异常强烈的形式表现出"他们无法放任对方一个人不管"——而且无论如何都不想被对方抛下。在他们冷静的对话中，你会听到他们说，自己"其实"早就准备好要分手了。

显然，上述行为模式揭露了心理学家所称的"共生纠缠"的某些特质，这种关系模式所导致的后果既令人绝望，又近乎荒谬。心理学家在这里看到了自主与依赖之间的外在争斗，在"亲密与距离"（Jaeggi and Hollstein，1985：217ff.）、"融合与抵抗"（Schellenbaum，1984：

35ff.）之间痛苦挣扎。但这样的纠葛为什么会出现？它们又为什么是无解的呢？根据相应的社会学视角，这类纠葛并不是凑巧出现，亦非基因决定（或者说，基因只在最一般的层面上产生影响），它们更不是自亚当夏娃以来自然伟大计划的一部分。相反，它们是出现在个体化过程中的矛盾的体现和反映。它们的背后是主导我们私人生活的各种渴望、期望和责任，而它们是彼此抵触的。如前所述，爱情变得比以前更重要，同时也比以往任何时候都更困难。在理论上，我们可以把这种纠葛的两类倾向分清楚，但不管怎么称呼——亲密性与个体性、共同生活与独立生活，它们都不可分割地融合在一起，导致了一个接一个的悖论和困境。

我们在这里用理论术语所呈现出来的两难困境，已经成为许多现代小说，特别是女性文学的主题。让我们再度以两个例子来做比较。其一再次来自琼的女主角伊西多拉，她在这场独白中将那些自相矛盾的希望表达了出来：

我：为什么这么害怕单身呢？

我：因为假如没有男人爱我，我就无法确认自己的身份……

我：但你也知道你会厌恶男人把你管得死死的，让你没有呼吸的空间……

我：我知道——不过我还是自暴自弃地想要个男人。

我：可是如果你得到了，你又会觉得被绑住了。

我：我知道。

我：你要的是互相矛盾的东西。

我：我知道。

我：你既要自由又要亲密关系。

我：我知道。

（Jong，1974：251）

接着，法拉奇的小说写道：

只要所爱之人用需求和牵绊压迫我们，像是为他放弃工作或旅行或一段浪漫关系，那么我们就会感觉失去了自我；公开或私底下我们都有满腹牢骚，梦想着自由，渴望一种没有感情牵绊的生活，在这种生活里我们可以像海鸥一样自由穿行于金色的尘埃中。然而有个前所未有的苦恼是，情人加诸我们身上的枷锁使人无法展开双翼。但当他不了，眼前豁然开朗，一望无际，可以任意翱翔于金色沙尘之际，我们却觉得空虚得心慌。那些不甘不愿放弃的工作、旅行或浪漫关系现在显得毫无意义，重新获得的自由让我们无所适从，就像失去主人的小狗，落单的小羊，我们在这空虚中游荡，为失去的奴役状态而哭泣。我们会献上自己的灵魂，只为回到曾经被"狱卒"需求的生活中。（Fallaci，1980：378—379）

显然，这一根本性的两难困境是我们这个矛盾的个体化社会所固有的特质。它影响着所有伴侣，在长期婚姻中可能引发巨大的动荡，因为两种需求——做自己和亲密相处——都显得突出且急需关注。想想这么些年来一直忍受的习惯和烦恼、坚持的仪式和妥协：除了自己的丈夫或妻子，有谁能这样直接、不懈且深入地介入我的生活？想想我俩共同经历过的所有事吧，那些共享的回忆、深达内心的欢喜与伤痛。还有谁能成为我生命中如此重要的一部分？在这种情况下，《圣经》的古老箴言"且他们成为一体同心"有了新的意义。这个意义可以从两方面来感受，既是再三的威胁和诅咒，也是即刻的安慰与承诺。

这也解释了为何这种犹豫可以持续多年，无法分开的原因就在于：总有另一面的理由让人留下。从旁观者的角度来看，这是没有胜利者的战争，所有的反复争论似乎都毫无意义。这个谜题的答案在于我们现代人既渴望被爱，却又被"我终于有时间关注自己"的观念所纠缠，而这两者在逻辑上截然相反。于是，一对夫妻既害怕又寻求争吵，而且他们会准备用尽各种办法让争论继续下去。他们既失去了对彼此的安全感，却又从彼此的"幸存"中获得了某种信心：

> 我现在明白为什么我希望妻子能回来了。
> 是因为过去她让我所处的那种境地。
> 我俩重新在一起还没到十五分钟

我就感到，而且比过去感受得更深——

真的，可能是头一回深刻地感受到

所有的压迫，感受到她一直以来

硬让我扮演的角色是多么不真实，

她用的是某些女人具有的顽固的、无意识的、

非人的力量。一离开她，什么都变成了空虚。

当我真的以为她离开我了的时候，我开始慢慢消失，

不复存在。这就是过去她对我所做的！

我没法和她过下去了——我受不了；

没有她我没法过下去，因为她已经让我

丧失了独立存在的能力。

这就是她在整整五年里对我做的！

她把世界变得让我待不下去，

除非听她的。我必须一个人待着，

不过不是在这个世界里。所以我希望您把我

送进您的疗养院。在那儿我总可以一个人待着吧？

（摘自 T.S. 艾略特，《鸡尾酒会》，第二幕*）

---

* 译文引自 T. S. 艾略特《大教堂谋杀案》，李文俊译，上海译文出版社，2012 年。

孩子是替代品？

在个体化社会的矛盾规则下，和成年伴侣一起生活常会变得十分痛苦难堪。于是，男性和女性开始发展出各种策略来保护自己，减少因情感耗尽而受伤的风险。这种趋势的征兆可以在家庭和婚姻领域的最新变化中找到。可能的策略清单涉猎很广，从婚前咨询治疗（参见 *New Woman*，July 1985 : 44ff.），签订婚前协议（Partner，1984 里面有一个好案例），再到婚姻之外的同居关系（Schumacher，1981）——就像流行歌所唱的那样，"分手并不那么难"。

有些人很显然不愿意做出任何承诺，甚至会事先降低自己的期望来避免失望。我们再次以一些近期的书名来描述这个现象：在这个"告别梦境"（Fischer，1983）的阶段，对于"亲密关系的恐惧"（Schmidbauer，1985）正在增长。琼的小说里有一段话很好地说明了这个情形：

> "你是最适合我的伴侣，"他说，"既然我已经找到了你，我绝不会放开你。""我亲爱的"，她按捺住了心中那微弱的怀疑，觉得他的话可能有一点点真诚。但她心想，过了今晚，我就不会再见到他了。他不过是一个妄想、一个梦而已。这样的激情无法维系，也无法永久留存。像他这样有魅力的男人可以轻易用甜言蜜语掳获你的心，然后毫不留情地离你而去。在

> 被乔希伤透了心之后，她还没准备好再次面对这种
> 事。也许她永远也不会准备好了。（Jong 1985：332）

但是这种做法无法解决问题。假如一个人压抑了所有想要和他人亲密的愿望，那么这个时代里如此重要的、经由他人来寻找自我的渴望，又会变成什么？谁还能够让我们思念和拥抱？或许，如果答案不是男性或女性，那就可以是一个孩子。让我们更仔细地考察一下这个选项。

个体化历史的第一阶段削弱了给予个人稳定感和身份认同的旧有纽带。那是一个并不久远的过去，在那个阶段，男性和女性转向彼此来寻找自我，并且把爱情当作生命的重心。但现在我们已经到达了下一阶段：传统纽带只起到微弱作用，而男女之爱也被证明是脆弱易碎的。唯一剩下的就是孩子了。相较于社会中的任何其他事物，孩子承诺了一种更基本、更深刻、更持久的纽带。其他的关系越是变得可以替换和撤销，孩子就越可能成为新希望的焦点——他们是永恒的终极保证，为人生提供一个锚点。

依此之见，体现在人口统计数字上的急速变化也就变得可以理解了。首先是非婚生子女数量的显著增加。[8]这无疑有各种原因，但可以认为，新型未婚母亲的出现是原因之一。这些女性只想要小孩，而不想要男人或是传统上的伴侣关系。[9]简而言之："如今最重要的伴侣关系是女性和孩子。"（Sichtermann，转引自 Wetterer，1983）又或者如乌尔苏拉·克雷歇尔所嘲讽的那样，"这个新的

政治基本单元叫作母与子"（Krechel，1983：149）。在"新女性"文学作品中，有一部小说这样表述道：

> 我想在三十八岁的时候生个孩子……我要完全靠自己来完成这件事。看是从精子银行或是偶然的情人身上取得精子，甚至不需要打开灯把那人看仔细，就让自己被干，一阵子后就会发现自己怀孕了。（Ravera，1986：138）

这类愿望可能因生殖技术的最新进展而加速实现。已经有来自美国和澳大利亚的报道称，一些女性在婚姻期间接受了试管婴儿治疗，而如今即使经历了离婚，她们依然要求将冷冻胚胎植入自己体内。她们的前夫正在起诉她们，因为在婚姻解除后，他们不再想承担任何父亲角色。在一个案例中，法庭做出有利于女性的判决，给予女性其胚胎的暂时监护权（*Süddeutsche Zeitung*，22 September and 31 October 1989）。我们预期未来将上演的剧情大纲如下：对男人的爱情消逝后，女性至少还想为自己留下胚胎。

当然，这种倾向绝不代表当下大多数女性的想法。然而令人惊讶的是，在更为年轻的女性当中，对未婚妈妈的态度已经有了戏剧性的变化。20世纪60年代，几乎所有人都认为一个有孩子的女人应该先结婚。但到了20世纪80年代，只有不到一半的女孩仍这么认为。[10] 同样的征

兆也出现在流行的女性书籍、杂志当中，这些书刊为"一
个人养孩子……应该怎么做"[11] 这类问题提供建议。一本
书的书名以大胆的自信宣布，"单亲妈妈，没有男人更快
乐"（Heiliger，1985）。近来的女性作品中一再出现的一
个主题，就是对孩子的爱取代了对男人的爱。以下是一位
主动选择独自抚养孩子的女性的自述：

> 现在我知道需要创造什么样的生活和爱的条件，
> 才能让我和哈珀（我的儿子）觉得舒服。假如有人想
> 要来破坏这一切，我要么躲开，要么把他赶走……
> 这是我为了哈珀所做的另一种改变。男人在我生活
> 中的重要性，已经不像从前那样了。在事业、物质
> 上，私底下或是我和哈珀的生活中，我为自己建立的
> 一切都与任何男人无关；没有哪个男友能对我指手画
> 脚、告诉我该做什么，或是差遣我做这做那。（转引
> 自 Häsing，1983：83）

这种观点在法拉奇所著《给一个未出生孩子的信》一书里
更为鲜明：

> 至于你的父亲，我越想越觉得，我可能从未爱
> 过他……在他之前那些人也是一样，他们都不过是一
> 次次失败寻找中让我失望的过客，就像记忆中模糊的
> 幽影……或许我母亲常挂在嘴边的话是真的；真正的

爱，是一个母亲在将孩子抱在怀中时感受到的爱，那
一刻她会注意到孩子是多么孤独、无助和没有防备。
至少在他保持无助和脆弱的时候，他不会侮辱你，不
会让你失望。（Fallaci，1976：20—21）

在琼的作品中，相似的感受四处可见：

> 相较于浪漫爱情，我们的孩子给我们的喜悦是
> 更纯粹的……自从她和乔希分手之后，她就一直想要
> 个小孩……但谁会是她幻想中小孩的爸爸呢？……
> 好吧——为什么不直接要个孩子，至于父亲是谁，管
> 他呢？反正最后她很可能还是得独自抚养孩子……
> 妈妈和孩子，还有她的情人（或新丈夫），这就是所
> 谓的"新家庭"。无论如何，只有妈妈和孩子之间
> 的关系是确定的。男人们来了又走。（Jong，1985：
> 68，296，107）

但是琼错了。我们不能理所当然地认为新型家庭就是"妈
妈和孩子们"。在越来越多的离婚案例中，男人们想要自
己抚养孩子，而不是将监护权交予母亲。"为男性的权利
而战"（Wiener，January 1984：32ff.）和"离婚父亲
的悲歌"（《时尚先生》杂志封面故事，Esquire，March
1985）的问题变得很尖锐。用一位咨询专家的话来说："我
曾见过男人因为害怕失去孩子而落泪，过去只有女性才会

这样。特别是年轻的父亲，他们得不到监护权时，会经历一种剧烈的失落感。这些是我们最棘手的案例。"（*Eltern*，October 1985：37）如前面所提到过的，社会上出现了一种新型的绑架，越来越多没有获得监护权的男人强行带走自己的孩子。

　　然而即使在事情还远没有这么令人担忧的时候，人们也能察觉到一种趋势，这是男人和女人共有的主题。如果感到自己被成年伴侣排拒、不再被爱，或是被冷漠和冰冷的沉默包围，他们会很乐意将自己的爱倾注在孩子身上。彼得·汉德克的《儿时故事》便是一例：

　　　　那是个没有朋友的难挨时期，就连自己的妻子都变成了无法亲近的陌生人。这让孩子显得更加"真实"……那时候他和妻子之间最多只能交换平淡无奇的事务性意见，他们思考时常只用"他"和"她"来称呼对方……如今有了孩子以后，她几乎只在局限的家庭环境中与他相遇；而她的存在在他眼里变得无关紧要，甚至随着时间的推移开始让他感到不悦——就像他可能也不再是她心目中的特殊之人，因为他几乎不再通过出色的工作来展示"她的英雄"这一形象……他不曾犹豫或者多做思考，而是在无意间就把最善意、最亲密而尽在不言中的动作、可爱的话语，从与她之间的互动转移到了孩子身上……这几乎就好像是，对他而言，最后只有孩子才是他真正想要的，而现在他已不再需要一个女人了。（Handke，1982：
23，34—35）

　　这里有一个重要的方面是统计数字永远无法呈现的；
只有通过阅读众多"新"女性和母亲的自传性记录才能
发现。她们一次又一次地描述，她们对孩子的感情之强
烈让她们感到惊讶、难以抗拒，甚至不知所措（Beck-
Gernsheim，1989：31ff.）。可见，她们体验到了一种在
生命中从未有过的联系，如此深刻而全面，"是一种伟
大的浪漫之爱"（Dowrick and Grundberg，1980：74）。
让·拉扎尔写道："我想知道，作为一个母亲所感受到的
情感强度是否会让人心脏病发作？"（Lazarre，1977：
96）或者就像另一位女性所指出的：

　　　生命中我第一次真正知道什么是爱……你（指
　　孩子）迫使我必须重新定义亲密关系。我和那些一
　　年才见四次面讨论想法的人很亲近吗？我和那些让
　　我能做最真实的自己但只能预约见面的朋友很亲近
　　吗？我和那些以其正直、智慧和幽默让我着迷，但并
　　不与我同住的陌生人很亲近吗？我和任何人的关系
　　都没有和你来得亲密。（Chesler，1979：191，194）

　　　事实上，她（指孩子）是我生命中最伟大的浪
　　漫之爱。虽然我极其反对浪漫之爱，因而对此并不感

到自满，但我仍知道这种感觉比任何我曾感受过的都更接近女性杂志／中世纪诗作／宗教神秘主义者对于爱的描述……在情感、心理、政治及社会层面，我的女儿迫使我做出了我不愿意的改变。智识、情感及实践上，我都感觉受到欺凌、必须做出牺牲，而这正是我曾发誓永远不会让任何男人如此对待的方式。但我仍不悔地选择了这种压迫；我确实是满怀爱意及欢喜地拥抱着它。（Dowrick and Grundberg，1980：77，79）

凡是认为母爱是女人本质的、自然的纽带的人都不会对这样的声明感到惊讶。然而，由于研究表明，在过去，母亲与孩子间的纽带并不像现在这样带有强烈的感情意味，人们开始对这种情感是否真的是我们基因遗传的一部分产生怀疑。我们也可以用其他方式来解释这种现象，而这些解释与我们社会变迁的方式更密切相关。

从这个角度来看，与孩子建立纽带之所以如此具有吸引力，是因为这种关系与成年人之间的关系完全不同。其吸引力可能在于：孩子确实是天生与自己有关的，而不是通过生平际遇偶然获得的，这种纽带是全方位的、持久的、牢不可破的，在某种意义上优于我们这个"交易与抛弃"文化中的其他关系。至少在孩子年幼时，父母可以将所有的爱与情感投入其中，而无须担心失望、受伤或被抛弃的风险。

寻找乌托邦？

到目前为止我们已经追溯了从前工业社会到现代社会的发展过程中，男女关系形式的三个阶段。一开始，家庭是个经济单位，而并不由拥有独特生命历程的伴侣所组成。其后，当"大家庭"开始解体时，男性被期待要主动组织自己的生活。家庭凝聚力则是借着牺牲女性的权利来维持。差不多从20世纪60年代开始，很明显我们进入了一个新阶段，两性都在面对创造自己生活的甜蜜负担。

毫无疑问，在目前的情境下人们有机会可以建立起真实的伴侣关系；但同样地，也有许多风险使两性各自在孤立的角落里形成对立。问题的关键在于，如何在"做自己"和"与另一个同样追寻自我的人共同维持一段持久关系"之间找到平衡。人们不禁要问：接下来将会发生什么事呢？争执和误解会不断累积，直到我们忠实的同伴只剩下心理治疗师吗？也许最后能拥抱的只剩宠物而已，就像伊丽莎白·普勒森在小说里面写到的："他儿子死在东部战线上……妻子也跑了……为了安慰自己，他养了一只猫。"但另一方面，我们仍期待事情会有所改变，期待能找到彼此相处的规则和方式，可以让我们亲手写下的生命历程彼此交融。

然而该怎么做呢？婚姻咨询专家的洞见，即"对于［处于］破裂关系中的人来说，他们最需要的是彼此交谈的机会"（Preuss，1985：12），也许是正确的，但这当然不够。

在社会层面上，我们需要重新审视优先事项；目前的趋势是过度关注个体发展，而亲密关系中的情感投入与责任承担仅在能为市场所利用（例如保持随时搬家的灵活性、增加竞争力或者促进职业发展）时才纳入考虑。这样的改变需要政治家和掌权者、组织和机构的深刻反思，认识到我们的社会已经到了一个关键状态：继续沿用现行规则既无建设性也不可行；如果一切照旧，我们将承受巨大的经济和情感代价，陷入一场性别大战，最终将社会推向私人关系和财务危机的深渊。在个人层面上，男性和女性都必须实践过去属于女性的美德：善解人意、宽容、愿意妥协等，并寻找一再面对协商谈判的勇气。这会只是个乌托邦式的愿景吗？我们只能试试看了。正如韦伯所说："我们正站在文明的终点；问题是，我们是否也处在另一个文明的起点？"（Mackenzie and Mackenzie，1984：291）

自由恋爱，自由离婚

解放的两面

"永远属于你。"浪漫之爱是我们社会的支柱之一，那种爱与被爱的欢欣感觉不是将我们带到教堂的圣坛前，就是将我们引领至婚姻登记处；它伴随我们终生，正如婚誓所说"直到死亡将我们分开"。然而，统计数据却讲述了另一个故事。很多人独居，而且这个数字还在上升；有些人同居但不愿给出承诺；还有许多夫妻最终选择离婚。男女双方不断在亲密关系中进退反复，在旧有理想与寻找新解决方案的尝试之间摇摆不定。这不仅对社会，也对个人产生了影响：

> 迄今为止，还没有人考虑或计算过婚姻问题及其带来的痛苦和分离，在人力、资源和资金方面给国家造成了多少损失，而且这种损失仍在持续。即使没有具体数据，我们也可以得出结论："分离"造成的

经济问题，消耗了相当可观的国民生产总值。（Jaeggi
and Hollstein，1985：36）

正如我们在这里所见到的，个体化所带来的影响总是有两
面性。当婚姻从前工业社会中那种高度制式的、预先决定
好的安排，转变成两个个体的自愿结合时，新的矛盾，以
及需要应对的争执必然会产生，不管彼此之间有多深的
爱。或者用更戏剧性的说法：当爱情最终占据上风时，它
也必须面对各种形式的失败。

　　这正是我们接下来必须思考的矛盾所在。我们将追溯
其形成的过程，并尝试解读其内在逻辑，分析这种动态如
何迫使人们陷入一个无休止的循环：希望、后悔，尽管如
此，依然不断尝试。这一切并非偶然；它深深植根于我们
的现代世界和那个充满矛盾的概念——自由。困难在于自
由选择的原则。它为我们提供了新的可能性，同时也让我
们不得不承担由此产生的后果，无论是好的还是坏的。

过去：义务与确定性

　　正如社会历史学家一再指出的，前工业社会中的婚姻
与其说是两个人的结合，还不如说是家庭甚或氏族之间的
结合（Rosenbaum，1978，1982；Schröter，1985；Sieder，
1987；Stone，1978，1979）。因此，人们并不能（在现

代意义上）选择自己的婚姻对象，也不存在因爱情或追随自己的直觉而结婚。选择范围事先就被诸如地位、财产、种族和宗教等标准所限制，婚姻必须顺从家庭、亲属，以及当地社区的安排。人们鲜少为了爱情而结婚；结婚的主要目的是生育孩子来当作帮手与继承人，以维系作为经济单位的家庭之繁荣与存活。16 世纪和 17 世纪的英国贵族就是一个很好的例子：

> 父母最大的压力必然加诸女儿身上，女儿们更依赖家庭也更受保护，她们被认为是劣等性别的成员！除了服从外别无选择，因为不婚的处境甚至比所嫁非人还要糟糕……16 世纪早期，预先借由遗嘱或婚姻合同买卖幼儿的情形，在各个阶级或地区都相当常见……儿子的择偶自由也几乎和女儿们一样受到限制。做父亲的希望利用自己的监护人身份以及婚约上的经济大权来防止（儿子的）婚姻脱离家庭控制，常常在自己还在世时就为儿子和继承人安排婚姻，挑选合适的对象。儿子通常会屈从于父亲，因为他……在经济上依赖自己的父亲。（Stone，1978：445—447）

这种制度中的规定显然带有强制性。传统的婚姻体系里，最明显的输家，首先就是那些经济上处于劣势的人——无论是因为他们的兄弟姐妹身份、性别，还是缺乏社会地位。

他们与那些根据经济条件来做决定的体系规则不相符，因
而事先就被继承权法、嫁妆的要求、对无产者的结婚禁令
等排除于婚姻之外。其次是那些被家庭强迫与所谓合适的
对象结婚的男女。再次是那些因为择偶对象不合乎家庭标
准而被禁止结婚的人。这种"爱情与阴谋"的悲剧正是世
界文学中经常出现的主题：

> 有两家门第相当的巨族，
> 累世的宿怨激起了新争，
> ……
> 是命运注定这两家仇敌，
> 生下了一双不幸的恋人，
> 他们的悲惨凄凉的陨灭，
> 和解了他们交恶的尊亲。
>
> （莎士比亚，《罗密欧与朱丽叶》，开场诗*）

毫无疑问，传统规矩没有为个人意愿留下什么空间，而且
一旦个人与家庭的意愿互相抵触，个人就必须严格压抑自
己的感情。但同样无疑的是，这些规矩也为婚姻提供了某
种稳定性和永久性。当两个人的结合是听从家庭和当地社
群的安排时，做出这些安排的人便会关心婚姻的维系，并
通过各式各样的社会机制来施加影响。如果选择配偶依据

---

* 译文引自朱生豪译本。

的是出身和地位，这就能确保夫妻双方在许多重要方面接受相同的习俗与规范，拥有一致的期望，并懂得相同的规则。当夫妻在田里或家庭作坊里并肩工作时，他们会因为共同努力、一起遭遇奋斗的挫折——比方说作物歉收、严冬将至——而紧密相连。

伊姆霍夫这样描述农家生活：

> 最关键的不是特定农场主人及其个人福祉，而是农场本身的兴旺和地位；重要的不是某个时期居住在那里的特定家庭，而是家族的传承，即世系。一代又一代都环绕着这个核心而活，与其说他们是"个体"，还不如说他们在扮演一种"角色"。重要的是观念和标准，而不是自我。（Imhof，1984：20）

塔妮娅·布利克森以类似的方式描述了一个贵族家庭的情况：

> 那种夫妻关系并不是私人关系。严格说来，他们无法直接或者通过自己本身带给对方幸福或沮丧，而必须经由他们所据有的关系以及对于生活中共同任务的重要性，来相互赋予最大的意义。对罗昂公爵来说，他的妻子和其他女人是没得比较的；不管这些女人有多么美丽，才华横溢或者光芒四射，他的妻子始终是世界上唯一能够诞下罗昂公爵继承人的女人。

她举办的宴会是罗昂家族的宴会，她扶助的农民是罗
昂家族的农民和贫民。（Blixen，1986：67—68）

现在：自由更多，安全更少

根据社会史学家的研究，随着农业社会让位于现代
工业社会，已婚夫妻的相处方式也开始改变。家族的影
响力失去了大半，婚姻双方的权利得到了加强。"现在是
人们彼此选择对方，而不再由家族操纵。"（Rosenmayr，
1984：113）当然，这种选择并非完全由运气决定；尤其
是在转变的初期，社会背景、个人财力、家庭教养，以及
宗教派别之类的指标仍起决定性作用（例如 Borscheid，
1986；Mayer，1985）。即使是浪漫之爱也尚未脱离其与
社会规则的隐秘联系。但从恋人们的角度来看，几个世纪
以来，天平早已从被告知做何选择的一端倾斜向自由选择
的一端了。

过去数千年来，关于适当婚配的观念经过了四个演
进阶段。一开始，婚姻听从父母之命，而鲜少考虑子女
的意愿；其后，父母之命仍是最初的基础，但子女的否
决权能使其让步；第三阶段是由子女来做决定，但父母
可以否决；只有到了本世纪的最后阶段，子女才能自主
择偶而无需过于在意父母的想法。（Stone，1978：475）

于是随着旧秩序的崩解，人们看似找到了一种美好的可能：不受外部责任或义务束缚的个人幸福。男性与女性之间的结合不再由外人根据规定的标准来安排，而是两个承诺相守的个体之间亲密而深刻的私人相遇，跨越阶级和地位的障碍，只认可一种权威——心灵的语言。这个故事本应像童话一样有美好的结局："他们从此过上了幸福的生活。"

> 天为我亮了。噢，为何
> 父亲们不像我们
> 能轻易地了解彼此呢！……
> 他们和解了，我要斗胆前去
> 宣称你属于我……
> 艾格妮斯，艾格妮斯！
> 何等欢乐正等着我们啊！你将成为我的妻子。
> 噢，你知道我们会多快乐吗？
>
> （克莱斯特，《施罗芬施泰因一家》，第五幕第一场）[1]

这些美好的期待后来怎样了呢？许多期待已然落空；生活与童话故事所描绘的情景大相径庭。心理学家注意到"如今人们在私生活里面临的最大问题是如何与伴侣和谐相处"（Jaeggi and Hollstein, 1985 : back cover）。人口学家严格审查过统计数字后宣称"离婚现象十分活跃"。关于"真实关系""深入沟通"，以及"随意抛弃的爱情"等话题，人们谈论不休。更为严肃的研究者则提及"连续短暂的婚姻"和"分期式一夫一妻制"的概念。

情况的确很矛盾。男性和女性不再需要服从家庭，他们比过去更能自由地决定想和谁结婚（或者不结婚）。本以为在这样的环境下，与某人共同生活会变得更容易、更令人满意，但事实上，大量的人正在逃避这种状态。

寻找共同世界

现代生活的一个特色就是，每个人都有一大堆常常矛盾又复杂的选项要去抉择。有各种因素影响人们的选择，而随着时间的推移，以下这些因素的影响变得越来越明显：快速的社会变革带来了各种新可能性，传统纽带的削弱，以及全新的社会与人口流动方式。一个出生在巴伐利亚高地乡间的人可能会迁居到像汉堡这样的城市去求学与工作，在意大利加尔达湖畔度过假期，并计划退休后移居马略卡岛。

这意味着，我们每个人比以往任何时候都需要付出更多努力，才能在复杂的生活中找到自己的方向并确立身份认同。社会学家和心理学家证实，这一事实让我们的爱情生活具有了巨大意义。正如前文所述，我们对现实的看法，以及自尊感有一大部分仰赖家庭生活状况。

不出所料，这也带来了一种全新的压力。假如你能自

由选择自己的伴侣并脱离家庭、亲属和氏族的命令而共同
建立一个天地，这表面上看起来像是自由，但实际上需要
付出巨大的努力。在这个新的体系里，一对夫妻并不只是
被期望，而是必须设计出自己的个人生活架构。贝格尔与
克尔纳勾勒了这一任务的轮廓：

> 过去，婚姻和家庭曾经牢牢地嵌入与更大社会
> 共同体相连的关系网络中……家庭的内部世界与外
> 部社区之间几乎没有屏障……一种同样的社会生活
> 脉动贯穿于家庭、街道和城镇之间。用我们的话来说，
> 家庭及婚姻关系都嵌套在一个更广大的交往网络之
> 中。相对地，在当今社会，每个家庭都分别构筑起自
> 己的小小世界，并拥有自己专属的规则与关切。
>
> 这一现实将更多的责任置于伴侣双方的肩上。过
> 去，一段新的婚姻的建立不过意味着在既有的社会模
> 式上添加一些额外的变化而已；然而在今日，夫妻们
> 必须面对往往是更为繁重的任务——创造自己的私
> 人世界……一夫一妻制的婚姻特性，使得在此事业上
> 的投资尤为冒险，因为它的成败完全取决于两个人的
> 个性特点以及这些特点在未来不可预测的发展……
> 根据齐美尔的说法，这是所有社会关系中最不稳定的
> 一种……在一个只由两个人组成并依赖这两人努力
> 的关系中，双方都必须在自己的领域投入越来越多，
> 以抵消缺乏其他关系的影响。这种情况只会增加关系

的戏剧性和风险。(Berger and Kellner, 1965 : 225)

此外，社会中那些使婚姻或亲密关系成为个人生命历程启明星的离心力，恰恰使得伴侣双方很难就共同的人生方向达成一致。通过签署婚约（或即便不签署）而结合的两个人，即使仍顺从同族结婚的律法，并且基于传统标准（社会地位、宗教、国籍或种族）来选择伴侣，但相较于过去，他们还是更常来自不同的背景。换句话说，他们各自的生命历程赋予了他们不同的优先事项和期望、沟通方式和决策技巧；想在一项共同的计划上取得共识，需要付出艰苦的努力。贝格尔与克尔纳对此评论道：

> 在我们的社会当中，婚姻是个戏剧性事件；两个陌生人因为婚姻而结合并重新定义彼此……"陌生人"的概念（在此处）并不意味着这些候选人来自非常不同的社会阶层——事实上，数据显示恰恰相反。这种陌生感更多是因为，与过去社会环境中的婚姻候选人不同，他们来自不同的社交圈子。他们并没有共同的过去，即使他们各自的过去有着相似的结构。(Berger and Kellner, 1965 : 223)

更进一步来说，如果说过去选择伴侣主要是为了对抗家庭的意愿，那么随着社会和地理流动性日益增强，自由选择的原则就被赋予了新的含义。即使大多数的夫妇仍遵循旧有的规则，但还是有许多人跨越了地域和国家的藩篱，选择了社会地位、宗教或国籍截然不同的伴侣（Mayer，1985；Schneider，1989）。今天在德国，每十二桩婚姻中，就有一桩是跨国婚姻（Elschenbroich，1988：364）。在这种情形之下，所谓两个"陌生人"结合的现象尤为明显。对他们来说，一个特别重要的关注点是如何帮助对方发现自我，这是现代爱情的定义所要求的，尽管这必然涉及面对自己的过去和根源。

就此而言，选择一位来自不同背景的伴侣不仅意味着与另一种文化结合，也意味着带上恐惧与希望、不同的思维模式与视野融入一个陌生世界。美国一项对犹太人与非犹太人婚姻伴侣的调查得出了以下的结论：

> 当男女双方有共同的群体背景、文化传承，以及一种普遍的社会相似性时，关于"过去"的争执可以仅仅停留在个人层面上。也就是说，彼此对对方透露的都只是私人及家庭的秘密。但是若他们并不享有共同的集体记忆背景假设，无论你喜欢与否，最细微的自我表达都会无可避免地变成对自身文化历史的宏大陈述。（Mayer，1985：70）

跨越择偶的一般范围而形成的婚姻鲜明地展现了现代人寻找伴侣的行事作风。它们表明，婚姻是两个人之间的事，外力不能置喙。一项对德国跨文化婚姻的研究注意到，这些婚姻"在态度上非常现代；它们符合浪漫之爱的理想，并具有强烈的个人主义色彩"。此外，"这种关系的浪漫基础既是一个机遇，也是问题所在"（Elschenbroich，1988：366）。机遇可以概述如下：

> 假如婚姻进展顺利，假如早期的勇气、乐观和大胆实验的精神得以保留，那么跨文化婚姻会特别活泼、有趣。假如跨文化的沟通问题融入家庭中，还有可能增强家庭的凝聚感，并赋予家庭更广阔的视野。（Elschenbroich，1988）

然而，跨文化婚姻也有典型的缺陷。其风险之一在于，这种结合通常缺乏对双方都具有约束力的外部支持系统。维持婚姻完整的工作完全落在这对夫妇身上，而他们的文化差异越大，难度就越高。在婚姻的最初阶段，相爱是最重要的，彼此的意见也还一致，这些差异往往退居次要位置；但随着婚龄增长，源自各自文化的差异不可避免地浮现出来，不得不面对；那些在择偶时看似被抹去的分界线，随着时间推移而显露出它们的持续影响，需要伴侣共同接受并加以应对。美国一项关于犹太人与非犹太人婚姻的研究描绘了这一困境的理论样貌：

> 刚开始坠入爱河时会唤起一种强烈而永恒的当下感，在这种感受中，过去与未来是不重要的，而维

系爱情所需要的则恰恰相反。它要求的是探测过去、描绘未来，将恋人各自的自我带入对话之中，而这不可避免地牵涉到他们的文化传承。因为没有任何一个自我能与祖先、家庭网络和历史完全脱离关系……跨文化婚姻的对话也必然是关于文化、历史，以及对传统的个人感受的对话。（Mayer，1985：72）

德国一项关于跨文化婚姻的研究使用了实证数据来追溯其发展模式：

在访谈当中，跨文化夫妻描述了他们关系的典型阶段。最初的迷恋期洋溢着一种难掩的乐观、幸福的开放感，以及……对自己反叛传统的某种自豪感。经历内在和外在的压力后，随之而来的是退缩并重新认同自身文化背景的时期……人们经常是头一次发现自己的价值体系竟然如此根深蒂固。如果没有这种对抗和冲突，人们的价值体系通常会保持不显眼、无意识的状态——也因此显得十分正常。（Elschenbroich，1988：366—368）

寻找共同目标

如今，婚姻已经摆脱了扩展家庭时期所承担的义务和束缚，似乎成为一种独立漂浮的状态——一个受庇护的私人空间，专注于情感陪伴和休闲。这意味着更多的自由，但从另一个角度看来，也意味着更少的外在支持。把几世代的家庭联系起来的"共同目标"已经消失了（Ostner and Pieper，1980）；参与其中的个体必须协商出他们自己的共同目标。"那个仍然'空着的私生活的模具'首先必须……被填上内容"（Ostner and Pieper，1980：120）。毫无疑问，这可以带来一种新的亲密感，但也隐藏着巨大的风险。

你指的爱情是什么？

伴侣关系的基础是什么？乍看之下答案是简单的：现代的定义认为我们在一起是因为我们相爱，我们的关系首先是一种情感纽带。当然，这一定义既笼统又模糊，因为爱情的成分在历史长河中发生了变化，尤其是在最近几个世纪和近年来。目前，爱情有几种版本——传统的、现代的和后现代的，这些不同版本共同存在，却又同床异梦。这个"同时存在的非同时性"意味着爱情这个词融合了各种各样的观念、期待和希望，更不用说其中存在的不同规则与行为模式（例子可见关于一夫一妻制与多重关系的众多讨论）。因此，满足关于"爱情"的需求成为一件复杂而微妙的协调与调解之事，稍有不慎便可能引发根本性的误解：

现代西方婚姻的共同基础，即"双方共享的身份认同"，通常需要通过不断的对话来确认和更新。然而，是否将这些事情说出口，在不同文化中会有所不同。西方中产阶级处理分歧的方式——谈论并试图理解——绝非一种普世需求。如果德国籍配偶坚持这样的方法，而另一方来自不同文化，那么这种方式可能会完全无效。在某些文化里面，亲密关系并不被视为"良好婚姻"的标准；它们重视的是彼此依赖、分享责任、扶养家庭，以及根据性别来分配劳动和面对现实生活中的坚韧。（Elschenbroich，1988：368）

让事情进一步复杂化的另一个因素是：即使在我们自己的私人关系里，"爱情"的含义也会随着时间而产生细微的变化。这在以"浪漫之爱"为理想的情况下尤为明显。初期阶段充满兴奋和喜悦，主要是因为对方那迷人的他者性和未知的新奇感。然而随着时间一年年过去，人们不可避免地更加了解彼此，日常生活逐渐成为主导。这种变化可能孕育出一种新的亲密感——基于共同历史的持久、熟悉、可靠，然而许多夫妻却无法妥善应对这种关系转变。这既非运气的结果，亦非命运使然，而是内在于该婚姻模式的一部分。"浪漫之爱的陷阱"在于，爱情是因迷恋而开始，而后变成一种难以实现的期待，最终只留下失望。

美国作家杰弗里·厄尔曼在他的《单身年鉴》一书中搜集了当代许多名人对爱情的热情赞美，以及事后留下的评语：

　　——理查德·伯顿谈伊丽莎白·泰勒:"她的身
体是建筑上的奇迹。"后来他说:"她太胖了,腿也太
短了。"

　　——伊丽莎白·泰勒谈她的第一任丈夫小希尔
顿:"他理解我,知道我既是个女人也是个女演员。"
后来她说:"和他结婚后,我摘下了玫瑰色眼镜——
我日渐消瘦,只吃得下婴儿食物。"

　　——丽塔·海沃思谈她的第三任丈夫阿里汗王
子:"他是王子中的王子。"后来她说:"阿里想做什么
就做吧——我已经受够他了。"谈到她的第四任丈夫
迪克·海默斯时,她说:"我会随他到天涯海角。"后
来她说:"我不知道他人在哪里——而且我也不在意。"

也许在寻找共同基础时最复杂的是以下事实:男人和女
人对与伴侣共同生活有着截然不同的看法。男性倾向于
强调实际面,像是维持家庭运作和"确保每件事都能顺
利进行"(*Abendzeitung*,23 October 1987)。相对地,
女性则更强调情感的一面;对她们而言,分享感受和保
持亲密感才是最要紧的。我们可以从一对夫妻的交谈当
中得到例证:

　　O太太:我常希望我可以花更多的时间和我丈
夫相处。

　　O先生:好,可是这实际上是指什么,当你和

丈夫在一起的时候，你做什么？

O 太太：嗯，只是想一起做点事。

O 先生：你想要花更多时间在床上还是什么事情上吗？

O 太太：不是，就是大概多一点——或许是多聊聊——或者，你知道的，你也有问题啊，坐下来一起聊聊或者随便谈谈。

O 先生：可是谈什么？要聊什么？……是聊报纸上的事，还是工作，还是你想跟我说什么，都是废话，你到底是想聊点什么？

O 太太：我们得交流一下，比如聊聊计划，然后这时候，如果你能多说点，主动一点……

O 先生：好吧，聊计划，计划又能怎么样？一堆乱七八糟的废话，你那些愚蠢的唠叨……

O 太太：我常常想，你其实可以，嗯，可以打个电话之类的，等等……

O 先生：那些日子已经过去了，因为我们只有一部电话：它还坏了……再说，那又怎么样？不就是一堆废话来回扯，这呀那的，天气怎样啊的……

O 太太：好吧，亲爱的，好吧，可是有时候我们之间会有某种联系或什么的。[2]

男女双方对生活的期待有差异或许不是新闻，但这种差异带来的潜在冲突却是最近才开始浮现出来的。当女性开始将自己视为拥有自主愿望的独立个体时，她们就不再轻易接受上一代所提供的解决方案——顺从丈夫，牺牲自己的利益。过去，人们希望女性提供舒适的情感、关怀与温暖，而如今，她们越来越想成为这些感情的接受者。她们逐渐厌倦在家里充当调解人和安抚者。在最畅销的女性文学作品里面，这个趋势尤为明显，这些文学作品建议女性拒绝爱情，或至少是拒绝那种让人身心俱疲的爱情——这种现象被诊断为"爱得太多的女人"（Norwood，1985）。因此，两性之间需要一种新的"情感契约"（Hite and Colleran，1989：44f.）。如果这种契约无法实现呢？冷静的结论是："不要为一个男人放弃一切。"（Hite and Colleran，1989）

艰难抉择：选项太多

前工业社会中的婚姻是由共同目标的铁链（家庭及家庭的生存）所维系。每对夫妻的任务都被清晰划分，他们明确知道自己需要承担的责任。当家庭不再是一个大的经济单位时，这些规则便不再适用了。随之而来的中产阶级家庭将性别角色极化——男人是养家糊口者，女人则是家庭的核心。然而，到了 20 世纪晚期，即便是这些传统的性别角色也开始动摇。取而代之的是，婚姻中有了更多的决策空间，这一点从德国《民法典》中的相关条款可见一斑（见下表）。

1896 年原始版本， 自 1900 年 1 月 1 日起施行		1976 年婚姻法改革条例，自 1977 年 7 月 1 日起施行
第 1354 条	丈夫有权对婚姻生活中的所有事务做出决定；尤其是，他负责决定居住地和住房问题。	已废止
第 1355 条	女性冠夫性。	夫妻可选择丈夫或妻子的姓氏。
第 1356 条	女性……有管理共同家庭的权利	夫妻双方通过协商共同决定家庭事务的管理

伴侣双方能自由选择如何管理共同家庭的事实，无疑在很大程度上削弱了女人是附属角色的观念；她和他都可以将自己的权利和利益融入家庭管理中。然而，这种自由也有得有失。书面上看似简单的条文，在现实生活中却可能成为激烈的战场。两个各有想法、计划，以及偏好的人挣扎着要找到共同的出路，而婚姻法并没有什么预先让婚姻注定和谐的条款，能保证他们大致上能得到相同的结论。简单来说，更多的自由可能让人摆脱旧有的束缚，却也带来了与伴侣在诸多方面产生分歧的风险，使生活变成一场无休止的争论。要实现立法者所建议的协商一致并不容易。

很多情侣在结婚之前就会为选择家庭姓氏而争执许久（当然，统计数据显示，通常是男性保留自己的姓氏，但这并不能反映有多少夫妻事先在这个问题上意见不合，或有多少人正是因为这个原因而最终没有结婚）。当别的地方有个好的工作机会时，决定居住在哪里也会成为难题。
如何安排日常共同生活的作息惯例（如果存在的话）是最
棘手的问题；它是充满失望和挫败的雷区，不只影响家庭
的和谐运转，还会触及个人内心深处的恐惧，让人担忧自
己的角色和自尊受到威胁。

男人和女人如今"暴露在万花筒般的多样化诠释中：
男性或女性、爱情或关系、母职或父职等概念还意味着
什么，或是应该意味着什么？"（Wehrspaun，1988：
165）。两性以一种不知所措的方式，混合了旧习惯和新
开端来回应彼此，而混乱悄然蔓延至亲密关系的最深处。
就如某个人在墙上所涂写的那样："我们想彼此相爱，却
不知该怎么做。"这句话精准地概括了这种困境。

作为家庭作业的爱情

那么，应该怎么做呢？假如没有可供依循的外在标
准，我们就必须寻找内在的标准。"这个新社会注定……
必须……生成能够促使合作和生存的规则，并坚持让人
们遵守这些规则。"（Weymann，1989：6）这似乎像是
童话中老吹牛男爵故事的新版本，吹牛男爵抓住自己的
发辫将自己从沼泽里拉了出来——只不过现在，这必须
由夫妻双方共同完成。不管怎样，能够彼此协调想法至关
重要，而人们也开始尝试"通过协商管理关系"（Swaan，

1981）。这发生在一个充满曲折路径和循环路线的繁复世界中，人们在这里相遇碰撞，有时携手并行，经常分道扬镳，但至少试图对正在发生的事情进行讨论。我们可以在满满一书架的书籍，特别在当代文学中看到这种表现，文学不再是"关于爱情的论述，而充其量是关于爱情论述的论述"（Hage，1987）。以下举一位身处其境的男性所做的独白为例：

　　　　大概每个人都会遇到和自己最适配的爱人。我遇到了安娜，我们两个在一起到现在已经有五年了。别人在这段时间里可能挣得了一间公寓或至少一个孩子，但我们没有。我们各过各的——有自己的床、电话账单、汽车、洗衣机。我们的确还没把我们的关系形式弄清楚，我的意思是，像是谁该管什么、谁该扮演哪种角色这类事。与另一个人生活在一起，真的能兼顾"独立"吗？还有很多事情是我们得解决的。我们还不是一对正式的夫妻，尽管很多人觉得我们是。我们始终在苦恼，究竟要不要成为真正的伴侣。过去几年，我们唯一真正达成的就是很多好的争论——我们与这些争论共处。如果我批评安娜每天晚上都想泡在酒吧里，她会控诉我占有欲太强。如果她想独自去度假，而我提议一起去托斯卡纳度过夏天，她会说这是我浪漫的冲动，并指责我对于失去她的恐惧是幼稚的……在我看来，我们的关系似乎只剩下了一些妥协，就像一份充满情感条款、附加大量小字说明的"合同"……我总是告诉自己，别因为她今晚又拒绝跟你在一起而生气。她常说："我只是需要有自己的时间。更何况，在我这么烦闷时，你也不会喜欢和我待在一起。"但对我而言，重要的是跟她在一起。她不明白这一点。她说："那会让我窒息。"另一天，有个朋友问我："你们两个为什么不干脆结婚呢？"他说："一年又一年地负担两个家庭的开销，这实在是太疯狂了。"或许他说得对。可是我从某个地方知道，平均来说，一对夫妻在二十年后每天只会花八分钟交谈！这种事就不可能发生在我们身上。（Praschl，1988）

从局外人的角度来看，这种无止境地讨论如何相处的行为似乎荒谬可笑，但这并不只是个人感到困惑的一种表现，也不是让越来越多人感染的自我（ego）病毒；这类诠释虽有诱惑力却过于表面。许多人的私人生活中出现的类似的事，在很大程度上就是现代观念催生的结果。

过去，当婚姻生活和日常事务被严格的命令和禁令所规范时，什么是正确的、合乎上帝旨意的、自然的，对于每个人来说都显而易见。为什么还需要用那些复杂的词语、问题和长篇大论来解释呢？夫妻双方都知道规则，也知道对方了解这些规则。（即使是那些选择不服从的人也知道自己在做什么：他们在违反习俗和道德态度，反抗规范。）这方面现在有了根本性的转变。确定的规范越少，我们就越需要自己去探索，去问"什么是对的，什么又是错的？""你想要什么，我又想要什么？""我们该怎么做？"

"现代的夫妻说得多，但爱得少。"（Hage，1987）夫妻必须持续对话，才能发现并追求他们的共同目标。也就是说，他们必须在自由的私人空间中填满相互兼容的爱情和婚姻才行。这需要大量的努力、时间和耐心——正是所谓"关系经营"所需要的品质。这确实是非常困难的工作，常像是白花力气一样，因为每次达成一致之后，总还有新的争论等待解决：

> 如果一个人不想失败，他就必须为维护自己的幸福而努力。家庭对他提出了很高的期望。成为"好伴侣"意味着要主动、细心且富有同理心。意见分歧必须及早发现，在它们还只是细微裂痕时加以解决。而修补这些裂痕需要敏锐察觉伴侣的需求。（Vollmer，1986：217）

外在权威消失时，夫妻之间找到彼此沟通的方式就变得越来越重要，也因此，心理学及精神治疗的各种分支自20世纪60年代以来迅速兴起，尤其关注爱情的动态。它们常宣称"开放性"和"诚实"是必不可少的。伴侣被要求坦率地表达自己的感受，"做自己"，不再隐藏于恐惧、

禁忌和传统背后。一本在 20 世纪 70 年代出版的自助手
册写道：

> 我们坚信……真正的爱情问题只能在那些开放、
> 自由、批判和真实的关系中得到解决。这样的关系使
> 双方都有机会从自身出发，将真实的自己展示给对
> 方，而不必扭曲自己或迎合对方的期待。（Bach and
> Deutsch，1979：26）

开放是当人们不再受旧有的承诺约束时，其行为方式带来
的副产品，但它突然之间成为一句口号，标志着新文化的
来临。流行文化以简化的方式传播这一观念，大众媒体则
将其稀释，而这趋势尤其显现在年轻人的身上。男性和女
性花上大半时间去探索心灵，试图要么靠近彼此，要么拒
绝彼此。每一种情感、每一个行为都被挖掘、审视、定
义并分类——我的焦虑、你的依赖、他的父亲情结。"伴
侣们从一开始就假定自己必须是真实的，不能虚伪，必
须在毫无保留地坦诚相对的基础上学会相处。"（Hahn，
1988：179）

　　这些结果对维系关系并不总是特别有帮助。不仅谎言
会破坏关系，过于坚持真相同样可能具有破坏性。自我剖
析不仅是摆脱父辈（或母辈）罪过的一种方式，也可能成
为一件危险的武器。在歌德的剧本《伊菲革涅亚在陶洛人
里》（大体取材于欧里庇得斯）中，托阿斯对伊菲革涅亚说：

"让我们坦诚以待。"但这是在他们永远分离之后才说的。传统自我剖析方式（如宗教忏悔或精神分析）的相对成功，很大程度上与一个关键事实有关：牧师或分析师并不与忏悔者或患者共同生活。（Hahn，1988：179）

变革的伦理：做到尽善尽美

正如我们描述过的，现代生活的一个重要特征就是我们已经摆脱了传统秩序。值得注意的是，一旦这个过程开始，几乎就无法停止，一种"扩张驱力"，即一种永久的"变革伦理"开始运转（Berger，1986：90—91；Wehrspaun，1988）。过去阻止人们的那些藩篱——自然法则、上帝旨意、社会习惯和阶级命令——正在逐渐消失，因此再没有规则告诉我们何时该停止。我们反而追求更多：更快、更大、更美！

这种"变得更好"的心态已经不再局限于汽车制造或工作条件等具体领域，也渗透到了爱情关系中。研究显示，如今人们对于共同生活所设下的标准要比从前高多了。仅仅相处融洽已经不够了。人们想要的更多，他们在自己的小家庭中做着美国梦，寻找"快乐与成就感"，尝试"追求幸福"。然而，失望是不可避免的，因为对婚姻的期望越高，与这些宏伟理想相比，自己的婚姻就越显得平淡无奇。这些梦想更是变成了陷阱，唤起了无法被满足的希望。任何亲密而持续的同居关系，都会有愤怒、失望或负罪感的时刻，它们与幸福的时刻交织在一起。就如一位学生在作文中写到的："家庭就是战争与和平。"（Lüscher，1987：23）人们单纯地期待幸福，但这种心态与人际关系的现实相冲突——无论在何种关系中，冲突、妥协和危机都是难以避免的。一位经验丰富的心理治疗师这般指出：

> 那些鼓吹个人成长并承诺帮助人们变得更加成熟的无数婚姻指导书很少或根本没有涉及成长的另一面，那就是痛苦和破坏性暴力的深度，以及克服它们的努力。我不把家庭当作避难所，一个除了欢乐喜悦外别无他物的地方（当然它也可以是如此），而把它当作这样的一个地方：人类——最野蛮的生物——在这里可以学会以非暴力和非破坏性的方式与他人共享时间和空间……完全向与自己生活在一起的人展示真实的自己，同时了解他（她）的性格、历史、希望和恐惧的方方面面，这些往往会将我们对对方原有的印象打得粉碎……这是一个漫长而痛苦的过程……从这个意义上说婚姻和家庭生活是……面对人生困境的绝佳场所。
>
> 因此在经历了二十六年半的婚姻生活后，我得出的结论是，幸福并非目标。婚姻有许多美好的方面；它是一个我们可以学习和不同年龄、性别、价值及观点的人分享生活的地方……它是一个人们可以憎恨，

> 也可以克服憎恨的地方，一个人们可以学会去笑，去
> 爱，去沟通的地方。（Jourard，1982：177—179）

然而如果现实并未达成理想的话，人们该怎么做呢？根据旧有的婚姻模式，即使性格和兴趣完全不合，人们依然被绑在一起。如今认为该改善这个情况的新信念指出了相反的方向——与其忍受不足并降低期望，不如结束婚姻。或者换个方式说好了，在追求没有任何外部障碍的完美爱情的过程中，普通伴侣反而感受到巨大的压力，因为他们会对"低劣"的婚姻感到不满。

这就是离婚率飙升的原因之一。"这么多人离婚……是因为他们对婚姻的期待如此之高，以至于不愿意忍受一个差劲的替代品。"（Berger and Berger，转引自 Jaeggi and Hollstein，1985：36）

> 六个星期后，她的第三任丈夫就不表现得充满激情，而是变得懒散而居家，他受够了事物按照单调的生理机能运行而开始想念起社会生活、工作，以及"最好邀请德弗里斯一家来家里做客"之类的事情。他总是在谈论关于升迁和关节炎的事。她突然满怀道德正义和尊严地意识到，她欺骗了自己。这种自欺的感觉从未消失过。于是，她决定和他谈一谈，以一种相当宽宏大度的方式。为了让自己的表述更具戏剧性，她还戴上了一顶头巾。"亲爱的第三任蜘蛛

先生，"蜘蛛太太说着，合起了她毛茸茸的触肢，"让我们以尊严相待，和平分手，不要用下流的手段互揭疮疤，不要用毫无意义的污言秽语玷污我们过去的幸福记忆。我欠你一个真相，而真相就是，我不再爱你了……我欺骗了自己。我曾经全心全意地相信你会永远是蜘蛛先生。对不起但你该知道的：在我生命里已经有了第四任蜘蛛先生了，他是我的全部。"（Cohen，1983：330—331）

这种对新视野的追求来自内心的驱力：选择越多，人们越会感到被驱使去寻找新的替代（Nunner-Winkler，1989）。在这一背景下，新的选择——比如分居和离婚——即使在统计数据中所占比例不大，也对旧有的生活方式产生了影响。仅仅因为存在于人们的意识中（而且大众媒体也尽力地引发了这种兴趣），这些选择就会改变人们对婚姻的看法。任何抱着结婚念头的人都知道现实中存在真正的替代选择，并可能发现自己必须为这种有意识的选择进行辩护。

幽默作家克洛德维希·普洛托如此描述这个状况：

两个朋友在酒吧里遇见。

A：哇，真高兴又回到这里了。你们最近日子过得怎样？克鲁格夫妇在做什么？

B：他们分开有一阵子了。丈夫现在和别的女人住在萨克森豪森，我不晓得夫人现在在哪儿。

A：喔，那齐尔飞特夫妇呢？

B：他们才吵了一架。丈夫走了，现在住在一个公社里面。夫人则和佛克住在博恩海姆——佛克是名老师。不知道你认不认识他。你们家过得怎样呢？

A：嗯，你知道的，就是没法继续下去了。苏西搬到别的地方去了，和一个特别好的人在一起，我又回去和卡伦住在那间旧公寓里——她是个心理医生。那你呢？

B：嗯，我们还在一起，不过你知道的，我们还是常会提到分手，真的。不过我们有了小孩，而且，嗯……你明白的，有时候我们相处得还不错。这很奇怪，但就是这样。你懂吗？

A：嘿，不需要觉得可耻，老家伙。我了解的，不用担心。

（Nunner-Winkler，1989）

　　这种需要为"传统"生活方式做辩解的现象，实际上让变革的螺旋加速了。在没有极端问题时，坚持熟悉的习惯相对容易；而选择一种不同的行为模式却需要通过积极的论证来加以证明。被预先决定的婚姻，只要不是不能忍受的就会被接受；但自由选择呢？个人则必须捍卫它是所有可能性中的"最佳"答案。于是，这种辩解反而提高了幸福的标准。

工作是最大的分隔物

到目前为止，我们已经看到现代夫妻被想要被爱的共同渴望束缚在一起——这本身就带来了问题。然而这种根植于完美爱情理念中的私人问题，又因为另一因素而更为恶化。我们所寻求的陪伴并不存在于社会真空中，而是在一个被冷漠力量支配的环境中，这些力量往往会破坏我们的努力。这个决定性的因素就是如今雇佣工作的组织方式。在工业化之前的社会中，工作将伴侣作为一个团队结合在一起，而我们熟知的现代工作条件却倾向于将男人和女人隔离开来，让他们进入不同的世界。

当然，如今仍然存在所谓的传统婚姻，它建立在养家者／家庭主妇的旧模式之上：一方走进竞争激烈的职场，而另一方则孤零零地待在家中做着单调乏味的例行家务。这两个世界间很难找到共通语言，而当语言失效时，就只剩下沉默和疏离：

她没注意到你已经喘不过气来，也没察觉你的手臂已经酸痛；当然，她知道你工作很努力，知道你支撑整个家计，满足所有要求、承担各种的开销；她也知道你烦愤、心情不好；但她有她自己的烦恼，她也会心情不好；她把自己的忧虑藏起来，不让你看到。直到有一天你站在这里问你自己：还能继续走下去吗？不再有活力，不再感到牵挂，不再跟随或

> 陪伴彼此，不再一起讨论未来，只剩下被视为理所
> 当然的和平分工……这就是十六年婚姻的平静幸福
> 最后变成的样子，生活变得像一壶已经凝结的牛奶，
> 又酸又稠，你就像只苍蝇一样，清醒地淹死在里面。
> （Wassermann，1987：93）

或者，还有另一种特别受年轻人喜爱的婚姻，那就是伴侣
双方都在外工作，并根据这种生活方式来安排彼此的生
活。今天大部分的专业位置都是根据一个心照不宣的隐形
假设而被设计出来的，即这些工作

> 会由一整个人完成，他们背后有半个人在支持。这种
> 安排在工作数量和质量上的设定完全忽视了私人亲
> 密关系间的责任和承诺。辅助性的工作和服务则由那
> 半个人承担——通常是妻子。女性的日常琐事就是
> 给丈夫和家人提供食物、衣着，以及舒适的家，还
> 要照顾下一代，为丈夫解除忧虑，以便让他可以心
> 无旁骛地承担高强度的职业角色。（Beck-Gernsheim，
> 1980：68—69）

在这样的前提下，当越来越多女性拥有自己的事业时会发
生什么事呢？这就变成了一个简单的算术问题：现在夫妻
双方都缺少一个第三人在幕后承担家务并提供情感支持。
这就是为什么成千上万的家庭在一天的劳累之后，往往充

满了因为谁来打扫浴室、谁去接孩子而引发的不满和争执。这种关于私生活中劳动分工的广泛争论已被彻底地研究过了。

事实上，这不过是问题的一部分而已。无论是在日常生活中还是在我们对生活的理论化思考中，人们往往忘记，维系家庭不仅需要狭义上的家务劳动，还需要情感劳动。人类，尤其是忙碌于工作的个体，并不仅靠面包生存；情感支持同样不可或缺。市场的法则——速度与效率、竞争与职业发展——渗透进我们的家庭，并以烦躁和紧张的形式浮现。（工作的丈夫和负责家庭幸福的女性在性别角色上的对立，首次出现在 19 世纪，这并不是个巧合。）假如伴侣们都在坐着等待对方的情感支持和了解，那么家庭生活就会变得很困难。这不只是单纯的自私自利或者个人缺陷，而是一种集体现象——无数家庭厨房中上演着同样的戏剧，疲惫不堪的夫妻被一个半人的工作（即一个全职加一个辅助者的角色分工）压得喘不过气来。

我的事、你的事：对协议的偏好

由于越来越感到无助和走投无路，人们开始寻找建议，而市场也以一波生活指南的热潮迅速回应。这些书如潮水般涌来，数量庞大到难以追踪，种类繁多，内容丰富，几乎成了生活与爱情哲学的超市。从我们的观点来看，有个有趣的问题是：为了让我们共同的生活容易些，它们鼓吹了哪些法则？

我们很快就会发现，这个问题的提出方式至少部分是错误的。确实，许多待售的书籍声称要打破失望、沉默和妥协的壁垒，但也有同样多的自助书籍把伴侣关系这一话题——如何和谐相处——放到了边缘位置上，甚至根本不提及。这些书的主题截然不同，虽然表达方式多种多样，有时温和，有时直白甚至粗暴，但核心内容是一致的：保护"我"不受"我们"的侵犯。人们获得了建议："要在婚姻协议中尽可能多地规范共同生活的各个方面。"（Partner，1984：85ff.）

这里的主要目的并不是通过持续对话来组织生活、促进亲密感，而是通过规则来保护自身的利益。在德国（*Süddeutsche Zeitung*，13 June 1985）和美国（*International Herald Tribune*，24 September 1986），缔结这类协议的人数正在急剧增加：

> 这男人的未婚妻长得很纤瘦。他喜欢她的样子。他希望她一直是这样子。他决定要尽全力让她继续保持苗条……婚礼前，新郎说服他的新娘同意一项约定，规定如果她增重就需要支付罚金，而减重后可以退款。这可不是个没用的约定。这对夫妇还聘请了一位纽约律师，将这约定写进了一份正式的婚前协议中。

欢迎来到1986年的"合同化婚姻"时代。在这个时代，法律文件开始详细规定从婚后衣橱空间的分配到离婚后谁能留在租金管制的公寓*里等各类事项。如今，婚前协议中包含各种条款并不罕见，例如规定配偶轮流选择度假地点、双方平等分担教育孩子的责任，或者要求伴侣之间完全坦白各自过去的性经历……律师们表示，他们看到对各种婚前协议的需求日益增加，从纯粹的财务条款到包含一些独特生活方式条款的协议都有。(*International Herald Tribune*，24 September 1986)

那么随着时间推移，如果仍然出现分歧怎么办？即使如此，你还是可以签订一份协议。当夫妻间不再有共同点时，新的自助哲学提供了应对这一状况的文明方式——古老的原则"你给我也给"再次出山。这一原则可以直白地翻译成"我不喜欢你的地方和你不喜欢我的地方，将可借着交换来解决"。现在已经有自助书籍推荐"相互行为改变协议"。其中的一些指导建议如下：

> 每个伴侣都能从对方身上得到某些他/她想要的东西。例如，你可以承诺"早上穿一件好看的睡

---

* "租金管制的公寓"指的是受法律或政策规定限制租金上涨幅度的住宅。这里的意思是：离婚后，谁能继续住在价格受控、便宜划算的公寓里。

袍，而不是那件破旧的"。以此为交换，他则同意
"按时回家吃晚饭，而不是和朋友们出去喝一杯"。
从简单的行为开始，然后逐步过渡到更复杂的行为：
"她应该变得性感些""他应该多亲我几次"。(Baer,
1976)

在完全摆脱外部束缚并能自由选择伴侣的情况下，矛盾的
是，你可能需要新的方式来实现彼此的相互约束。在一切
都开放的情况下，一切都需要通过协商解决；当没有共同
目标时，每个人的个人利益都需要防止被对方侵害。上述
提到的这类自助书反映甚至加剧了这种趋势。至于伴侣之
间的关系会如何发展，这又是一个不正确的提问，因为这
并不是问题的核心，至少不是首要关注点。

到目前为止，从我们搜集到的证据中浮现了以下的图
景：在现代婚姻中，连接两个人的是他们对彼此的感情；
两个人之间的共同基础几乎完全是来自情感。如果这种
美好的感情开始消散，那通常就是婚姻走向终结的开始。
"浪漫之爱"的观念给婚姻带来如此强烈的情感倾向，并
改变了我们对婚姻的期望；过去的婚姻被视为"一生的纽
带"，而如今却变成了"只有在特定条件下才会维系的承
诺"(Furstenberg, 1987 : 30)。

维系的辛苦

我们已走过山中的考验，
前方等待着的是平原上的磨难。

——贝托尔特·布莱希特

　　如今，人们在彼此身上看到的主要吸引力不再是共同的人生目标，而是幸福的展望：找到那个"对的人"，一个既是梦中情人又是最佳朋友的结合体。然而，梦想会改变，朋友也可能不像想象中那么令人兴奋，结果幸福变得转瞬即逝。更正式地说，现代社会中个人所占据的空间使亲密关系变得脆弱：

　　　　家庭是一个开放空间……这就意味着它原则上可以接受任何定义，只要这个定义保持"私密性"，不直接与谋生相关。但这也意味着它可能没有任何定义，至少没有永久的定义。（Ostner and Pieper，1980：123）

不久之前，人们还将希望寄托在自我决定权和摆脱传统义务上。他们所做的承诺非常清楚：一旦所有障碍被克服——无论是来自家庭的反对、阶级的顾虑还是经济的限制——真爱终将获胜。而且，人们也确信这种爱会永恒不变。正如夏洛特·勃朗特在《简·爱》一书末尾总结的那样：

> 我现在已经结婚十年了。我知道只为了自己在世上
> 最爱的人而活、只和他在一起生活，是什么样子……我
> 对爱德华的世界从不厌烦，他对我也是一样……我们整
> 天地交谈，我想，对我们来说，交谈不过是更加生动、
> 更能被听到的思想交流……我们的性格完全契合——结
> 果就是完美的和谐。（Bronte，1966：475—476）

现代的发现是，当爱情改变，从前由两个合作者组成的共
同体变成两个恋人的共同体时，维持感情会是很困难的
事。在现代条件下，爱情不再是一次性的事件，而是一种
需要每天重新争取的状态——无论感情好坏，任何时刻它
都得对抗现代社会强加于它的不安全感和混乱。

　　个人必须有耐心和宽容才能胜任这项工作。维持这种
关系需要顽强的谈判，通常伴随着小摩擦和一系列小峰
会，却始终看不到尽头。更让人头疼的是，经过多年的相
处，参与者已经对彼此的弱点和雷区了如指掌。摆脱了旧
枷锁之后，爱情发现自己受到新方位的攻击：

> 无论走着、坐着、躺着，
> 他们都在一起。
> 想说的都说了。他们已经沉默。
> 就是这样了……
>
> 他们无声地交谈，用语言保持沉默。

> 他们的口中空无一物，
>
> 他们的沉默有十九种方式
>
> （甚至更多）。

> 看到彼此的灵魂和牵绊
>
> 让他们恼怒。
>
> 他们就像只有三张唱片的留声机，
>
> 让人感到不安。

（Erich Kastner，*Gewisse Ehepaare*）

爱情是首温馨的田园诗吗？要是真那么简单就好了。现代提供给我们的自由是"有风险的机会"（Keupp，1988）。我们的情感越强烈，就越有可能被它带来的错误、误解和纷纷扰扰所伤害。（水能载舟亦能覆舟，心碎远不只是流行歌曲里那些陈词滥调。）男男女女为了尝试彼此一起生活而痛苦，这不全然是他们的错——不全然是太过自我中心的副产品。这也和爱情与婚姻的现代定义有关。感情被认为是爱情和婚姻的基础，但如我们所知，情感是易变的："心是一块极其柔软的肌肉"（伍迪·艾伦的电影《汉娜姐妹》最后一幕）。古典文学的主题曾是"他们无法在一起"，而现代文学的主题则换成"他们无法生活在一起"。或者就如迪特尔·韦勒斯霍夫所写到的："过去，恋人们面对的是制度的壁垒，而如今，他们则陷入一种名为幸福的意识形态沼泽。"（Hage，1987）

　　由此可以得出结论，任何经由自由与独立所得到的收获都会再一次悄然流逝。"看起来，过去的苦难正在被当下的苦难所取代。"（Mayer，1985：87）然而，尽管我们的现代生活方式充满了失望与冲突，但早期那些对个人自由有着严格限制的世代，也未必过得更好。回到旧有生活方式当然不能解决问题；我们需要寻找的是既自由又持久的全新共同生活的方式。

　　朝这个方向上迈出的很重要的一步，或许是承认解放过程的"两面性"——优势与缺陷之间的持续对立关系。或许，这会让人们更容易在另一面寻找幸福——在坚持、奋斗和珍惜已有的事物中找到幸福。就如现代版的《罗密欧与朱丽叶》所说的："你生命中的爱情？我相信，当两个人设法要为了他们一起的生命而容忍彼此时，那才是生命中的爱情。"（Capek，1985）在人们各自独立的冷漠世界里，爱情被定义为一种负担，但又被渴望为一种永恒的支持。随着时代及其问题发生变化，爱情始终是那个乌托邦，一个更美好世界的构想：

　　　　那些从爱情出发的婚姻是个坏兆头。我想知道，那些故事中伟大的恋人，如果他们的伴侣病倒了、卧床不起，而男人不得不像照顾婴儿一样照顾她，他是不是还会继续爱她——我想你很了解我在这里谈到的这些不愉快吧。好吧，我相信他是不会再爱她的。让我告诉你，真爱就是两个人一起变老。（Cohen，1984：18）

一切皆因爱子情深

"爱情、婚姻、婴儿推车"：爱情引导你走向婚礼殿堂，不久之后孩子便降临……20世纪50年代，这个世界看起来就是这么简单。自那之后，事情已大为不同。人们不再觉得两人相爱就一定要结婚，结婚也不见得就一定要生孩子。

我们活在一个"反小孩"的社会吗？至少有一点是明确的：20世纪60年代以来，高度工业化国家的生育率明显下降。在这些国家中，西德的生育率更是持续低迷，但意大利这个传统上的"婴儿"之国的生育率变得甚至比西德还低。

19世纪有许多关于爱孩子的歌曲和诗歌，这种情感常常与"女人的天性"联系在一起，被理想化并赋予浪漫的光环。到了20世纪，这个话题转变为育儿杂志和育儿书籍的主题，充满了教育指导和提示，要求父母采用正确的方式，给予孩子最好的教育。对孩子要付出感情，可是关爱也要方法得当；"令人恐惧的关怀"会使情况变得更糟（Gronemeyer，1989：27）。

对孩子的爱是自然且永恒的纽带吗，是人类历史进程的深层架构吗，甚至是一种基因铭印吗？事实上，情况似乎要复杂得多；我们有必要深入探讨母亲与孩子之间的关系。这种关系包含了什么梦想和渴望，又带来了哪些责任和负担？不久之前的父母身份是怎样，现在又是怎样，而未来可能会变成什么样子？

55	肯尼亚
50	坦桑尼亚
47.6	伊朗
45	伊拉克
40.1	阿尔及利亚
37.5	埃及
33.7	印度
32.7	墨西哥
29.1	土耳其
23.1	以色列
19.9	苏联
19.3	巴西
19	中国
16.1	波兰
15.8	罗马尼亚
15.5	美国
13.8	法国
13.6	大不列颠
13.6	东德
13.0	挪威
12.7	荷兰
11.8	比利时
11.7	瑞士
11.3	奥地利
11.2	西班牙
11.1	日本
11.0	丹麦
10.6	希腊
10.5	西德
9.6	意大利

各国每千人口出生率，其中意大利的出生率最低 (UN data，given in *Die Zeit*，23 December 1988)

要一个孩子

过去，婚姻与为人父母是直接相关的，但是这并不代表以前的人一定比现代人更爱小孩。在前工业社会，生养孩子主要是出于经济上的理由，因为他们会帮忙做家务，下田工作，扶养年老双亲，继承家族姓氏与财产（Rosenbaum，1982；Tilly，1978）。对有钱人家来说，孩子更是有其经济的重要性，他们是财产的继承人与嫁妆的拥有者。因此，孩子通常受到欢迎，有时甚至被热切期盼，尤其是长子或男性后代。然而，也有相反的情况，比如当孩子数量过多导致家庭规模过大时，孩子反而变得无用甚至成了经济负担。19世纪前后巴伐利亚的一份记录显示，过去，人们无法像现在这样与孩子建立过于深厚的情感联系：

> 当妻子怀第一胎时，务农的丈夫会欣喜异常，当第二个、第三个孩子相继诞生时，他还是很高兴，可是对第四个孩子，他就没有这种欢欣之情了……接下来的孩子都会被当成敌人，因为他们从他和家人的嘴里抢走了面包。就算是最温柔的母亲，在面对第五个孩子时也变得冷漠，甚至大声诅咒第六个孩子的出生。（Imhof，1981：44）

民族学家卡尔·冯·莱奥普雷希廷在1855年也曾说过类似的话：

　　通常只有少数孩子能存活下来，存活率有三分之一左右就已经算不错，其他的早早就上天堂去了。人们很少因为孩子夭折而哀伤；早夭的孩子是天堂里的小天使，而活下来的孩子已经够了。如果是已经快要能当帮手的大孩子死了，大家才会感到悲伤。（*Bad Tölz-Wolfratshauser Neueste Nachrichten*，11 August 1988：IV）

20世纪末，婚姻与为人父母已没有必然关系，这部分是出于经济上的理由。在工业化的影响下，家庭作为一个经济单位解体，拥有孩子的经济优势逐渐消失，养育孩子的成本反而持续上升。这样一来就形成一个剧烈的转变："孩子不再是上天的祝福，而是负担。"（Bolte，1980：66）最近这种转变的速度明显加快，主要原因是养育一个孩子的成本急剧上升，远远快于收入、通货膨胀率或物价指数的增长速度。

孩子让人体验到意义与自我

　　现代人不会因为物质上的利益而决定生小孩。各种情感上的考虑，尤其是想为人父母的心情特别重要，想要有孩子主要是有"心理上的效用"（Fend，1988：160）。一些研究可以证明这点：

　　小孩并不能带来什么经济好处——实际上正好

相反。父母今天也无法期望在遭遇困难时，孩子能提供什么实际支持或帮助——我们的社会过于偏向个体化的生活方式。小孩剩下的唯一价值是感情价值：那种承担责任、掌控局面和情感上不可或缺的重要感受，尤其是能在孩子身上看到自己的化身，在人类的形态中再现自我。（Hurrelmann，1989：11—12）

这份"心理上的效用"如何表现出来？这里有一系列常见的动机，比如孩子能够维系父母的关系，或者实现他们未竟的向上流动的愿望。一项人口学研究报告指出，生育越来越多地与归属感、生命意义，以及一种基于亲子间亲密关系的"幸福诉求"（Münz，1983：39）联系在一起：

> 对孩子的渴望与自我有关，并且着眼于当下：父母想要……从生养照顾孩子当中为自己找到一些东西……现在大家都希望能通过孩子发现自我……许多父母不再把养育孩子当作劳役、奉献或是社会责任。相反，生育被坦然承认为一种生活方式，是追求个人利益的一部分。

在这里，我们可以看到历史性转变中的某种相似模式。社会从前工业化时代向现代化转型的过程中，婚姻关系的变化在亲子关系中也有所体现。在这两种关系中，共同目标——家庭单位的存续——已不再是核心；双方的关系不再主要以经济为基础，而是更多地转向个体化和私密化，并充满了与之相关的所有渴望和利益。婚姻关系与亲子关系都在很大程度上取决于个体化世界中各方日益增长的（甚至可以说是过度膨胀的）情感需求（包括强烈情感自身带来的回报和负担）。就如于尔根·津内克在其社会化研究中所指出的，当生命的客观基础愈是脆弱时，"想象"在代际关系中的重要性就越突出，大人将儿童与青少年视为"未能实现的乌托邦梦想的投射屏幕"（Zinnecker，1988：129）。这股趋势不仅体现在父母与孩子的互动中，也早就在父母对孩子的渴望心情中表现出来（Beck-Gernsheim，1988a：128ff.）。

在高度工业化的社会，人们总是被训练成要行事理性，讲究效率、速度，遵守规律与追求成就。儿童所代表的正好是反面，是生命"自然"的一面，这也正是它吸引人的地方。许多年轻女性，以及少数年轻男性，在他们关于自己生活的访问和讨论中，非常生动地谈到孩子承诺了一种未来。陪伴孩子将帮助他们重新发现一些天赋，表达一些在高科技生活中极度缺失的需求：耐心或平稳、体贴和敏感、情感丰富、开放与亲密。职场工作要求人们表现得谨慎和负责任，避免感情用事，但对女性而言，母亲身份似乎提供了一个远离工作世界的替代性庇护所。坚持为孩子付出意味着与生活理性化的那一面相抗衡，找到能够对抗破坏心灵之单调工作的生活方式。就像有位女性曾说的："还有什么地方能找到像孩子身上那样多的生

命力和欢乐呢？"（Boston Women's Health Collective，1971：II，644）

"在一个越来越'非自然'的环境中，（小）孩子的自然天性"是一个开始出现在调查中的主题（Höpflinger，1984：104）。"新女性"（和一些"新男性"）非常渴求这种自然性，他们成长于 20 世纪 70 年代德国的学校系统，深受孕育其中的心理学观念与教育目标的影响，深知在这个充满压力的社会追求成功所必须付出的代价，即心肠冷硬，感情郁闷，最终陷入一种"圆滑的人格"。此时，孩子似乎承诺着与"真实的人、真诚的关系"的接触（Häsing and Brandes，1983：208）。孩子让人们有另一种选择，以一种怀旧之情来观看人及其成长的历程："儿童未受污染、生机盎然地来到这个世界，我们的心灵却已满是尘霜。"（见上引书）一位观察这代"新父母"的研究者这么写道：

> 父母亲不再假装毫无私心；他们也希望能从孩子身上得到许多回馈。养育孩子变成一桩交易……他们想要被自己的孩子抚养长大。儿女应该帮助父母成就自然、敏锐、不受压抑而富有创造力的人格。并不是父母养育了儿女，反倒是儿女造就了父母。某种意义上，儿女是真正体现了父母的自我理想的存在。（Bopp，1984：66，70）

另一个相关因素是，正如我们所见，自由个体的生活也有

其令人不安的一面："现代欧洲人是注定要自由的，他们
是无家可归的人。"（Weymann, 1989:2）养育孩子, 照顾、
扶养他们, 这一切赋予生命新的意涵, 甚至成为个人生活
的坚实核心。在其他目标显得任意且可替代、对来世的信
仰逐渐消失、对现世的希望往往短暂易逝的情况下, 孩子
让人有机会找到一个坚实的立足点和一处栖息之地。

　　社会地位低下的人更是常常直接表露这样的期望。瑞
士有一份关于家庭计划的研究显示, 缺乏教育的人往往
更会觉得, 孩子是生命中最重要的东西、最主要的目标
（Höpflinger, 1984:146—147）。一份对德国底层家庭
的研究也有同样的结论（Wahl et al., 1980:34—38）。"家
庭与孩子对你有什么意义?"回答往往是:

　　　　"这样生活才有意义。"

　　　　"你知道自己位于何处, 为何辛苦工作。"

　　　　"我想知道自己的归属。"

　　　　"当你知道有人需要你时, 生活看起来会更美好。
　　　如果你独自一人生活, 日复一日, 什么也没有留下。有了
　　　家庭, 你就知道自己成就了什么, 清楚自己为何而活。"

然而并不是处于社会劣势地位的人才会那么重视小孩。浏
览一下相关访谈, 你马上会发现"新女性"与男性也有非
常类似的表述。例如, 一位女性作家写道:"我想要一个
孩子, 一个属于自己的家庭, 一个需要我、想要我的人。"

（Dowrick and Grundberg，1980：80）描述现今社会趋势的研究者略带讽刺而挖苦地说，人们渴望在孩童幼小的身躯上追求生命的意义。新一代父母寻求落锚停泊处，有孩子"让他们觉得自己有亲人，不管世界怎么变，自己已有归属"（Dische，1983：32）。一些漫画还刻画了"一种难以想象的想要孩子的渴望"——将孩子变成父母用来寻找信仰的载体（Roos and Hassauer，1982：70）。

　　一位女性回顾了自己决定生孩子时的心境，描述如下：

> 　　我生下孩子……是在一个对自己极其不确定的时期。我的大学生涯差不多要结束了；即将面临失业。我参加的政治团体是非教条主义左翼，政治气氛沉闷低迷。我的室友各有自己的生活规划，男朋友则正迷恋着别的金发女郎，在法兰克福博肯海姆的街头和酒吧里，弥漫于八十年代的"看不见未来"情绪已处处可见。失去越来越多的承诺和依靠，令我觉得轻快愉悦却又晕眩不安。我意识到，所谓的自由并不是那么美妙迷人。相反地，自由有其纠结混乱的两面……我生下孩子……因为我害怕空虚……那种虚无感，还有对自己不确定的未来的担忧正向我袭来……通过建立家庭，我希望为自己创造另一个取代现实的世界。就是这样。我从令人不安的自由中逃离。（Häsing and Brandes，1983：180—181）

爱小孩所以不生小孩？

当然，如今也有一些强大的阻力使人们不愿生育。首先，大多数人都想要"属于自己的生活"，这是个体化社会的一个方面，以往只有男性会有这种态度，现在许多女性也有相同的想法。很明显，一下子变得没有人愿意屈居幕后，没有人愿意毫无保留地完全照顾孩子。然而，另一个更有说服力的阻力是，现在对父母的要求越来越多，而这一点长久以来一直被研究者和政治当局所忽略。为人父母的责任越来越重（见下文讨论，"只有最好才行"），这也让人们越来越难以下定决心生下孩子（Beck-Gernsheim，1988a：149ff.）。

越想给孩子"最好的条件"，准父母在规划阶段的等待时间就越长。这种情形不只适用于渴求攀升的中产阶级，对所有阶级都一样。"生养和教育孩子的成本开始被视为影响人生发展和晋升的关键，下层阶级更是这么想。"（Fuchs，1983：348）要求清单可以列一长串：从给孩子的零用钱和独立房间，到假期、玩具和体育运动，还有孩子长期在就学待业阶段中的不容低估的庞大费用。通过大众传播媒体一再宣传，这种标准已经深入人心。"我们养不起孩子"，不仅反映了夫妻自身的生活水平，也同样反映了他们想要（事实上是感到必须）为孩子提供的生活水平，如果他们遵循专家的建议的话。新的规则是"现代人只能在经济能力许可的范围内生养孩子。他们应该充分意识到自己的责任"（Häussler，1983：65）。

　　人们可能会觉得物质只是其中一方面，甚至不是最重要的。专家的建议涵盖了更多内容，而且几乎影响到每个人，首先影响注重教育的中产阶级女性，然后通过电视和杂志更广泛地传播。根据这些权威的说法，孩子需要良好环境，从适当的住房和社区到稳定和充满爱的家庭。许多育儿指南和父母须知则特别强调，养育孩子乃是"伟大且负有责任的任务"（Boston Women's Health collective，1971：II，644）。

　　责任如此重大，后果不言而喻。研究者指出，准父母会尽其所能"考虑孩子的利益……替他们谋求最大的安定"（Roos and Hassauer，1982：189）。他们会在脑袋里列出一张清单，其内容比以前长得多……安全的工作场所、良好的居家条件、名列前茅的学校与妥善的托儿照顾。甚至连自然环境问题也在考虑之列：许多人问自己，臭氧层日渐稀薄，森林逐步消失，这样的环境适合生小孩吗？

　　跟得上科学潮流又高度意识到自身责任的年轻女性，常常对自己的爱情生活进行严格考量。它是否足够稳固，能够承受压力，并为孩子提供必要的稳定？她们比以往更频繁地追问自我：如果孩子的人格取决于我的照顾，那我在感情上是否已经足够成熟而能好好照顾他？这是一个新出现的、事关良心的问题，了解当代心理学思潮的人普遍会有这种疑问：我的人格已经成熟到足以承担养儿育女的责任了吗？我的内在素质可以帮助孩子适当成长吗？

如果答案是否定的——不管他们是不是想要孩子——那么结果一定是：不要有孩子，至少现在不要。以下是一份关于同居关系的实证研究报告：

> 很多同居男女觉得孩子"晚一点再要"……等到伴侣关系中的问题得到解决，或者等到个人感觉更加稳定时……人们希望感觉自己足够成熟，因为"如果我连自己的事都处理不好，怎么有办法照顾好孩子呢？"……女性更常对母职工作感到焦虑，她们认为这是对自己性格的一个关键且特殊的考验。（*Nichteheliche Lebensgemeinschaften*，1985：77）[1]

养儿育女的费用提高凸显了一种新的决策模式。这被称为"负责任的选择：不要孩子"（Ayck and Stolten，1978），因为爱他们，所以选择不要。结果是一种怪异的螺旋循环：孩子越少，每个孩子就越宝贝，得到的权利就越多。孩子越是重要，抚养成本就越高，就会有更多人决定不要有孩子，不想承担这么艰巨的工作。艾克与斯托尔滕在《出于责任感而不要孩子》的导言中这么说：

> 这本书并不是要反对有孩子的生活，而是反对如今对待小孩的方式。他们需要的不只是关心与饮食。他们心理上的需求常常被忽视……有意识地选择不要孩子是一种挑战。不要孩子表达了一种新的

道德态度，一种新的社会责任。（Ayck and Stolten，1978：12，18，25）

规划出来的孩子

现在有一大堆因素会影响人们决定到底要不要小孩，从单身生活的快乐与缺失，到为人父母的责任和喜悦都在衡量之列。无论做出什么决定，总会有支持和反对的理由，让希望和恐惧并存——就像罗斯与哈绍尔的书名（Roos and Hassauer，1982）所说的，"想要孩子：利与弊"。相关研究显示："在强调得失权衡时，典型的不安全感、对立情绪和冲突就变得明显起来。"（Urdze and Rerrich，1981：94）

因此只是需要做出一个决定的情况往往变成漫长的过程。"新女性"（还有一些男性）尤其如此，她们知识丰富，清楚自己的优缺点，希望基于正确的理由做出正确的决定。这又是一种现代社会特色的体现：传统关于阶级、地位和性别身份的观念不再将人们引向固定的路径。我们不得不建构自己的生命历程，做各种长短期的规划，其中包括到什么学校上学、接受什么训练、选择在哪里定居、跟谁一起过日子。相关的女性主义文献已指出，这种规划需求正日益影响女性的生活和她们对母职的态度。一本女性手册提出了明确的建议：想成为母亲的人首先要"全面考虑"，然后"做出真正确定的决定"（Boston Women's

Health Collective，1971：Ⅱ，640）。

　　稍微看一下关于这方面的研究与自传作品便会发现，人们确实在遵循这些建议。一份实证研究报告指出："许多受访女性抱怨生孩子不再是自然而然的事。她们觉得以前生孩子不用考虑那么多，现在她们却必须做出清楚的抉择。"（*Nichteheliche Lebensgemeinschaften*，1985：78）反省自己真正的感受时，通过日记、与女性朋友的对话，尤其是与伴侣的讨论，"新女性"试着找出成为母亲的充分理由。她们希望"获得信息"，能够"预防"，如果必要的话，还要"武装自己"，甚至"保护自己"；她们想要"了解一切"（Sichtermann，1982：7—11）。

　　这当然是她们想要写下自身经历的理由之一，她们想要找出脱离困境之途，在漫长的抉择路上互相扶持：

　　　　我们有必要写这本书。它源于一种"已经足够了"的感觉。三四年来我们一直在讨论要不要有小孩。我们互相讨论，跟朋友、同行、同年纪的人一起讨论……现在终于把书写完了。这是我们生涯中的一个段落。"孩子"对我们来说，已经成为一个能够以更客观的视角来看待的议题。（一位大学讲师，引自Bach and Deutsch，1979：26）

　　　　我的男朋友一直对我说，应该把想要有孩子的理由写下来。我写了三年，但始终没有找到一个真正

充分的理由。只有一些琐碎的小事。（一位平面设计师，引自 Hahn，1988：179）

曾经被认为是世界上最自然的事情，现在对某些人而言却变得复杂异常。一切都不再是自然而然地发生，"新女性"觉得有必要质疑和追问自己的所作所为，一切都朝着理性化和复杂化的方向前进。大家当然欢迎孩子的来临，但对于孩子的渴望不再是单纯的愿望，而是一堆权衡计较的集合；孩子是规划的结果，就如君特·格拉斯所说的，是"精心策划的诞生"，或是"用头脑分娩的"。

在访谈或自叙中出现的一些关键词，也可以让我们看出一些端倪。有人谈到"自我观察，诊断自己的需要"（Kerner，1984：153），"找出你在哪方面欺骗了自己"（Dowrick and Grundberg，1980：100）；或者"从头到尾把事情想透彻"（Kerner，1984：153），准备迎接双胞胎的父母"当然会立即想到双胞胎的精神分裂症发病率据说更高"（Häsing and Brandes，1983：152）。或许这是一些极端的例子，但让我们继续看下去：一位蓝领工人与他的销售员妻子讨论了关于"反对只生一个孩子"的理由（Urdze and Rerrich，1981：84）。另有一位女售货员说，她在怀孕的第一个月里，几乎"读遍自己能找到的所有资料"，尤其是"各种分娩方法"（Reim，1984：172）。关于孩子的主题被编织成了一个完整的理论和论据网络；就像君特·格拉斯所说的：

仿佛出自现代美丽童话一般，傲人的一对、漂亮的一对。他们没有小孩，养一只猫。这不是因为他们不能生，也不是因为某些生理障碍，而是因为当她"真的"想要有小孩时，他说"还不是时候"。当他说"从理论上讲，我能想象有孩子这件事"时，她应激似的回答说："我不行。我已经不想要了。负责任意味着要冷静地看待一切。你能为孩子提供什么样的未来？根本没有未来可言。而且，世界上已经有足够多的孩子了，太多了，在印度、墨西哥、埃及和中国。看看统计数据吧。"（Grass，1980：12）

为宝宝做准备

那些经过长期规划终于决定要孩子的人，情况如何呢？期待的喜悦通常还夹杂着许多复杂的感受：永远都要"事先想好"。从孩子即将到来的第一刻起，夫妻双方，尤其是女性，就会面临铺天盖地的科学普及信息，这些信息近年来占据了杂志的大量版面。以下摘录一些这类意见，以了解人们如何展开为人父母的生活。

怀孕前，她或他应该做什么？

得益于一个多世纪前的医学专家，我们现在知道充足的营养对儿童的成长很重要。在过去的一个多世纪中，这一理念得到了进一步完善，所以我们知道，适当的营养必须在更早——准妈妈怀孕之前几年——就开始注意。1969 年的一本自助书如此建议："过去人们非常重视女性在怀孕期间的饮食。如今我们走得更远，建议女性只有在……身体状况最佳时才考虑怀孕。"（Schönfeldt，1969：8）在指南手册《健康测试：幼儿指南》（首版于 1988 年 5 月出版，1989 年 4 月再版印了 6.3 万册）中，我们读到下面的意见：

> 母亲的生活方式……对母乳的质量有决定性影响……素食和食用有机农产品的女性在指标上表现更好。短时间内改变饮食习惯是不够的……因为污染物会在体内积累多年。

如果你想为未来宝宝的健康尽最大努力，仅仅注意饮食是不够的。现代医学观点更先进，考虑得更多。一份健康指南建议："最好在怀孕之前就能做一次全身健康检查，以确保从一开始就保持最佳的健康状态。"（Beck，1970：238）或者更早："如果在计划怀孕之前，能做遗传方面的检查就更好了。"（*Junge Familie：Das Baby-Journal*，May 1988:38）要好好规划怀孕事项，咨询专家是明智的选择。

　　还有更多例子。在一本广受欢迎的女性杂志里，有一篇题为"怀孕倒计时"的文章，口号是"保护你还未出世的孩子"。计划的第一步应该在受孕前几个月就开始，包括看牙医和妇科医生，还包括针对猫主人的特殊检测（因为弓形虫病的风险），以及针对亚裔和非洲裔美国女性、犹太女性和地中海国家女性的检测（因为特殊的遗传易感性）（*McCall's*，January 1986：42）。另一份类似的计划，名为"设计更优秀的孩子"，鼓吹"怀孕保健"最好在怀孕前六个月就开始，内容包括对夫妻双方进行健康检查、各种血液和血压测试、遵循平衡饮食的建议，以及戒烟、禁酒、远离毒品、避免压力。这么努力用心所要追求的目标是：

> 若你有机会拥有一个更优秀的孩子，为什么要选择一个普通的孩子？更优秀的孩子从头到脚比例匀称，体态优美——没有外八字，扁平足，或凸胸凹背。他们聪明、灵敏又冷静——每一部分都几近完美。他们的下颌发育正常，因此牙齿生长整齐。他们有形状良好的头骨，为大脑的健康发育提供充足的空间。（*Observer*，26 April 1987）

尚未诞生的孩子：一个脆弱的小生命

适用于备孕的那些原则在这件"重大之事"即将到来时就更为重要：不管怎么谨慎小心、做好防护措施都不为过。这股风潮主要的推动力是医学进步，尤其是产前研究的进步。19世纪的女性对于生命究竟从何开始，如何开始，还只有一些模糊的概念。如今人们已经对怀胎十月的过程做了详尽的研究，曾经模糊不清的原始状态如今可以通过彩色照片展现：从最初的细胞分裂开始，未出生胎儿的影像就已清晰可见。我们可以追踪胚胎的生长过程、营养和代谢的运作方式，以及哪些外部因素会影响母体内的变化。重点是：为了能够控制这些影响，孕妇必须接受一连串的指导。"注意！孕妇危险！"（*Ratgeber aus der Apotheke*，15 March 1989：14）。

　　然而，仔细观察后很快会发现，这些措施的关注点并非母亲的健康，而是胎儿的健康。许多食物被认为对胎儿有害，因此进入了孕妇的禁忌食物黑名单：

　　　　孕妇当然不能抽烟、喝酒，连咖啡和红茶也应该尽量避免。（Bruker and Gutjahr，1986：54）

　　　　常吃肉品和香肠会有不良影响。（*ÖKO-TEST: Ratgeber Kleinkinder*：2）

　　　　孕妇不要吃软干酪、半软的干酪片和未经巴氏杀菌的干酪；在食用奶酪时，应该去除奶酪表面的外皮，最好改为食用硬质奶酪、切片奶酪和加工奶酪；生肉和猪肉香肠同样应避免……未熟透的肉也不宜食用。（*Ratgeber aus der Apotbeke*，15 March 1989：14）

这类建议不只限于怀孕时，因为母乳应当含有所有适当的营养物质，所以建议产妇多吃鱼。

> 母乳中含有的鱼油代谢物……在婴儿出生后的最初几个月里，对他们大脑的快速发育是必需的。韦伯教授提出警告说："缺少欧米伽—3脂肪酸会导致中枢神经障碍和视力失调。"（*Eltern*，April 1988：15）

如果孕妇不愿主动遵守这些建议，就会遭受压力，并被详细告知相关风险：

> 婴儿完全没有任何抵抗力……孕妇体内孕育着一个特别脆弱的生命。对母体毫无影响的细菌都可能对未出生的孩子造成致命伤害……孕妇如果感染了腺病毒，她通常只会有一些感冒的症状……然而这种无害的细菌对胎儿却可能产生灾难性的后果：肝脏、脾脏、副肾、肺或胃部可能会形成结节，同时还可能引发循环或呼吸系统的疾病。腺病毒也可能攻击大脑，导致癫痫、脑膜炎、早产或先天缺陷。大约40%的受感染婴儿在出生后死亡，许多存活者则会有长期的智力发育迟缓……一般来讲，弓形虫病对母体也不会有什么影响……却会伤害胎儿。其危险包括轻度癫痫发作、发育迟缓、严重的智力障碍、视力出现问题甚至是失明。
> （*Ratgeber aus der Apotheke*，15 March 1989：14）

理想中的准妈妈应该将全部身心都放在胎儿身上，并且根据胎儿的需要来调整自己的生活方式。甚至看肥皂剧都可能对孩子未来的发展不利，因此最好不要看：

> 如果孩子在妈妈肚子里就伴着《豪门恩怨》一起成长，未来他将难以摆脱这类连续剧。他们在未出生前就已经被一些影片操纵控制，耽溺其中。所以怀孕时最好不要看电视连续剧。（*Junge Familie: Das Baby-Journal*，May 1988：38）

如今，几乎所有人——社区大学和成人教育项目、教会和生态组织、地区和国家机构、公认的或自称的专家——都在为准妈妈们提供讲座和课程，有时也包括准爸爸们。这些课程的主题越来越多，就像一份流行杂志所说的："现在大多数孕期课程谈论的不只是锻炼、呼吸技巧和有关孕期与分娩的医学建议。现在就连未出生的孩子也在讨论之列，父母应该了解它需要什么，以及怎样才能保护它。"在这句评论之后，杂志接着介绍了"准父母与未出生孩子建立联系的三种新方法"，包括"产前足部按摩""心理—触觉接触"，以及"产前大学"（*Eltern*，September 1985：15）。

现在不只"为什么要生"是热门话题，"怎么生"也成为焦点。19世纪，大多数孩子都是在家出生，这是理所当然的事。到了20世纪，在医院生产已是社会常态。但到了20世纪末，再也没有什么是天经地义的；专家们在电视和媒体上热烈讨论着孩子出生的最佳地点。公立医院、私人妇产科诊所、协助家庭分娩的执业助产士，或是愿意到医院接生的助产士——选择种类繁多，令人眼花缭乱。问题如往常一样，认真负责的父母应该知道什么是最好的选择。

真是幸运，图书市场对这份良机做出了回应。全球闻名的分娩计划领域作者希拉·基青格在她的著作中提供了帮助，教人们如何"制定自己的分娩计划"（Kitzinger，1980：156ff.），涵盖了所有相关细节和可能的并发症。从是否同意电子胎心监测（如何操作及何时使用）、催产素注射（何时及在什么条件下使用），到选择硬膜外麻醉还是全身麻醉，一应俱全。（或许在尝试成为父母之前，人们应该先学一学医学。）甚至有日报提供了一份"完整的清单"，帮助父母"做好最佳准备"（*Starnberger Neueste Nachrichten/Suddeutsche Zeitung*，21 February 1989：IV）。此外，还有建议让你"亲自感受一下诊所的氛围和服务"。为此，你要"安排一趟医院之旅，看看病房和产房，跟医生或助产士谈谈"。你要问的问题包括："他们在接生过程中会使用哪些技术设备（超声波、心电图、头皮电极观测），以及这些设备是否作为常规程序使用？"

怀孕或许是很自然的事，可是在 20 世纪末，我们传统意义上理解的自然已不复存在，自然通常掌握在专家手中。人们不再重视日常的经验知识，没有人鼓励女性倾听有经验的朋友与邻居的意见，她们应该直接征询医生的建议，并且完全遵照他的意见去做。毫无疑问，"对准妈妈而言，医生远比父亲或丈夫来得重要"（Schönfeldt，1985：31）。

题外话：爱情、责任与不确定性相互交织

以上这些建议与规则仅仅是伴随新生命到来的庞大提示和规矩中的一部分。它们的存在并不一定意味着所有人都会遵循，人们实际上到底怎么做，我们并没有可靠的数据可供讨论。有迹象表明，当代父母——尤其是母亲——比他们的父母和祖父母更倾向于依赖专家的建议（Rolff and Zimmermann，1985；Schütze，1981；Zinnecker，1988）。所有的指南、手册、演讲和课程也都产生了一定的影响（Bullinger，1986；Reim，1984），所以有很多人挖苦说，现代父母被一种名为"育儿狂热"的新病毒所感染（*Kursbuch*，1983/72；1984/76）。

这并不是说每个人都深陷其中。分娩计划的目标群体的特征大致如下：最容易受到影响的是受过良好教育的中产阶级女性，这些女性通常居住在城市，且多在较晚的年龄迎来第一个孩子。其他女性群体也受到这种气氛的感染，但在依赖的专家类别上有所不同，她们的社会阶级和教育程度造成了差异——从心理学教材到女性主义著作，再到夜校课程教材、教会宣传册和各类杂志，她们看的书五花八门。

因此"新式父母"并非限于少数人。如果追溯其典型特征，不难发现他们比比皆是，而且还在扩散。随着社会教育水平的提高——超过四分之一的德国中学生具备进入大学的资格——以及其中女性比例的增加，这一趋势愈发明显。越来越多人，尤其是年轻人，生活在城市里或是靠近城里；生活在小乡镇的人则比以前少多了。此外，拥有多个孩子的大家庭数量减少，而独生子女家庭更受青睐。许多女性推迟生育，直到她们也成为所谓的"晚育母亲"。

虽然"育儿狂热"这一描述看起来似乎很合理，但它只是揭示了现象本身，并没有探究其背后的原因。假设这个现象有其内在逻辑，那么我们就可以试着探索，在现代情境中，爱一个孩子，与孩子一起生活，为何会令人步入矛盾的丛林中？以下是需要讨论的一些因素。

不安全感。以往亲子相处有其明确的规则，这些规则确定了相互之间的要求与责任，而今这种明确性已日渐消失。现代人发现自己已经不再能安居于舒适的巢穴中，不再有天经地义、理所当然的法则。推动他们走上新道路的主要动力来自科技的进步，创新的速度使父母不再像过去一样具备知识上的优势。不论是产前检查，还是母乳毒素分析，曾祖母的经验之谈（即使它依然存在）都无济于事，而我们也无法再依赖自己的直觉、自然的声音，或是常识。

责任原则。亲职的解放意味着父母被赋予了所谓主动性育儿的任务；父母被期待去创造孩子的生活，尽可能改进一切。人们觉得现代父母是对这个世界的补救，让这个世界变得更好。换句话说，世界越糟糕，父母就越有责任保护孩子免受荼毒（比如在切尔诺贝利事件后，替孩子找到未受核污染的速溶奶粉）。世界性的环境风险潜入私人家庭的厨房与卧室，因此在日常生活中就需要更多的责任与行动。

互相矛盾的建议。现代人有许多的不安全感、理想、责任，加上受污染的环境，他们不再求助于传统的意见，转而向那些看似拥有正确答案并能提供令人信服解释的人寻求建议。这正是各种科学研究与指南手册风行之理。然而，这往往是继续增加读者的不安全感，而非消除，因为各类专家，还有自认不凡的权威与导师众说纷纭，各种意见莫衷一是（例如，母乳是否健康？小孩应该饿了就喂，还是定时哺乳？）这种转变并非偶然，而是系统形成的情境，因为科学以"可证伪性"为其第一原则，过往的几乎所有知识在某个时间点都会被证明是错误的。

尝试逃避。按照自己的意愿行事、回归自然、重新找回随性和真实的生活方式，这看起来像是一条出路，却会回到同样的两难困境：现代生活的特色就是充满了不确定性，因此任何试图摆脱知识的行为，虽然可以理解，但注定徒劳无功。

爱成了放大器。养育孩子的行为本身就充满了高度的情感投入。人们一再告诫父母，爱护这个脆弱的小生命就是要好好保护她／他。这些要求正好击中了他们最脆弱的地方——他们寄托在孩子身上的希望与渴望。这使得父母很难对专家的建议充耳不闻，因为那些建议常常描绘出骇人听闻的后果。如果真的发生了什么事怎么办？我们还能原谅自己吗？ 因此，听从指示似乎更安全。

如果将这些因素拼合在一起，那么我们至少可以粗略了解，父母对孩子的感情——由爱及其伴随的希望与恐惧驱动——如何引发自身的矛盾。现代观念认为，父母要为孩子负责，却不允许他们犯错或调整。爱一个成年伴侣通常还留有回旋的余地（或者在一切失败时，至少可以选择离婚），而爱一个孩子则是一种不对称的关系，所有的决定都由父母单方面承担，任何错误都可能影响孩子的人生机会（至少教育学家是这样告诉我们的）。在没有生育小孩的人看来，这种情况或许真的像是"育儿狂热"。但当我们把爱一个孩子、为其福祉负责的责任感，以及不知道如何完成这目标的迷茫感交织在一起时，这实际上是一个合乎逻辑的结果——一种充满深切情感却也潜藏无尽灾难的困境。

强制产检

这是一个科技时代，怀孕不再被视为自然而然的事，而变成了需要采取预防措施和医学监测的问题状况。如果怀孕本身就有许多风险——就像书上说的，风险确实很多——那么产检就是必要的。一本流行杂志的封面专题，致力于将科学家们的研究成果用通俗语言表达出来，郑重发问："多早做检查比较好？你的孩子会健康出生吗？要做哪些检查？什么时候做？会有什么风险？"（*Eltern*，June

1989 : cover story）如果检查出有缺陷，那么父母将面临困难的抉择："在这个理性至上的时代，就算只是轻微的问题与缺陷，都可能对孩子的成长、社会融入、人生发展和自我认同产生重大影响。"（Roth，1987 : 100—101）这句话是在人类遗传学家和预防医学专家的会议上说的。

因此问题变成：负责任的父母会让孩子一生下来就带有（可能的）缺陷吗？他们会让孩子来到这个世界，一开始就身在不利的处境中吗？出于责任心，甚至出于爱，人们可能选择堕胎。德国联邦议会遗传工程委员会前成员沃尔夫冈·范登·达勒指出了当前流行的观念：

> 女性（或父母）对产检结果的反应，常常抱持"要么全有，要么全无"的心态。通常情况下，即便只是存在疾病风险，或者仅仅是可能患病的危险，甚至无法确定损害是严重还是轻微，父母也会选择堕胎，因此健康胎儿被终止的概率相当高……甚至发现染色体异常（例如XYY），这种几乎可以肯定无关紧要的情况，也可能被当作"预防性"终止受影响胎儿的理由。（Daele，1985 : 145—146）

产前诊断带来了一种关于安全的新思维方式。毫无疑问，这种方式考虑到了父母自身的利益，他们希望避免因抚养一个残疾孩子而承受压力，但这也常常被认为是"为了孩子的利益"。不久之前，胎儿的基因秘密仍不为人知，因

此也就不会受到人为的干预，纯然是命运的安排。现在，
基因工程发现了许多奥秘，许多事情就变成是准父母可以
选择和可能避免的事。

可供选择的产检技术愈多，父母的责任就愈重。实验
室里的发现重新界定了（并且微妙地决定了）父母应该怎
么做。以下是一位母亲的经历，她在羊水穿刺检查后得知
自己怀的是一个患有唐氏综合征的孩子：

> 就算我们可以彻底改变自己的生活来养育一个
> 患有唐氏综合征的孩子，还有其他残酷的事实在等着
> 我们……当我们年老时，孩子要交给谁照顾呢？在这
> 个社会，国家对智力障碍者并未提供足够的人道服
> 务，那么我们如何对依赖于此的孩子的未来负责？凭
> 良心说，我们无法选择抚养一个最终只能成为国家负
> 担的孩子。（Rapp，1984：319）

> 跟十年前相比，怀孕这件事已大不相同，在以
> 前，当我们决定怀孕或接受一次意外怀孕时，我们
> 并不需要进一步决定是否将这个怀孕过程坚持到底。
> （Hubbard，1984：334）

这种改变源于产前诊断的出现：现在有了所谓的"试探性
怀孕"（Rothman）。准妈妈在内心对自己怀孕一事有所保
留。在实验室检查完成并得出结果之前——像羊水穿刺大

概要到第二十周才能做——许多女性会压抑希望并控制自己的情感，"因为没有人知道事情会变成怎样"。在这种情况下，只有在实验室保证"一切良好，没什么好担心的"之后，才会有期待孩子到来的喜悦。有一份关于产检影响的研究报告说：

> 在羊水穿刺检验的影响下，孕妇对怀孕的态度只能是试探性的。她无法忽视它，但也无法全心全意地接受它……大多数女性设法抑制自己的焦虑，但这种抑制是有代价的。代价就是与胎儿逐渐建立联系的过程被中断。孕妇不得不和胎儿保持距离……如果胎儿没法长成一个真正的婴儿，只是一次基因上的意外，最终成为被流掉的胚胎，孕妇如何开始和体内的胎儿建立起爱的关系，为它规划一切，又如何真正感觉到自己是它的母亲呢？（Rothman，1988：101—103）

与此同时，基因研究不断推进，新的干预方式相继出现。目前，这种干预只在生产之前进行，但很快可能延伸到受孕之前。未来可能会如下所述（Beck-Gernsheim，1988b）：将来人们可以选择、排除或精心混合自己后代的基因组合——类似于用试管中的基因积木打造的一套拼装工具，确保产出优质结果。或许人们再也无须依赖传统的自然方式来孕育孩子，而是直接使用满足严格标准的精子和卵子，打造最佳的基因组合。未来的可能性将是无限的，而爱则会推动人们去尝试这些可能性。许久以前，洛克曾说"否定自然（天性）乃是通往幸福之途"（Rifkin，1987：30）。对于身处复制科技时代的父母而言，这是什么意思呢？伊冯·舒茨这么说："到那时，对孩子有多少爱可能就取决于父母愿意为其基因禀赋付出多少。"（Schütze，1986：127）

渴求孩子：作为病人的准父母

如果你想要孩子，却生不出来，那怎么办？据研究得知，现今无法成功怀孕的比例正在上升。粗略估计，大概有 10% 到 15% 的夫妻有生育上的问题——简单来说，就是无法怀孕（Michelmann and Mettler，1987：44）。现代医学为他们提供了一系列所谓的服务，从已经成为妇科常规项目的激素治疗，到利用冷冻卵子和精子库进行体外受精或人工授精，不一而足。[2] 无论方法是传统的还是突破性的，它们都有一个共同的目标：为渴望拥有孩子的夫妇实现愿望。

那么这些努力成功的机会有多大呢？当医疗专家介入帮助实现怀孕时，会遇到哪些障碍，或者需要应对哪些可能的负担？让我们更仔细地考虑其前景与副作用。

首先我们来看看不孕治疗的标准方案：定期观测体温和接受激素治疗。即便在这一阶段，你的性生活也很大程度上——甚至在"理想情况下"是完全——受到医疗控制。它变成了一项竞技运动和强制性练习，必须按照指示进行（什么时候可以做，什么时候不行，怎样做，要采取什么姿势）。这将性生活化为了单纯的生物行为。情欲、自然而发的感情，这些额外的价值都不见了。这种做法扼杀了激情，你对自己的感受和对伴侣的感受都同样受到损害。我们可以看到下面两种说法：

> 治疗不孕最主要的问题是按要求进行性爱。性爱不再是自发之事。那一阵子，我只有在排卵期才会想跟他上床，其他时间似乎毫无意义。

> 后来性生活变成了一种例行公事，它真的没有任何意义。整个过程有些生硬，单调沉闷毫无刺激可言。我把一切都安排好了。（Pfeffer and Woollett，1983：28）

如果是更复杂的治疗方法，那么除了规律的性生活，还有更多的问题要应对。这些治疗过程往往漫长而耗时、昂贵且具有限制性，更别提还有健康风险及情绪压力。以下是一段关于体外受精各个阶段的生动描述：

> 直到疗程的第七天，每天都要做同样的事，这至少还让我们过着规律的生活：早晨吃药，抽静脉血

以检测雌激素水平，并在臀部注射激素。下午 3 点打电话到诊所，询问晚上的激素剂量。我丈夫亲自给我打针；他是皮肤科医生。IVF 医疗团队会根据实验室报告的患者激素水平展开讨论，然后决定她们的命运：是停止治疗还是继续刺激……

随着治疗的推进，抽血越来越像一种折磨；每一次针头刺进皮肤就像戳到我骨头里一样……但与激素一起注入的，还有希望。我和我丈夫变得更加敏感和紧张。从第十天开始，不可以有任何性爱行为……

疗程的第八天到第十三天是关键，我们需要对许多事情做出决定。在家里，我们坐下来讨论卵泡的直径和激素水平，计算可能的穿刺日期、胚胎植入的日期，以及我们梦想中的孩子的出生日期……在狭小超声波室的阴郁气息中，希望抓住了我们，与日俱增。我们完全任其摆布。

接着是极为孤立且紧张的阶段，IVF 治疗完全接管了我们的生活。我们始终害怕所有努力可能付诸东流。每天早晨在接受扫描之前，我总是担心卵泡会消失或缩小。每次从屏幕上看到黑点一样的气泡时，我才会感到松一口气。终于，解脱的时刻来了："我们将在今晚 11 点为您注射诱导排卵的药物。"我变得平静了一些，但我丈夫却越来越紧张。在接下来的 36 个小时内，卵子将被取出，然后就轮到他了。他一定要"发挥作用"——用临床术语来说，就是"提供一份新鲜的精液样本"。

　　接下来的两天内，卵子的取出、精液的采集和胚胎移植都在诊所进行，且始终在医疗监控之下。然后患者可以回家，只是仍得遵循指示过日子。女性要作息正常，不可以运动，不可以洗桑拿浴，也不可以提拿重物，以及"两个星期内不要有性生活"。（Fischer，1989：48—56）

这是一次非常典型的经历。不管最后是不是会成功，它一开始就引发了持续不断的紧张和忧虑。是否会排卵？穿刺过程中是否能找到可受精的卵子？受精卵是否会进行细胞分裂？胚胎移植是否顺利？激素水平是否会保持足够高？着床是否成功……一连串的未知问题。那些通常在女性体内不被察觉、悄然发生的事情，如今被分解为一个个可见的独立步骤。研究显示，这种治疗对女性的情绪影响极大（Hölzle，1989；Klein，1987；Lorber and Greenfield，1987；Williams，1987），会造成一种情感上的依附感。随着每个新阶段的完成，夫妻距离实现拥有孩子的目标更近了一步。从一段采访中可以看出：

　　自从他们允许约翰和我通过显微镜看一眼玻璃皿里的胚胎以来，我真的相信了。是的，我们可以有自己的孩子，就在那里……注意，我并不是真的把它们当成了婴儿，但这些细胞有潜力成为婴儿……我们

> 自己的婴儿……第一次，"孩子"这个抽象的希望变
> 得真实了。（Klein，1987：8）

第一次，希望有了可见的形态。这既不是巧合，也不是受影响女性的某种非理性反应。相反，这种情感深深植根于技术过程本身。即使治疗没有完全成功，这种情感也难以忘怀。于是人们会想，"我们差一点就成功了，第一阶段进行得很顺利，也许下一次会走得更远。现在不能放弃"。然后，下一轮治疗就开始了。技术的可能性展现了一种神秘的诱惑力量。正如一项研究所述："体外受精及其体验所伴随的情感强度……直接增强了女性接受进一步治疗尝试的意愿。"（Williams，1987：2）这一点在上述采访中得到了体现。看过玻璃培养皿里的细胞，就会引起如此强烈的感受，"接着，你得到的只是一通电话：'抱歉，M太太，希望你下次再试试看。'你感觉如此心痛，但最终还是再次报名，因为你觉得自己已经如此接近了，比一生中任何时候都接近……因此必须再试一次"（Klein，1987：8）。

情绪过山车

在这种情境中，许多女性往往悲喜交集、五味杂陈。这是治疗所致而非偶然。治疗包括了一系列明确的步骤，每一步都需要权衡风险与机会；冷静的实验室数据变成了

充满魔力的信息。以下是一位女性描述在其接受 ZIFT[*] 疗程的感受（ZIFT 是与 IVF 结合运用的方法，将未分裂阶段的受精卵移植到输卵管中）：

> 在进行 ZIFT 之前，我怀着无比的乐观情绪整整吃了两个星期的受孕药，而在那之后两个星期里，我连呼吸都不敢用力，生怕任何可能已经着床的胚胎被弄掉……那份期待与紧张真是前所未有的高涨。整个过程就像陷入一场疯狂的恋爱，身体的牵引和折磨是无法抗拒的。在进行 ZIFT 的第一天，当我得知他们从我的卵巢取出十一个卵子时，真是兴奋异常。这不就万无一失了吗？可是到了半夜，我就陷入低潮，如果没有任何一个卵子受精怎么办？如果我先生和我根本不相合，我们的精子和卵子不愿意在体外结合怎么办？万一到了明天早上，一个受精卵也没有怎么办？
>
> 护士一大早就打电话来，告诉我们已经有受精卵了，一共有四个卵受精。她说："来把它们放进去吧。"我一听到这消息，心脏怦然作响。我细心地梳妆打扮，好像要跟某个特别人物约会一样。
>
> 我能够把它们通通留住吗？它们会在我体内分裂成长吗？了解 ZIFT 的成功率，我满怀希望。不，"满

---

* 合子输卵管内移植，一种辅助生殖技术。它主要用于治疗不孕症，特别是一些女性在体外受精（IVF）后，因各种原因无法将胚胎植入子官，而选择将合子（受精卵）直接移植到输卵管中。

怀希望"这个说法还不够强烈：当他们让我入睡，在我的肚脐处做了一个小切口，并通过导管将三个胚胎（第四个被冷冻，留作将来使用）放入我唯一健康的输卵管时，我几乎被希望冲昏了头脑。这些胚胎所要做的就只是迁移到等待它们的子宫。现在有什么可以阻止它们呢？

事实证明，确实有某些东西阻止了它们。我的胚胎没有着床，它们消失了。从疗程开始到结果确定，总共是两个星期的时间，确定失败后，我也消失了一阵子，陷入了一种蜷缩如胎儿般的悲伤。这实在说不上是死亡，也算不上是流产，只是一次未能成功的怀孕。可我还是为自己的胚胎哀悼，好像我已经认识它们很久了。（Fleming，1989）

她的反应既非特例，也不算极端。面对看似无所不能的技术时，女性发现自己在狂喜与痛苦之间摆荡。若想满足内心深处的渴望，她们就得任由医生摆布，孤立无助。即使是这个领域的先驱者也开始意识到其中存在某些危险。在歌颂治疗方法的进步时，较少谈到的一面是"成千上万男男女女经历了希望与失望，以及身体与情感上的痛苦。他们原以为，成为生殖项目的被治疗者意味着距离目标只有一步之遥"（Bräutigam and Mettler，1985：64）。

仍然充满诱惑

问题依然存在：所有这些努力究竟有多大的成功可能性？统计数据令人清醒——接受治疗的夫妻中有很大比例最终并未获得孩子。这一点尤其适用于体外受精，这是一项承载着无数绝望中的期盼的治疗。然而，它的成功率相当低，根据官方估计，成功率大约在10%到15%之间，而批评者认为这一数字可能过于乐观（Fuchs，1988）。即使是该领域的专家也承认，考虑到目前高失败率的前景，提供此类治疗的实验室的快速扩张"对受不孕症影响的夫妇来说，可能是致命的"（Bräutigam and Mettler，1985：65）。

即使治疗没有成功，其后果也不可忽视。医疗干预并没有缓解那些依然不育的男性和女性的痛苦——而他们占大多数；相反，这些痛苦似乎变本加厉。他们承受着所谓的医源性疾病的困扰，这种疾病源于他们所经历的医疗程序和被不断定义为有缺陷或需要治疗的状态。他们的自尊与自信饱受打击，伴侣之间的生活变得更糟，与朋友和熟人的联系也减少了。这并不奇怪，因为复杂的医疗程序几乎没有留给他们任何时间去关注外界或其他生活领域（Pfeffer and Woollett，1983）。孩子是他们唯一关心的事——却始终未能到来。

有人可能反驳说，既然如此，为什么他们不干脆放弃治疗？然而，如果从社会和生物学层面仔细考量一下，你就会发现问题并不像表面看起来那么简单。持续宣传医疗进步的一个副作用，便是不孕的定义被重新改写，诊断时间也有所延长。如果有这么多治疗方法可用，为什么不尝试下一个呢？就像社会学家芭芭拉·卡茨·罗思曼所说的：

> 所有治疗不孕症的新方法也给不孕者带来了新的负担——没有足够努力的压力。到底要尝试多少危险的实验性药物，经历多少次手术，花费多少个月——或者说几年——的强迫性测体温和充满压力的性生活，才能最终体面地放弃？什么时候，一对夫妻可以说"我们已经试过一切了"，然后终于停下来？（Rothman，1988：28）

过去，不孕是宿命；现在，不孕在某种意义上变成了一种刻意的选择。那些在没有尝试最新治疗方法（这是一系列没有尽头的过程）之前就放弃的人，会被认为应对失败负责。毕竟，他们本可以继续尝试。罗思曼再次指出：

> 怎样才能说，那并不是他们的错，而是超出他们的控制、不可避免的无情命运？怎样才能让他们继续过自己的生活？如果总有更多医生可以尝试，总有新的治疗方法可以选择，那么不孕这种处境在社会上就会一直被视为某种程度的自我选择的结果。（Rothman，1988：29）

这里可以看到一种熟悉的模式：技术进步提供了新的机会和解决新问题的新办法，同时这也迫使人们承受感情、心理与社会等各方面压力，不得不去尝试这些新的机会。

只有在这种背景下，我们才能理解许多访谈中所传达的信息：治疗失败的夫妻直说他们并不后悔做了这些治疗。这种态度似乎矛盾，尤其当人们意识到这些治疗带来的巨大压力时。然而，正是这些努力让他们的决定显得合理，甚至能让他们稍感安慰。他们做了社会期望他们做的事，这对他们来说也很重要。他们并没有在爱孩子这件事上迟疑退缩：

> 如果我没有试过这一切，我会觉得那是我自己的错，因为我不敢去尝试。现在没有人，甚至包括我自己，能看着我的眼睛说："如果你真的想要一个属于自己的亲生孩子，你就一定会有。"（Interview in *MS.*, January—February 1989：156）

父母和孩子：一个全新领域

上面所说的复杂状况当然是例外，大多数想要有孩子的夫妻实际上都能够如愿以偿。那么接下来会发生什么？成功怀孕并顺利分娩后，那份对孩子的渴望变成了现实，又会如何？

一开始，孩子是欢乐的源头，让人们有新的愿景，唤起强烈的情感，为父母的生活增添目的与意义，并成为他们的情感支柱。许多研究证明，这些不仅仅是人们对孩子的期待，而是真的和小孩一起生活后能够得到的一切（Beck-Gernsheim，1989：25ff.）。与过去那种作为经济共同体的传统家庭相比，现代父母从家庭中得到的更多是情感上的满足。

　　然而这只是事情的一面。现代社会对父母的要求比过去多得多，他们的任务也变得更加繁重。在农业社会的生活中，照顾孩子只是日常事务的一项，不会特别耗费心力；人们觉得孩子只是还没有长大、还不太完整的人，几乎没有自己的需求，因此童年是一个不重要的过渡阶段，不值得过多关注。这是中世纪的真实状况：

　　　　在中世纪与现代的所有差异特征中，最明显的莫过于对儿童的关注度……总体而言，最初的五六年里，婴儿和幼童基本是在不受太多关注的情况下自生自灭。

到了18世纪和19世纪，大部分人还是认为：

　　　　小孩长大成人是自然而然的事……（他们）通常不会有意识地精心养育孩子……要求孩子从事劳动时，父母就看起来特别严厉……而当孩子完成劳作之后，父母也没有时间和心情去监督和教育他们；孩子们大多被放任自流。（Schlumbohm，1983：67—72）

前工业社会的父母并不热衷于"父母"这个角色，因为他们能做的很有限；当然普遍的看法是，孩子的命运基本掌握在上帝手中。这种态度直到18世纪和19世纪，随着孩子逐渐被视为独立个体才发生改变。然而，到了19世纪末，宗教信仰和传统价值仍深入人心，许多人还是觉得养儿育女乃是理所应当之事，只要遵循代代相传的规则行事即可。直到20世纪，宗教才失其权威，传统观念也被逐渐抛弃，以阶级和地位为基础的社区生活模式瓦解，人们不再追求所谓"公共利益"。现代人应该掌握自己的命运——包括他们后代的命运。现在专家们所期望和建议的是，应该让孩子赢在起跑线上。

只有最好才行：现代的无上律令

认为儿童需要特别关注和照顾才能成长为负责任的公民这一观念始于19世纪，但在20世纪50年代和60年代才获得巨大推动力，向前迈出一大步。心理学、医学和教育领域的新进展显示，孩子的未来可以通过早期的培养来塑造。曾经被视为命中注定的生理缺陷，如今发现是可以治疗的；20世纪60年代的心理学研究关注生命最初几年对成长的重要性，强调早期照顾不周会阻碍之后的发展。同时，越来越多人的生活有了大幅改善，能够为孩子提供过去只有少数人才能享有的特殊支持。政治家们也在争相为过去无法享受教育的人群提供教育机会。

　　这些都给父母带来了压力，要求他们承担起自己的责任。如今，仅仅接受孩子的现状——无论是身体上还是心理上的特点甚至缺陷——已经不够了。孩子本身已成为父母努力的焦点。尽可能矫正缺陷（不再容忍斜视、口吃或尿床）和培养技能（例如，钢琴课热潮、假期学习外语、夏季网球学校和冬季滑雪学校）变得尤为重要。一个全新的市场随之出现，提供各种诱人的选择来提升孩子的能力，但这些选择很快被视为新的义务。如果可以矫正她的牙齿，或是让他长得更高，让他们掌握更多技能（不只是学习简单的滑雪姿势，还要学习法语），你会觉得自己有责任这么做。

　　有人会反驳说，这只是给父母的指导方针，不见得大家真的这样养育孩子。那么问题就变成了，这些新标准是否真的体现在日常与孩子相处的过程中？现有的数据并不能证明人们都是用同一方式在照顾孩子，但我们确实可以看到，父母正在通过多种方式将这些模式转化为行动。我们可以再看仔细些。父母——不只是教育程度较高的中产阶级父母——对科学进展的了解程度让人惊讶。有一项针对低收入阶层家庭的研究显示："父母在如厕训练、营养问题，以及不同发育阶段方面的知识，总体而言达到了与科学讨论相当的水平。"（Wahl et al., 1980：150）底层阶级格外看重"要让孩子过得比自己更好，并为实现这一目标付出了巨大的物质和个人的牺牲"（Wahl et al., 1980：41）。一份关于劳工阶级女性的研究报告总结道：

> 关于幼儿时期的观念、惩罚方式、对儿童焦虑和
> 愿望的理解与共情，所有这一切都显示出工人家庭的
> 育儿氛围已经发生改变。理念和实践都变得更加以孩
> 子为中心。（Becker-Schmidt and Knapp，1985：52）

这一切也许对孩子有益——或许也毫无帮助，太多的关心
常会变成一种困扰？显然，父母，尤其是母亲，必须持续
努力以满足这些新要求。首先，她要掌握最新信息，已知
与应知之间总有差距，且一直在扩大。一方面，现代年轻
人对如何养育孩子几乎一无所知，远不如上一代人。他们
周围的孩子数量远少于过去，也不太可能在一个有许多兄
弟姐妹的大家庭中成长；他们对婴儿的第一次接触，很可
能就是自己第一胎孩子的出生。另一方面，现代社会又期
望年轻父母对自己孩子的事能具有专业水平，过去有关人
类发展的研究累积了许多知识，又通过媒体广为流传，"好"
父母就是能把这些知识应用于孩子成长的人。这种趋势在
教育学中被称为"育儿的科学化"，这清楚意味着：父母的
工作需要投入越来越多的努力，并面临越来越高的要求。

因为养育孩子总是一种双向关系，"科学征服了小孩"
（Gstettner，1981）也就征服了母亲（较少是父亲）。一
张理论网络笼罩在孩子身上，母亲也被困其中：

> 无论是关于教育，学校，孩子应该穿什么衣服、
> 和谁一起去度假、何时去哪里、吃什么，还是担心孩

子是否太矮、太高、太吵、太安静、驼背、太挺拔，或者其他任何问题，建议总是一样的：最好去咨询医生。没有一本杂志没有医疗专栏，而像《父母》或《我们的孩子》这种刊物拥有庞大的发行量。过去的经验变得无关紧要，来自父母或祖父母的建议也跟不上现代理论了。人们宣称养儿育女是一门科学，因此可以被研究、学习，尤其是被教授。（Sichrovsky，1984：38—39）

为什么妈妈们不干脆就罢工算了，不再管专家说什么？问题在于，她们被层层包围，面对着从电视、当地报纸到学校报告不断涌入家中的一连串指令。各种信息一再重复强调：如果忽视了孩子的需求，你可能会对他们造成伤害，甚至毁掉他们的人生机会。"人生失败"，大家都知道这是什么意思，因为在我们这个高度流动的社会中，"成功"绝对是至关重要的。

　　没有受到适当照顾的小孩不会有竞争力，各种育婴指南和杂志都充满了这类信息，几乎不可能被父母忽视。如果父母拒绝承担这一责任，将面临严厉的指责；而只有在更严重的惩罚威胁下，他们才会抛开这些理论。更可怕的是，这些惩罚是针对他们的最爱——他们的孩子。为孩子工作不是随随便便的工作，而是一种特别的工作，工作和爱在此密不可分，爱得越多，愿意做的就更多。就好像儿科医师桑福德·马修斯所说的："任何暗示孩子无法在情感、体育或智力方面充分发展的话语，都会深深刺痛一个母亲的心灵。因此，她总是敏锐地关注自己的一切表现，努力改进自己。"（*McCall's*，November 1983：196）。

在这样的情况下，只有那些"不适合"养育小孩的"狠心"妈妈，才可能拒绝服从这些新的规则。社会文化规定的标准难以抗拒，大多数母亲宁愿多做也不愿少做，她们常常为自己"本可以做得更多"而感到内疚。教育理论暗示任何松懈都可能是错误的，而这驱使父母不断回到专家那里咨询建议。于是这形成了一个循环。

当然，仅仅拥有信息是不够的；更重要的是如何运用这些信息。这种期待意味着有越来越多孩子的母亲正在以不同方式从事教养工作，因为她相信孩子在某种意义上是可以"被塑造"的。让我们更深入地探讨这个想法。是谁在塑造孩子？我们有远多于从前的专家，被召唤来纠正或预防天生的问题。这些专家尽职尽责，从接种疫苗到开具康复训练方案什么都做。然而，专家并不能主动上门；患者必须亲自去找他们。那么婴儿能自己去吗？谁来完成事前的准备及后续的工作呢？谁带孩子去看牙医和做物理治疗，陪孩子坐在候诊室里，开车把孩子从一个诊所送到另一个诊所？是谁监督孩子的学业进展，检查作业，纠正拼写错误？在大多数情况下，这些责任都落在母亲的肩上。

事实上母亲做的远不止这些，即使是在不需要专家直接介入的正常日常生活时间里，母亲也满怀想改进的心情——虽然更微妙，却同样具有渗透力。在这种情绪的影响下，母亲变成了孩子的助手。用某份美国女性杂志的话来说："没有受到刺激的时间是在浪费婴儿的时间。"（Lois Davitz in *McCall's*，July 1984：126）为了给孩子全面的刺激，母亲（父亲较少）会拖着孩子逛动物园，看马戏团表演，去游泳，还会组织派对和与其他小朋友一起郊游。

从许多方面来看，"自然的童年"已经结束，取而代之的是"经过设计的童年"。在上述情境下，想要抵制这种工作并不容易，因为"设计"并非仅仅是父母的个人意愿。这实际上是"努力维持地位"的一个重要部分（Papanek，1979）。当人们觉得必须通过自身努力来保护自身社会地位时，这种驱动力必然会蔓延到育儿领域。拥有小孩是不够的；小孩还需要被"培养起来"，而父母则发现自己既害怕社会地位下滑，又怀抱着向上攀升的期望。在一本名为《美国与美国人》的书中，约翰·斯坦贝克尖锐地描述道：

> 孩子应该像他的父母一样过着他们所过的生活，这种观念已经被抛弃了；孩子必须更优秀，生活得更好，懂得更多，穿得更华丽，甚至尽可能地从父亲的行业转向一份专业。这个梦想打动了全国人。既然要求孩子比父母更好，那么他就必须被训练、引导、推动、赞美、管教、讨好和强迫。（Steinbeck，1966：94）

总而言之，我们可以得出结论：在高度工业化的社会中，抚养孩子的体力劳动变得相对轻松一些（我们有了各种

家用电器、预制食品和一次性尿布）。但反过来，需要应
对的新问题不断出现："我们的时代痴迷于童年的生理、
道德和性问题。"（Ariès，1962：560）这些问题属于另
一个层次的挑战："如今的家庭面临着前所未有的育儿压
力。"（Kaufmann et al.，1982：530）过去，孩子可能是
上帝的恩赐，或者偶尔是不受欢迎的负担，而如今，孩子
首先是"一个难以照料的存在"（Hentig，1978：34）。

爱情课

"尽可能给你孩子最好的"这一要求给日常生活带来
了相当大的冲击。洗澡、喂食、抚摸、拥抱和玩耍，这些
活动都隐藏着别的目的。这些行为不再仅仅是它们本来的
样子，而是被定义为一种学习的机会，旨在激发创造力、
促进情感发展并鼓励孩子学习。早在1783年，一本育儿
书便提出了这样的建议：

> 人们喜欢和婴儿玩。但我们可以让这玩耍更有益
> 些……为什么不按照某种顺序，逐渐将孩子的注意力
> 引导到这个或那个事物上，而是随着母亲的喜好来展
> 示任何东西？为什么不牵着孩子的手，有序地教他们
> 触摸某物、推开它、拉近它、抓住它、握住它和放开它，
> 等等？难道这不是早点帮助他获得一定身体灵活性的
> 自然方式吗？……简言之，和婴儿或是尚不太大的孩

子们所玩的每个游戏、所开的每个玩笑，都必须经过深思熟虑，有意识地指向语言器官和身体其他部位的锻炼。（Basedow，转引自 Ostner and Pieper，1980：112）

过去几十年来，类似指导性建议通过大众媒体进入千家万户。大众媒体是育儿指南的高效传播者，即使是在最孤立的山村里，也没有人能逃得过。建议专栏和广告触及了社会的各个阶层，结果就是出现了"在家庭内部将童年转变为教育项目的普遍趋势"。"以儿童为中心的文化，在受过教育且有教养的中产阶级家庭中被视为理所当然，这种文化也以一种可传授的形式，被推荐给工人阶级和低收入阶层的母亲。"（Zinnecker，1988：124）一份深受父母们欢迎的杂志宣称：

多样的感官体验能够促进智力和主动性的培养。找到方法来让你的孩子学一学。如果为孩子提供各种感官刺激和自由活动的机会，你将可帮助他成为独立而积极的人。（Eltern，July 1988：150）

不仅日常生活被工具化，即使是最自发的情感及愉悦的表达，也都囊括在计划中：

尤其是未出生的孩子……能够在非常早期就感应情绪、刺激和触摸……父母有意的接触和他们充满

爱的关怀能够**帮助孩子成长**……轻轻地把手放在你的肚子上，想象你正在用极大的爱意拥抱你的宝宝。（*Eltern*，September 1985：17；粗体重点为笔者所加）

母爱正被改造为一种专业人士提供的服务，而无论是在科学著作中还是在流行杂志中，这种情感都被宣称为不可或缺。换句话说，爱孩子已经成了一种义务。以下是从给年轻父母们的指南中摘出的一段话：

> ［其目的在于］展示孩子在智力和情感发展的基础上是多么依赖充满爱的关怀和关注……为了茁壮成长，婴儿需要……一个能够与之建立亲密纽带的可靠照料者，最好是母亲。（*Das Baby*，1980：3，23）

因此，母爱被认为是绝对必需的，但不是一项工作，而最多只能算作一种"爱的劳作"。过分热衷于机械地追随这些指示也可能是错的。1969 年，儿科医生兼精神分析学家 D. W. 温尼科特对母亲们说道：

> 好好享受吧！去享受得到重视的感觉。去享受让其他人照看这个世界，而你正在为这个世界创造新生命！去享受那种被自己"迷住"的感觉，因为宝宝几乎是你身体的一部分……为了你自己，享受这一切吧。从孩子的角度来看，你从育儿这件"混乱事

务"中获得的快乐恰恰至关重要……**母亲的快乐是
必要的**，否则整个过程将变得死板、无用且机械化。
（Schütze，1986：91；粗体重点为笔者所加）

母爱固然重要，但显然也充满挑战，因此围绕母爱出现了
无数规则。有人警告母亲们要避免"有害的爱"——"占
有性的、牺牲性的、充满敌意的、专制的、顺从的、渴望
关爱的或不尽心的爱"（Schmidt-Rogge，1969，转引自
Schütze，1986：123）。专家们造出了一个"情感指数"，
用以测量母爱的"适当水平，并控制其潜在的爆发性
（Schütze，1986：116—117）。这意味着，甚至连潜意识
也被纳入了管控范围，最深层的情感也需要遵守规定。现
代的母爱是需要大量准备的困难工作。相比于在正确时
间、以正确剂量表达"正确情感"的复杂要求，任何自然
的反应似乎都成了古老的遗迹。正如 W. E. 霍曼某本书的
标题所简洁概括的那样："孩子需要爱——父母们需要建
议。"（Homan，1980）

冲突的爱

父母的期望很高，而他们发现自己所拥有的资源，如
金钱、耐心、时间或精力并非无限。如果要满足孩子的需
求，成年人就必须减少自身的需求、权利和兴趣，往往需
要做出相当大的牺牲。这种影响首先体现在负责日常事务

的人身上，而这个人通常是母亲：

> 我们高度重视儿童对周围环境的需求……这越来越多地导致父母中至少一位要为了孩子的利益去承担全部责任。这一过程使得父母（尤其是母亲）的兴趣被推迟到人生的后期，甚至可能被永远压抑。（Kaufmann et al.，1982：531）

父母双方都感受到压力，他们的关系也随之发生变化。"是孩子将婚姻粘合在一起。""孩子是我们对彼此之爱情的象征及誓言。"这些观念通常与想要孩子的愿望相关。但实际情况是什么？一方面，做父母已经变成一项复杂的任务；另一方面，婚姻也已经变成一种考验平衡和韧性的测试。两难境地显而易见：你为孩子投入的精力越多，留给伴侣的就越少。下面追溯了以孩子为中心的家庭生活所带来的影响：

> 在孩子身上所投入的强烈情感及花费的时间，往往会减少夫妻的互动。理想是：夫妻双方都有事业，他们会将仅有的空闲时间全都投到孩子身上……对于在职夫妇来说，这意味着几乎没有时间和空间可以用来彼此交流。假如一方承担了照顾小孩的琐事，另一方便能在这段时间维持外部的社交和活动。然而，这或许满足了做某些和婴儿无关之事的个人需求，但在孩子出生前彼此想要共处时光的愿望则不得不遭

遇冷落。假如只有一个人有工作——通常是父亲……
情况也不会有多大改变。母亲整天都和孩子相处，她
晚上可能想做一些与孩子无关的事情，但和丈夫的对
话或多或少会变成关于"孩子如何度过一天"的报告。
（Schütze，1988：107—108）

近年来，在众多育儿书中，人们开始关注过度育儿的危险。
情况是这样的：

　　孩子出生后，父母往往过于投入照顾婴儿，以
至于没留下什么精力顾及彼此。为了孩子，所有的期
望都不得不降低，夫妻之间往往没有足够的时间或精
力交流。一切都必须服从于孩子的需求。父母所能
拥有的只是照顾孩子后"剩下的时间和精力"。长期
经营日常生活是件如此吃力的事，以至于父母除了勉
强维持生活节奏外，晚上累得直接倒头就睡……不仅
男人和女人的个人生活被日常琐事吞没，就连他们的
关系也变得像例行公事一样。两人之间再也没有高光
时刻，也很少甚至几乎没有令人愉悦或令人兴奋的
事情发生。婴儿出生第一天的那种强烈情感，已被
单调的状态所取代。有些伴侣甚至无法分辨出他们
是否仍彼此相爱。唯一确定的是，他们虽然生活在一
起，但除了对孩子的共同关心外，几乎没有其他联系。
（Bullinger，1986：57，39，56）

从访谈及故事中可以看出，当那些高调的育儿专家理念占据主导时，夫妻关系往往退居次位。他们重复说着相同的话：拥有小孩是多令人充实的事，它为父母双方提供了一个共同的新角色。但随后总会跟着一个"但是"：

> 在头几个月里，我们充满了兴奋，我们总是累得没有时间谈论彼此的事情，但我们认为这种状况会有所改变。然而，什么都没有改变，或者几乎没有改变。养育一个孩子是如此耗费精力，我们总是感到疲惫不堪，以至于我们的关系成了最不被关注的事情。（Reim，1984：101）

于是毫不令人惊讶，随着压力的增加，夫妻双方变得更易烦躁，而缺乏时间沟通则让紧张关系加剧：

> 当我们的孩子健康成长，我和丈夫越来越在为人父母的角色中找到自信时，我们对彼此的感情却暂时被搁置了……直到我们的孩子十一个月大时，我们才开始一起边想边谈，谈论如何重新关注我们自己，以及我们要为发生在我们身上的事情和发生在孩子身上的事情负责。（Reim，1984：19）

"如果婚姻的意义发生改变，变成了用于培养孩子的场所……那么夫妻间的冲突是不可避免的。"（Nave-Herz，

1987：26）好的一面——有时间、有耐心、找到能量、分享感受——往往都集中在孩子身上。在这些新的条件下，"孩子能将夫妻联系在一起"的说法已经不再成立，或者至多只在某种程度上成立（Chester，1982）。

当爱变成一种压迫

那孩子们呢？他们从这些热切投向他们的希望和期待中得到了什么呢？答案是有争议的，或者更优雅地说：这仍是个在研究者间众说纷纭的问题。大部分研究者同意，从前现代社会到现代社会的转变为孩子们打开了新的机会——个体潜力得以被发现并进一步发展，阶级、性别和地位不再是如此难以逾越的障碍，草率的忽视和残酷的冷漠都已成为过去。如果读到那些关于欧洲欠发达地区旧时童年的描述——单调、严厉、压抑、劳累、艰苦——几乎没有人会遗憾这些远非田园诗般的时代已经结束（Ledda，1978；Wimschneider，1987）。然而已经有越来越多的怀疑指出，过度呵护也有其弊端。

关于育儿的理论倾向于将童年变成一个需要精细监控的项目，每一个步骤和可能的缺陷都需要被仔细观察和评估。孩子被视作需要依赖他人存在，总是需要成年人来定义、照顾、管理其身体、情感，以及当前和未来的需求。父母可以将他们行使权力的快乐隐藏在爱的名义之下："装备着恰当的杂志和书籍，父母用泛滥的情感折磨他们的孩

子，把育儿室变成了一个教育的温室。"（Gronemeyer，
1989：27）20世纪的早些时候，艾伦·凯描述了这造成
的影响：

> 孩子总是被要求停止做某件事或改做别的事，
> 去发现一些不同的东西，或者去渴望与他现在正在做
> 的、发现的、渴望的完全不同的东西。他总被拖向非
> 他本意的方向。而且这么做全都是出自爱、关怀，出
> 自提供判断、帮助与建议的快乐，就是为了将孩子从
> 一小块人类原料，雕琢成"现代儿童"作品系列中的
> 一个完美范例。（Liegle，1987：29）

当前的状况充满矛盾：尽管育儿类科普书籍依然大量出
版，每本书都带来新的建议，但专家们却开始逐渐放弃他
们曾经坚定捍卫的立场。一些作者坦承，他们正在"放弃
教育学的部分"（Honig，1988）。曾经人们相信，正确的
育儿方式会培养出自信而独立的孩子。然而，现在越来越
多的质疑声音出现了：过去众人眼中"育儿者无私的爱"，
如今却显得冷酷无情；对孩子的偏爱似乎演变成了一种更
完善的控制与约束形式，类似于"驯服"（前引书：71）。

这种批判观点得到了实证研究和家庭治疗经验的支
持（例如 Lempp，1986；Richter，1969）。成年人——
尤其是母亲——持续自我否定、自我牺牲，并不总是符
合孩子的利益。正如心理学家所知，被压抑的需求不会消

失，而是会以其他形式浮现，可能以更隐蔽或更直接的方式转化为对孩子或伴侣的不满。父母很容易将自身所有的期望投射到孩子身上，并以"鼓励"的名义对其施压。孩子们常常"被迫扮演一个角色，以支撑母亲的自尊心"（Neidhardt，1975：214）。所有这些都意味着在这个小小的核心家庭之中已经形成了一种窒息的氛围，爱与敌意并存、共同滋长。

如果一个现代家庭对孩子倾注了大量关注，这并非出于无私。这种行为中明显带有一丝"占有欲"（Ariès，1962：562）。面对未知的未来，孩子不仅让父母直面自己的过往经历，还唤起他们的野心、失望和恐惧，包括那些早已破灭的梦想，例如成为成功者、攀登社会顶峰。任何主张"我的孩子应该比我过得更好"的人，往往并不仅仅是在为孩子着想，而更多是在为自己考虑。

那么，如果这些美好的期望最终无法实现会怎样？许多父母无疑会优雅地接受现实，并继续爱他们的孩子。但有时事情并非如此。今天的家庭还有常被忽视、遗忘或者压抑的另外一面：家庭成员对孩子的攻击正在逐日增加。越来越多的儿童和青少年遭受身体虐待、性侵害，以及情感上的冷暴力。

这种现象背后显然有多方面的原因。然而可以确定的是，父母的良好意图往往最终导致完全相反的结果；破灭的希望转化为沮丧与攻击。以下是从调查中摘出的结论：

父母常说"我要为我的孩子提供最好的",但往往忽视了孩子真正想要或需要的东西。独生子女家庭的趋势……加速了这种发展。如今,许多父母或明或暗("暗"更常见)地逼迫他们的孩子在学校里取得高分并开始职业发展。在那些青少年无法达成其父母期望的家庭里,围绕未来计划的争执往往会持续很长时间,这也加剧了紧张和高压的氛围……那些担心孩子因为低分或叛逆行为而失去在竞争激烈的就业市场上立足机会的父母,常常变得焦虑和急躁——这种情绪很容易导致两代人之间产生攻击性行为。(Hurrelmann,1989:12)

同样的研究还探讨了在当代社会的背景下生育孩子的特殊动机。让我们回忆一下:现在不再需要孩子作为帮手或继承人,而生育的回报几乎完全在于其情感价值。但专家指出,这是一项

强烈,但也非常不确定且充满危机的回报……和前工业社会及工业社会早期相较,如今父母与子女间的关系极其紧张且密切,而对父母和孩子双方来说,处理好这份珍贵的情感资产正变得越来越困难。(同前引书)

通过这些研究结果,人们可以得出结论,核心家庭正在变

得过于情绪化，小家庭里的气氛也正在危险地"过热"。许多成年人的亲密关系也出现了类似的温室效应，但在成年人的关系里，假如压力过大，至少还有个安全阀：可以考虑分手或离婚。但与孩子是没有"分手"可言的，这是最关键的区别：不存在合法的逃避途径，而社会明确表示，"父母爱他们的孩子"。

假如人们深入思考这一点，就会明白为何爱和敌意经常并存，而这个想法乍听起来很奇怪、不协调且令人不安。这两者的联系并非偶然，而是社会变迁的结果：与焦虑的高期望相结合的爱是不稳定的，可能很快就会堕落为痛苦的失望和残酷。我们大多倾向于压抑这样的见解。即使是家庭研究也长期对此视而不见，但我们必须正视警方记录所揭示的事实。爱是我们最伟大的成就之一，是男性与女性、父母与孩子之间关系的基础——但我们无法避免它的黑暗面。这些阴影有时只是短暂显现，有时却会持续多年：失望、痛苦、排斥和仇恨。从天堂到地狱的距离，比大多数人想象的要短得多。

05

夏娃晚熟的苹果

或爱情的未来

让我们走进那些现代原教旨主义者膜拜的私密角落——被美化、掩饰并神圣化的爱、婚姻与家庭。如果我们能够逃到其他大陆和文化中去，完全背对这个问题，事情会变得容易许多。但我们无处可逃，不能只是耸耸肩就离开；研究爱情就有如探究我们的秘密信仰一般。我们正踏入内心深处的迷雾旋涡，进入柏拉图式情感的洞穴、布满温情的房间、尽是爱恨情伤的神殿。我们正在接近那个每个人都以为可以找到自己的地方——由福利国家和就业市场设计与建造的爱的宫殿与陋室。

此时我们关注的是未来，因为未来或许能帮助我们更好地理解当下，同时也让我们能够窥探未来的某处角落。那些人类对彼此投射的矛盾爱情幻想，将会走向何方？

有人认为，在婚姻与家庭生活中寻求快乐，那就好像把梯子架在云彩上一样，毫无道理。现代社会和未来的生活愿望，实际上与技术社会所宣扬和期待的方向——培养一个高效、流动性强且以市场为导向的劳动力——背道而驰。在一个从上到下都建立在向上爬、遵守合同、赚钱和适应他人期望基础上的社会中，男男女女都必须仿佛献身革命一样无私。他们必须相信童话故事，比如与某个特别的人（请填入名字）有关的童话。鹤鸟衔来小孩，圣诞老人送来珍宝，这些是家庭幸福的守护者；那些每天花大量时间建造空中楼阁的家庭才是快乐的家庭。

或许，爱与家庭确实是所有"非"的所在——非商业化、非功利化、非剥削化，等等。也许，这种"非"并不是一种过时的或多余的装饰，而是一种至关重要且根本性的表达：一种拒绝。在失去了诸如阶级体系和政治乌托邦这样的指引后，这种拒绝反而成了一种新的方向。如果这样的说法有一定道理，那么从历史的角度来看，现代的核心家庭是一个相当脆弱的建构，很容易在压力下瓦解，而促成它且赋予其安定性的力量也正是瓦解它的力量：工业化、市场经济与技术进步等（参见第 1 章，"工业社会：现代形式的封建主义"一节）。

当然，人们可以断言家庭是不可或缺的，甚至在功能上是必要的，但即使是社会学家给予了家庭这种最高评价——延续男性关于理想生活的某种幻想——恐怕也于事无补。用不着什么预知能力就能看出这个被寄予厚望的脆弱"必需品"会如何变化。不妨将当前的发展趋势延伸至未来，稍作设想：如果一切都保持不变，而——这是关键问题——爱情的混乱被整理得井然有序，按照现代标准进行规范，比如追求平等、签订精心拟定的合同、采用正确的方法和理论，那么接下来会发生什么？

从最乐观的角度展望未来，人们会说爱情与种植苹果或记账工作没什么差别。这背后的理念是：作为一种世俗宗教的爱，正遭受其他宗教所经历的命运——它正在失去神话色彩，变成一个理性的体系。最可能的结果是（基因）工程师和法律文件获得最终胜利。我们将会拥有市场力量和个人冲动的社会混合体：一种理想的爱（或婚姻，或亲子关系），它是安全的、可计算的，并经过医学优化的。我们已经可以看到这种趋势的迹象。

唤醒虚假希望：重回核心家庭

在讨论家庭的未来时，人们常常从错误的前提出发，将传统的父母加孩子的核心家庭模式，与模糊的"无亲无故"的概念做对比，或者假设另一种家庭模式正在取代核心家庭。然而，更有可能的情况是——如果本文的分析是正确的——并不是某一种家庭模式取代另一种，而是多种生活方式同时并存，包括共同生活和独立生活。人们在一生中很可能会经历多种形式的关系，比如单身状态、婚前或婚后同居、与他人共同生活、经历一次或两次离婚后的各种亲子关系，等等。

然而，有一个趋势不难预测，那就是幻想回归核心家庭，试图以昨日作为明日的模板。许多人认为，逃离婚姻和家庭是过度自私的表现，必须通过有针对性的政策来遏制，尤其是要让女性重回家庭。那些想要摆脱传统家务工作，不再担任丈夫支持者角色，转而追求"自己生活"的女性，她们在个人生活与政治上的努力自然会遭受怀疑与阻力。拯救"过去那种"家庭的措施通常以传统家庭规范为导向：丈夫是养家者，妻子是家庭主妇，两个或三个孩子——这种规范实际上只存在于 19 世纪初以来的历史阶段。尽管女性努力追求解放与独立，但强大的社会力量仍在推动她们回归厨房。

绝大多数的女性离经济独立和职业保障还有很长的距离。确实，包括已婚女性在内的就业女性总数一直在上升，在德国到 1988 年，几乎每两位已婚女性中就有一位有工作，而未婚女性的就业率为 57.6%。但相比之下，男性中有超过五分之四从事工作。[1] 换句话说，这意味着至少一半的女性仍然依赖丈夫的经济支持。日益攀升的失业率加上萎缩的劳动市场，让性别之间的传统角色分工得以延续并重新巩固。许多女性从职场（计算薪水的工作）上退下来，回归婚姻中的辅助角色，而当她们想要生孩子时，她们往往也愿意选择回归家庭。这两个稳定传统女性角色的因素——失业和生育意愿，可能会在生命历程上产生强烈的两极分化效应。如果年轻女性的教育和专业资质不如男性，他们将再次陷入教育和职业阶层的底端。

对母亲角色的戏剧化（尤其在制度领域）成功混淆了过去传统观念和未来现代化需求之间的矛盾，从而引发了对在职母亲的社会不满，并让她们背负上了沉重的负罪感。将幼儿园的开放时间安排得让母亲难以兼顾工作与育儿，或者未能建立充足的日托服务，都导致了同样的结果。围绕女性个人生活与公共权利的斗争，背后其实另有隐情：一个狡猾地赞美母性价值的男性并不需要在事业与孩子之间做出抉择，也不用请求获得升职的机会。那些不利于女性职业发展的幼儿园时间表，甚至在母亲意愿相反的情况下，变成了一种帮助恢复旧有秩序的有效杠杆——将女性排除在就业市场之外，从而"降低失业率"。

然而，任何认为通过关闭女性的就业大门就能拯救家庭的人，都忽视了这将对当事人带来的实际影响。当年轻女性发现自己对职业的强烈兴趣被现实打压，被迫依赖伴侣的经济支持时，她们会作何反应？同样地，我们也不清楚，大量年轻男性是否愿意（或者是否有能力，考虑到他们自身的职业问题）承担起养家糊口的重担。无论如何，教育机会日趋平等所系统性唤醒的女性期望，与她们所面临的冷酷现实之间的巨大落差，必然渗透进她们的个人生活，最终以争吵和沮丧的形式爆发。显而易见的是，夫妻双方将不得不承受现代社会施加在他们肩上那矛盾与苦涩的个人负担。乍看之下，就业市场的阻碍似乎撑起了核心家庭，但实际上，它却让离婚法庭的走廊和婚姻咨询师的候诊室变得愈加拥挤。

与此同时，女性再一次注定与贫困为伴。任何试图将女性赶出职场、重新送回厨房的人，都应认识到，在离婚率不断上升的背景下，这实际上意味着，社会保障体系中的缺口被转嫁给女性来承担。

这一事实凸显了试图在个人和公共生活上恢复传统性别角色的根本错误。首先，这违背了现代民主社会的法律原则。这些原则宣称男女权利平等，个人成败该依其成就而定，而非依其性别来决定。其次，将家庭生活中的动荡简单地归为个人问题，而忽视或否认其与社会变迁的联系，这也是一种误导。

让我们看看一些挽救破碎婚姻的常见建议：参加"家庭培训"课程，或者听从专家建议慎选配偶；我们只需要足够多的婚姻顾问，问题就会迎刃而解；婚姻生活的真正威胁乃是色情片、合法的堕胎或是女性主义，我们必须采取行动制止这些威胁。诸如此类说辞，完全罔顾当下的社会背景和历史发展。

借用韦伯的比喻，现代化不是一辆你不喜欢时可以在下一个拐角下车的马车。任何试图将家庭状况恢复到20世纪50年代的人，都必须将时钟往回拨。这不仅意味着通过补贴母职或美化家务来间接将女性排除在职场之外，还意味着公然剥夺她们的机会和教育权利。工资差异必须扩大，合法的权利必须取消。或许真正的麻烦是从"普选权"开始的。无论如何，必须阻止女性取得任何信息——电视要上锁，报纸要事先审查。简而言之，现代社会中男女共同享有的所有成就都必须重新定义为男性的专属财产，而且是永远如此。

平等意味着独立自主：
工作与家庭之间的矛盾

对女性而言，另一种可能性是在社会各个领域中真正实现平等。平等权利作为现代社会的普遍原则应该真正落实，家务工作、议会、工厂及管理上的父权式分隔将被克服。在女性运动的讨论中，平等待遇的诉求往往与改变"男性化职场"的要求联系在一起。这场斗争旨在实现经济上的保障，掌握权力，共同参与决策，同时将更多"女性化"的态度和价值观引入公共生活。然而，究竟什么是平等并没有明确定义。如果将平等理解为每个人都成为灵活流动的劳动力，那么这意味着一个单身社会。

现代生活的逻辑假设了一个单身个体（Gravenhorst，1983：17），因为市场经济无视家庭、亲情或伴侣的需求。雇主都希望员工能灵活机动，而丝毫不考虑员工的个人生活，这实际上是以市场为优先，同时加速了家庭生活的破裂。当婚姻还等同于女性在家、男性工作时，工作与家庭之间的不兼容性被掩盖了；而如今，当每对夫妻都必须自行决定如何分工时，这种矛盾以巨大的冲击浮现出来。从市场角度来追求平等将会把伴侣变成竞争对手和独立个

体，他们彼此竞争现代生活中的美好事物。这并非单纯的
推测：在德国及其他地方，单身家庭和单亲家庭的数量正
在急剧上升。进一步的印证是，在这种环境下，人们被期
待以某种特定的方式生活。

独自生活需要应对多种潜在的风险：必须为各种情况
建立并维持联系；需要构建并维护友谊的网络，即使这是
独自生活的一大乐趣，而短暂交往的魅力也不可低估。然
而，所有这些都以拥有一份良好的工作为前提——工作不
仅是收入的来源，还是自尊与社会支持的基础。这一切同
样需要用心经营和捍卫。围绕自身的个性、优势和弱点，
人们可以构建一个私人小宇宙。

这种努力越成功，实现亲密关系的障碍就越大，无论
人们多么渴望拥有一段亲密的关系。单身生活会激发对爱
与被爱的深切渴望，但同时又让将另一个人融入"真正属
于自己"的生活变得格外困难甚至不可能成功。这种生活
模式只有在他人缺席时才是可行的，因为生活中已经没有
为他/她预留的空间。一切规划都是为了避免感到孤独：
填满时间的各种社交联系、固定的日常习惯、排得满满的
日程表，以及精心规划的自我修复时刻，都是为了缓解隐
藏在活跃表面之下的被孤立的恐惧。然而，这种微妙的
平衡会因一段真正的关系而受到威胁，无论人们多么渴望
这样的关系。每一份追求独立的努力都将转而妨碍亲密关
系，囚室之门将对孤独者封闭，想要保护"自己生活"的
人，则是在周围的高墙再加一块砖。

这种单身生活方式并非社会变迁的奇特副产品，而是市场经济社会中原型般的存在。根据市场逻辑，人们之间不存在任何社会纽带，而对这种逻辑的接受程度越高，维持深厚友谊的可能性就越低。因此，这形成了一种矛盾的社会行为模式：高度的社交联系反而阻碍了深层关系的形成。

目前，这种反思更多是推测而非描述。然而不可否认的是，这种情况已经适用于越来越多的人群，而如果男女双方都要求平等权利，这就是我们必须面对的前景。每个人——当然也包括女权主义者——都有权利要求将曾经只提供给男性的机会现在也同样提供给女性，并且主张女性在职场上的价值与男性同样重要。然而人们应该意识到，这条路并不是通往一个合作平等的快乐世界，而是通往隔离与利益分化的社会。

婚姻结束后的婚姻：
离婚后的扩展家庭和连续重组家庭

有人说，若 22 世纪的人回顾从 20 世纪迈向 21 世纪的工业中世纪，他们将会窃笑不解：当时有那么多政治压力团体，人们投票、提议、结盟甚至密谋。一切都被主流媒体反复讨论和分析。然而，却有一些意义深远的变化被忽视了——它们预示着一个全新时代的到来。这些变化悄然发生在日常生活中，几乎未被注意到，而政治家们匆忙穿梭于委员会和选民会议之间，却对此毫无察觉。但这些变化却带来了彻底且深远的影响。令人讶异的是，人们依旧紧盯着他们的政府和政客，却让真正的决定性因素从后门悄悄进入，将他们的世界彻底颠覆。

我们很难解释为什么会这样，要找出其缘由，我们必须把工业社会所灌输的一些固有观念先摆到一旁。用一个比喻来说，那些争论着如何重新安排火车座位的人，不应该惊讶于自己忽略了火车的速度和它正驶向何方。

生活在工业化与资本主义的社会中，我们习惯于将变化视为正常现象。所以当我们专注于政治上可行的事情，忙着调换座位时，却忘了更为重要的问题。然而，真正奇怪的是，在重新安排座位的同时，人们竟然认为自己在帮助决定火车的路线，决定它会碾压谁，以及他们希望它在哪里停下。

允许革命性观念渗透进日常生活中的后门到底是什么？其中之一是我们先前提到的，即劳动市场上的平等，这意味着每个人都能参与，而不受传统工业社会性别限制的约束。下面我们将探讨另一个后门，也就是离婚——从旧时代通向新时代的一个旋转门。

离婚本身并不是什么新鲜事。相反，它是现代思维的典型表现：在我的生活中，没有什么是恒定不变的，一切都是可以改变，可以作废的。我们甚至可以说，教会所主张的婚姻是矛盾的，既然是自由选择，又怎会永远不得取消。如今这种矛盾被揭示出来，婚姻承诺重新回归为一种协议形式，就像它最初的样子。那么，这又如何呢？

　　另一方面，离婚逐渐成为常态也打开了漫长而痛苦的调整之门，而这些调整重塑了性别关系和不同世代之间的互动方式。一开始这种情形仍隐晦不显，这是有其道理的。确立一种新的原则，首先需要将它描述为相对无关紧要的事情，直到它成为世界上最正常不过的现象之一，成为我们现代社会中的口号，这样才能掩盖那些看似正常的行为所带来的巨大影响。此外，这种变化只发生在个人生活层面，作为个体命运的一部分，影响着某些人及其婚姻和家庭。它仿佛被放置在放大镜下，逐帧缓慢展现。宏观的结构性变化无法直接被看见或感知，人们往往要在事情发展几个世代后，才借由统计数字了解到，它是从普通的社会现象中孵化出来的产物。

　　根据社会神话和目光短浅的治疗师的观点，婚姻关系随着离婚（经过一个适当的痛苦处理期）而结束。这种看法错误地将法律上的分离（性和空间上的分离）等同于婚姻破裂的社会和情感现实。家庭研究[2]逐渐从对核心家庭的迷恋中苏醒，惊讶地发现了"婚姻关系结束后的婚姻"这一现象，却仍然忽视了它的对立面，即"维持家庭关系的离婚状态"。[3]就好像有些断手的人常不自觉地还想用那只已经不存在的手一样，离婚的人往往在分开很久后，仍然活在婚姻的阴影下，前配偶在心理上占据着巨大的空间，就像因思念和哀悼对方而产生的情感空缺那样大。

只有将婚姻简单等同于性生活、相爱或共同生活的人，才会错误地认为离婚意味着婚姻的结束。如果聚焦于物质上的支持问题、对子女的责任，以及共同的漫长经历，那么显而易见，离婚甚至不能算是婚姻的法律终结，而更像是进入了"婚后分居婚姻"的新阶段。

在这个阶段，离婚的伴侣会面临一些无法通过分离解决的问题。这些抗拒离婚的因素（例如无法割裂的对子女的共同责任，以及作为曾经的伴侣而存在的记忆性身份），让伴侣在灵魂层面互相折磨，甚至伤得"鲜血淋漓"。这些共同生活时的负面印象会一直在心中盘桓，不论是他们还生活在一起，或是已经分开了都一样：

> 上次见到你时，你说了些话，它们就像井盖一样精准地盖在我的开放伤口上……"我希望我们的关系有一天能再度恢复正常"……天啊，你竟然这样对我说话？！我现在要回答你，因为当时我坐在你对面，好似瘫了一样，根本说不出话来。听好，我没有这样的希望。我不会再在这种冷漠、死寂的现实中与你碰面了。或许，在你看来，我们能成为两个冷静的人是正确且令人舒适的：就像两个在爱情战争中的沙场老将有一天再度碰面，胸前挂满了勇敢与谅解的勋章；两个幸运的逃亡者，曾经一起穿越天堂和地狱，如今安静地坐在花园里；草坪喷灌器像一只困在原地的蜻蜓旋转着，我和你的孩子们玩耍，而你随意聊着

你的职业问题，我却羞于提起我的孤独和贫困。你的
妻子端着茶出来，又悄悄地离开……你必须知道，这
种景象让我感到恐惧！我也讨厌人家说时间会让我
们平静下来，就好像时间会克服一切一样。为什么没
有人站出来说，时间根本做不了什么？它并不像人所
想的那样全能，好像我们什么都不需要做，只要安静
地离开战场，就一切没事了。我所经之处，不管是过
去或未来，我都不愿让一切被时间的青草掩盖。如果
我只要像这样一直写信给你才能让你留下的话，我绝
不会犹豫一秒，因为我距离你如此之近。这样一来，
我就能保存我们之间的一切，可以与你交谈，享受我
曾拥有过的美好生活。（Strauss，1987）

任何认为离婚这种法律行为是新旧婚姻区分标准的人，都
没有意识到婚姻是超乎家庭界限，重叠于其上的。离婚后
的伴侣在许多层面仍然有所联系，包括支付赡养费、探望
孩子，以及曾经的共同生活经历。

　　谁支付给谁？当一个人离开一段婚姻，又进入另外一
段婚姻时，传统的养家者观念就会崩塌。对一段婚姻来说
可能已经足够的资源，对于两段甚至更多的婚姻来说却远
远不够。因此，在工作和收入维持不变的情况下，再婚后，
人们所能做的就是共同分担这种短缺（Lucke，1990）。

　　父母身份是可以分割的，但不能终止。父母离婚后分
开居住，可他们还是父母，并且必须重新协商在日常生活

中如何实现这一身份。家庭于是被分割成两部分：婚姻
（可以破裂）和婚姻结束后的父母身份，后者又进一步分
为母亲角色和父亲角色。婚姻结束后的父母身份，（通常）
需要通过法院的介入来解决，因为父母之间的对立难以调
和。通过形式化的安排，让孩子在分居的父母之间往返，
实际上为父母双方留下了一些"共同的联系"，提供了一
种微弱而隐晦的家庭生活形式，而这种联系是无法完全
终结的。这种联系的具体表现因人而异，但真正的影响
往往在某一方决定搬迁时显现，因为这会迫使双方重新
协商有关孩子的安排。

　　成年人之间的社会分离和法律分离尚且无法完全等
同，那么对小孩而言，就更不会是同一件事。在法律与空
间上，离婚的父母或许可以展开新的生活，但孩子却要开
始过一种双重生活：他们不得不在情感和生活中游走于两
个彼此关系紧张的家庭之间。这种双重生活带来了许多矛
盾与压力，例如模糊混乱的情绪、相互隐瞒和忠诚的冲突。
父母之间的相互嫉妒，也常常被孩子当作工具，用来满足
自己的需求。

　　不管怎样描述离婚家庭中孩子对两个家庭的多重信念
与情感，也不论这种状况对孩子短期和长期的影响有多
大，孩子始终象征着婚姻的延续性与不可分割，即使家庭
不再有一个统一的地址。毕竟，孩子终究无法与父母"离
婚"；他们唯一能做的，是选择与父母中的一位共度大部
分时间，这在某种意义上意味着对父母中的另一位的拒

绝。同时，他们还得努力找到一种方式，在两个彼此关联却又互不友好的家庭之间生活。

因此，离婚仅在有限的范围内和某些特定方式下才是可能的。它是为成年人，而不是为孩子，更不是为整个家庭设计的。从孩子的眼睛来看，他们的父母仍是家庭的核心，尽管大家已经无法共营家庭生活了。离婚的父母必须在新家庭之外，或借助原家庭的残余部分，来扮演父母的角色，比如在公园或咖啡厅待上几个小时（这在某种程度上类似于那些因职业流动性而需要安排时间在一起的双职工夫妇）。

这表明，将离婚等同于家庭的解体，是一种偏颇的观点，更多反映了成年人的一厢情愿。认清这个偏差后，便可以看到，离婚不仅在婚姻和家庭之间划下鸿沟，也在婚姻和为人父母之间制造了隔阂。离婚摧毁了婚姻与家庭的结合，但并未真正摧毁家庭；对于孩子来说，家庭仍然是一种现实，即使这种现实仅体现在他们感受到的压力——无论面对怎样的矛盾，他们都不得不试图与亲父母保持某种联系。

婚姻能够撤销、重建，家庭却不行。家庭的存在依然延续在孩子身上，他们默默地跨越新的伴侣关系和家庭的界限。因此，父母分开后家庭的形象对于孩子而言变得极为模糊。他们可能生活在父母之一的新核心家庭中，但孩子对家庭的认知往往与其他成员的看法并不一致。这些孩子同时属于两个不同的家庭；除了几乎无法解开的情感纠葛，重叠的家庭关系也可能意味着在规划自己生活时能获得社会和物质上的优势与支持。

看看我们的祖父母，婚姻与家庭生活之间实际的鸿沟就更明显了。如果离婚协议处理得不好，祖父母可能会无端失去与他们孙辈的联系，尤其是那种人们通常认为理所当然的社会交往。然而，与孩子一样，祖父母也是离婚后被分割的家庭的象征性残余。

最后，当离婚变得稀松平常之后，核心小家庭成员之间的关系也有所转变。这一点在生物学意义上的父母与社会角色意义上的父母分别为不同人时尤为明显，旁观者甚至难以分辨谁是谁亲生的。随着离婚率一再攀升，能与自己亲父母一起成长的小孩就愈来愈少了（Gross and Honer，1990）。更常见的是，小孩子在混合家庭里长大，来自不同婚姻的孩子组成了一个新的、临时的、不再是核心的家庭，他们的"兄弟"和"姐妹"可能来自其他社群或国籍。因此，从长远来看，离婚系统性地松动了生理和社会之间的联系，而这种联系在典型的小家庭中曾经是融为一体的。我们甚至可说，就像复杂的生殖技术通过非婚人工授精切断了社会、法律和生物父母之间的联系一样，普遍的离婚也在某种程度上自动完成了这一分离。

多次离婚造成了性别关系和代际关系的分裂与重组，值得注意的是，这会形成一种复杂交织的大家庭网络，外人难以看透其结构。在某种意义上，离婚可能违背了个人主义和自我独立的追求。但无论迄今为止的主流观点如何，认为离婚仅仅意味着从一个家庭转移到另一个家庭，因此对私人生活没有影响，这种想法肯定是不正确的。只有当人们忽视在家庭内与家庭之间各种重叠的维度，只专注于所谓核心家庭之核心时，这种想法才显得合理。

要忽视数百万离婚所带来的社会和家庭结构的动荡，需要相当多的经验主义式一厢情愿的愿景。如果家庭研究依然以核心家庭为思考框架，并通过堆积数据来暗示这种家庭模式不会改变，那么有一天它可能会像盲目经验主义的其他奇特产物一样，被搁置在历史的角落里。

夏娃晚熟的苹果：男性的被迫解放

虽然大家都把女性解放一词挂在嘴上，在个别情形下，女性解放甚至能一夜之间搅乱原本平静的家庭，不过我们却很少听说男性想要逃离他们原有的角色。当然，男性也有必定经历的中年危机、长发文艺男、敏感暖男、单亲爸爸团和同性恋俱乐部等现象。如今，在银行广告中，给孩子换尿布的父亲也成了显眼的形象。而且，现在人们逐渐认识到，生殖器、事业与火箭之间并不存在天然联系。再讨论这些问题无异于重复已有的相关文献（Simmel，1985；Ehrenreich，1984；Goldberg，1979；Pilgrim，1986；Theweleit，1987；Brod，1987；Hollstein，1988）。

　　然而，目前仍不清楚的是，这个已经被强烈击碎的男性外壳究竟该如何移除，以及一个认真思考过自身与人生角色的男性会是什么样子。要么固守传统的强硬男子形象，要么试图迎合外界对男性的新期待（但往往只是误解女性心情的失败尝试），男性似乎还没有找到更清晰的方向。更糟糕的是，大家很少认真讨论这个问题，而这一点也不令人意外。也许模仿女性解放运动，或者退缩到对其特点和过度行为的彻底否定中，都表明男性实际上尚未弄清自己在这一问题上的立场。

　　在女性运动中被塑造出来的男性形象，介于两种极端之间：一方面是家长式压迫者、性机器或危害环境的科学狂人，另一方面是妻管严的丈夫、情感缺陷者、精子捐赠者或像小孩般依附于家庭的附属品。为了厘清这些典型的负面印象，有一点我们必须特别加以讨论：黑格尔提出、马克思完善的主奴理论——如今女性运动将其套用于男女关系——从多个方面来说都是错误的，从未正确过。

　　从传统性别角色分工来看，男性只是在不必做家务这个意义上是主人，但与此同时，他也必须充当奴隶，靠挣钱养家糊口。男性在家庭中的这种虚幻地位，实际上是建立在他甘愿成为依附于工资的劳动者的基础上。他不得不压抑自己的兴趣和疑惑，提前适应更高权威的要求——这曾经是、现在仍然是许多所谓传说中的大家长付出的沉重代价，不管他是满腹牢骚，或是默默承受。

　　男性对雇用他的组织的屈从，他对工作的自我中心主义，以及他对竞争与事业的执着，都体现了其家庭责任的另一面。传统观念中，男性的"家庭感情"并不表现为对家庭事务的直接投入，而是以一种矛盾的方式体现为对职业的屈从，而这种屈从最终以物质形式反映在家庭的经济预算上。他的命运可以被描述为一种利他的自我压抑。他一再吞下苦果，但那并不是为了自己，而是因为家里有多张嘴巴嗷嗷待哺。

男性权力和欲望的外貌源自工作世界的强制性竞争。在传统社会结构里，男性不能直接去追求持久的性满足；只有在婚姻的床上，他才能合法享受性爱，满足那莫名的冲动渴望。然而通往婚姻之床的道路却必须通过工厂大门，伴随着男性在身体上及象征意义上必须承受的负担。理想的男性行为包括压抑并升华自己的性欲，掌握征服世界的技能，在一个为毫无个性、难以区分的员工量身定制的组织机器中找到位置；只有如此，他才有机会探索发展自己异化的人格、柔情、爱与性需求。男性文化是一种压抑的和被压抑的文化，因为它的先决条件是抽象的、工作上的成功，这与男性和女性对彼此的兴趣，以及爱与恋爱的自发性完全相反。最终只剩下日复一日的苦差。男人就是男人。工作就是工作。就是这样。

我们可以从下列事实中看出两性关系并非主奴关系：主人需要仆人，而在女性解放的时代，男人已不再依赖女性，更准确地说，不再依赖妻子。在两性之间爆发的权力斗争中，男性手中的牌其实相当不错：性与爱已经不再

与婚姻和经济支持挂钩。如果一个男人愿意，他大可说，
"爱和 / 或性可以有，但婚姻免谈"，而他这么做也算推动
了女性的解放。一个不想终生养活失业女性的人，必然
会期待自己的伴侣有工作，这样一来便同时促成两件事：
女性的经济与社会独立，以及男性自身从传统的养家人
的枷锁中逃脱出来。

从这点可以清楚看到，男性解放是被动的进程，因此
常常显得无声无息。这种解放的本质，就在于他们享受着
被迫放弃所带来的好处。男性不需要逃离——就像女人逃
离她们作为家庭主妇和母亲的角色那样——就能主动探索
另一个工作、科学和政治的世界。他早已身处其中，对他
而言，那是常态。 然而，在女性争取性自由和职业认可
的斗争中，她们无意间解放了男性，帮助他们摆脱了以往
的责任。女性解放所没有预期到的结果之一就是男性的解
放。男性被剥夺了唯一的养家人的角色？好吧，这表示女
性不能再要求男性提供经济支持。女性发现了自己的性需
求？好吧，这意味着试图维持婚姻对性生活的垄断的守护
者放弃了努力；周围有更多愿意投怀送抱的女性。伴侣关
系、性、爱情和感情不再与婚戒捆绑——这实际上符合女
性自身的利益。

就此而言，男性——尽管往往对自己客观上的精明毫
无意识——可能正是通过支持女性的自我解放，间接推动
了自身的解放，而非出于随意的目的。男性似乎以旁观者
的身份参与了自我解放，他们惊讶又友善地鼓励女性反抗

传统角色，而自己的解放——比如不再必须承担唯一养家的责任——就像熟透的苹果一样自然落入他们的怀中。这就是夏娃晚熟的苹果。与此同时，传统的"一家之主"角色也似乎在这种让女性承担责任的新版设定中重新复活了。值得指出的是，那些对女性解放表示愤怒的狭隘男性，显然对自身的处境缺乏足够的认识。

男性得到的这份礼物——尽管他们还未意识到自己"不幸中的幸运"——当然也有一个缺点：女性解放不仅在很大程度上没有男性参与，甚至在某种意义上是针对男性的。这种解放是一种空洞的自由，是附加在其他事情上的，不是真正的自由。男性发觉自己坐在世界的中心，却是个不复存在的世界。女性主义炮火的烟硝在他上空环绕。梁柱倾颓，男子气概这座坚实的殿堂崩溃瓦解。男性觉得，他们首要之务是当作什么都没发生，假装仍如往昔般美好。如果有必要，就使用力量——隐藏的力量。也许他们还能及时采取反击措施，报复女性对他们的恶劣对待。

因为女性革命，男性已无须负担生计，这无关紧要。是女性自己选择这样做的。女性对不断努力、不断追求更多的执念，虽然破坏了真正的快乐（包括她们自己的快乐），也无关紧要。男人也是这样。

曾经，一切事情都汇集到一个点上——工作，忍受它，然后一直做下去；但突然之间，这一切变成了巨大的空虚。那个以办公室的盔甲、体面的制服装扮出来的笨鹅，就是你熟悉又陌生的自己，你应该脱下他的伪装，发现他，感受他。比如说，用你的眼睛，来一次横跨自己生命和身体的洲际旅行。

这当然可能意味着男性会变得放纵或失控，扰乱家庭和工作的机制。他们可能颠覆常规、质疑惯例、追问、抗争、不妥协、变得叛逆，坚持与常规对抗。或者，他们也可能开始腐烂、变质，甚至成为某种意义上的寄生者——其实，这一直是他们自身的一部分。家务劳动并不意味着要特别强调干净整洁。一个男人可以忍受床底的污垢到什么程度？他们会趴在床底除尘吗？有一点灰尘可能还蛮不错的。也许袜子上的洞更显随性。也许那条错放的短裤上沾着奶酪三明治的残渣和一把脏叉子与艺术有关——约瑟夫·博伊斯这样的艺术家一定爱死这种想法了，也许他的作品《油腻的一角》也只不过是一种对男人关于美与家务观念的薄弱表现罢了。开始吧，试试看，让脏床单堆积起来，互相攻击嘲笑，陷入离秩序只有些许之距的混乱中。但要活着，就简单地活着，永远不要停止。男人们仍然一厢情愿地沉浸在他们认为存在的旧世界中，却没注意到那个世界已经烟消云散了。

但有一点是真的："年轻成年男性"越来越不愿与没有经历职业训练的女性结婚。大多数男性已经改变了对女性解放的态度和策略，也同样是真的。男人表现出开放和宽容的样子。如果说"温馨的家"这个传统观念已经过时，那么旧有的家庭秩序现在找到了新的核心，那就是孩子，以及与之不可分割的"不可或缺的"母亲。通过将女性议题转化为母亲与孩子的问题——许多女性也主动参与这个议题——许多男性认为他们可以再次靠在沙发上，舒舒服服地休息了。

在离婚前、离婚中，以及离婚后，父母身份被分割，母亲开始与父亲对立，这时男性才真正感受到这种权力转变的代价。那些突然重新发现父爱情感的男性，遭受了有法律作支撑的无法继续参与家庭生活的重击——这种缺席在婚姻期间曾显得理所当然。父亲成了逆转的不平等关系的受害者，而此前他却能颇为坦然地享受这种关系。现在不管是在法律上或是实际上，都是母亲说了算，父亲能得到的只有母亲愿意让给他的权利，而这通常都是法律所许可的最低限。

当一位父亲并不难，可是当一位离婚父亲就不容易了。当一切都太迟的时候，赋予家庭生命的是孩子，孩子变成了所有希望和努力的中心。此时，孩子终于获得了婚姻期间父亲难以给予的时间和关注——那时他常说"我真的很想多陪陪他/她"。离婚迫使男性直面作为父亲的情感：他终于意识到解放的意义，可是太迟了，一切正悄悄溜走，他只能徒留感伤。

所有的一切都开始对他不利。他只能一步步面对自己远离家庭生活的代价：身不由己的孤独、习得性无助，以及被法律严格限制的与孩子相处的时间。这些都像一道道障碍，将他重新发现的父爱囚禁起来，显得极不公平。他的愤怒、痛苦和苦涩，偶尔会像地震般掀起冲击波，预示着他试图挣脱那些过时的思维和行为模式的努力。

严格说来，古老的亚当（男人形象）几乎在各个方面都显得不合时宜了。作为传统男性气质的观念遗物，他几乎可以摆进博物馆展览。麻烦的是这个形象在试图发出自己的声音：女人应该被赶出工作岗位，好让男人能够拿工作当作生活的主要支柱。在生育方面，丈夫还得担心会被精子捐赠者、医生和试管的联盟挤出竞争。女性对他以阳具为中心的、机械重复的性行为表现已经失去了兴趣，就像蝴蝶飞走一样不复存在。男性可以继续生活在这些虚构的观念中，但如果这些观念崩塌，又或者他被迫放弃这些观念，这或许会让他获得自由，去探索新的存在方式。然而，他没有察觉到这一点，也没有抓住这个机会——这个事实并不会让夏娃晚熟的苹果变得更加甜美可口。

婚前协议

困扰核心家庭的问题看起来像是个体问题，但实际上也具有普遍性。很多人说人们越来越吹毛求疵了，但相反的情况同样存在：那些已经承受巨大压力的核心家庭，还被要求承担大量的公共责任。说核心家庭被滥用为国家的垃圾场，这种说法看似夸张，却相当真实。例如，教师短缺时，大家期望父母能在家里好好教导孩子，以弥补老师员额不足的问题。被污染的空气、水源，以及食物中残留的毒素，这些都大大增加父母，尤其是母亲照顾家人的负担，因为这表示母亲必须从菜单上剔除一些食物——由政府当局、专家和大企业合法同谋倾倒进她厨房的垃圾。生育子女必须好好规划，要配合职业规划和社会保险制度的要求。更不用说，如果失业津贴用尽，整个家庭都要共克时艰。如果家庭内部有工作意愿和工作能力的成员无法满足市场对流动性的要求，拒绝接受远离家乡的工作，他们就会被官方怀疑为逃避责任，并因此失去部分权利。

现代的医药箱里似乎有几帖良方来处理这些"小毛病"，借由一些协议、合同、条款与咨询课程来诊治这种家庭"感冒"。麻烦的是，正当人们希望在家庭中找到平静时，这种大范围的不确定性却让规划、条款和争执变得不可避免。这种药物最终成了它声称要治愈的疾病的一部分；家庭不再是情感的避风港，不再是展现个人其他品质的地方，而是变得像外部世界一样被严格规范化。恋人之间的合同则削弱了他们的爱情。

婚前协议并不是什么新发明；以前在贵族之间就有这种东西，他们签订复杂的条款来处理财产和权利的分配。然而，那时的协议与伴侣双方的责任无关，而是由他们的家庭承担——新娘的父亲负责嫁妆，而新郎及其家族需要提供财产以维持婚姻。这些婚前协议的重点跟今天婚前协议所追求的东西没有太多相似之处。现代婚前协议的焦点在于规范离婚的后果并为日常生活确立规则。

当下婚前协议十分流行，这正反映了人们对结婚感到多么不安。协议条款越多，签署人对掉入深渊的恐惧也越强烈，而协议的作用就是架设一座桥梁来跨越这一深渊。离婚不再是例外，反倒成为常态，每个人都可能面临它的影响，无论是自己还是最亲近的人。离过婚的人，就像一艘沉船的幸存者，下次再出航时，一定会穿上救生衣。这件救生衣就是由双方签署的婚前协议；它并不能阻止船沉没，但至少能让损失在未来变得没那么惨重。

难怪那些成年时经历过离婚痛苦，或儿时目睹父母离婚的幸存者，会像政治家组建联盟一样，与新伴侣展开谈判。可预见的结局（离婚）影响着开始（婚姻）的方式。大家一起提前考虑可预见的问题；婚姻期间和婚姻后的所有棘手问题，都需要在新人走进登记处之前一一列出并安排清楚。重点在于谁得到什么、谁支付给谁；甚至连关于（往往尚不存在的）孩子的争夺也要提前解决，明确离婚时双方各自的权利，并在养育孩子的方法上达成一致，以免日后争执。协议还涉及是否一起享受兴趣爱好、是否一起度假，以及，尤其敏感的问题——个人发展的安排。签订协议的恋人常会约定互相支持对方的发展抱负：如果我在事业上支持你，你就要让我少做些家务事，能够接受职业培训。

有些约定的内容巨细靡遗：房子要怎么打扫维护，谁来擦鞋，谁该做早餐；怎样的性行为是可接受的，怎样是不可容忍的；谁该配合搬家；什么时候生小孩；谁来照顾小孩，以及是否愿意兼顾工作和家务。所有这些，甚至更多内容，都可以由公证人拟定为具有法律约束力的协议。我们的脑海中不禁浮现这样一个场景：陷于家务争执迷雾中的夫妻熟读这些条款，希望用它来解决彼此的误会。

当爱情冷静地为它可能的结局设下规矩时，这既让人感到无奈，也不乏讽刺意味。协议的双方可能同意在离婚时互相配合，并理智处理，保证不让离婚变成闹剧，尤其不要在孩子面前上演。他们希望将离婚视作"生命自然的产物"，不加争执（Partner，1984：128）。 有些人甚至约定要在离婚时举办比婚礼更盛大的派对。这让人不禁怀疑，这种伪文明的"友好离婚"背后隐藏着什么样的真实情感。

毫无疑问，协议婚姻——一份情感契约——是应对问题的一种方法，但它也包含了加速自身解体的元素。一些过去无法交易的利益，如今可以公开用来交换，为伴侣提供了彼此对抗的武器，而这些武器可能会在矛盾难以解决时迅速被使用。这种自愿的协议婚姻会有怎样的过程与发展？据我所知，这方面还没有相关的研究。但可以推测，结束这样的婚姻会更轻易，而正是这一点让参与者更倾向于提前考虑结束婚姻。婚姻于是变成了一种临时满足彼此需求的租约。

为了"治愈"和"拯救"家庭，现代社会还提供了其他手段，试图修补它自己造成的创伤。例如，为家庭主妇提供一份体面的工资，以补偿她们工作地位低下的处境。毕竟，结婚是少数几个不需要任何培训就能胜任的"工作"之一；或许我们应该开设专门的培训课程，并颁发结业证书（这不仅能为失业教师提供工作机会，还能让夫妻争吵变得更高级——双方像半吊子心理治疗师一样，用心理学半真半假的理论优雅地伤害对方）。无论如何，每一个失足陷入家庭生活困境中的人，至少还能指望着婚姻顾问来提供同情和账单。

这种模式始终如一：家庭，这个原本被视为与外界冰冷、残酷世界相对立的地方，逐渐被转化为一个可预测、可管理的部分。这种变化并非源自任何针对家庭生活的政治改革，而是缓慢地，一步步地发生——婚姻中的安全隐患通过各种保险手段得到了解决。这相当合乎逻辑，不论是政治承诺或是对乌托邦的期待，这些都不能帮你洗碗盘，也无法让你可以不顾另一半的抗议去追求自己的目标。离婚越多，婚前协议就越多，然后离婚更多。最后爱情背离了它原先寻求安居之所的目的，只沉浸于自身之中，倏忽无常。

像拼积木一样做父母：基因工程与设计后代

直到最近，家庭都还被视为自然的产物。血缘关系决定社会关系和财产的继承，以及亲属网络的建立，等等。现在对于这点已有越来越多争议，因为人类的自然基础可以通过技术手段（例如生殖医学、器官移植，以及破解基因密码）来改变。矛盾的是，我们对濒危的自然环境（所谓的自然）投入了更多关注，而生物科学的惊人胜利——创造一个非自然的世界——却几乎未被察觉。当下正在发生的事，即自然与家庭之间古老的纽带已经断裂，我们却无法考察其后果，只能通过一系列问题猜测。从整体来看，有两种主要的思路。

第一种看法认为，对母职和父职的干预并不是什么全新的概念。从启蒙时代起，人类就尝试驯化自然，而利用技术追求同样的目标，本质上并无不同，即便我们现在可以影响人类的诞生过程。科技的进步总有其风险，我们当然要注意这些问题，可是它也开启了人类发展新的契机。对其支持者来说，机会主要在于通过胚胎前的治疗来预防先天疾病，以及帮助越来越多的不孕夫妇拥有自己的孩子。此外，自然亲子关系早已与社会和法律上的亲子关系共存，孩子在其亲父母身边长大的可能性变得越来越小。

另一种观点（我也支持这种观点）认为，将一切归结为事情一直就是这样的泛泛之谈，只是一个掩护——在不必回答尴尬问题的情况下偷偷引入新技术。也许在实验室里，这些新技术的影响还不明显：被处理的对象看起来都没什么差别，不管那是来自人类的东西或是来自动物身上的，对大家来说都一样。在那里可以不用麻醉就改变一个人的特性，也不必解释到底对前胚胎细胞动了什么手脚。然而，从社会学的角度来看，这种新维度及其社会影响却显而易见。双螺旋结构、基因组分析、基因纠正措施，以及异源或同源受精等技术，突然带来了全新的一系列可能性，开始废除母职和父职作为人类学常量的传统观念，而这些观念在以往的所有社会中都被认为是理所当然的。

这种具有划时代意义的变化，也许在细胞和细胞核的生物学和化学层面上并不那么显而易见，但其对家庭和亲属关系系统产生或将要产生的影响却不容忽视。曾经在社会和生物学层面完全重合的亲子关系，如今正被分解成一系列步骤，一端是自然的过程，另一端则是像拼积木一样组合不同的组成部分。领养或离婚也会消除生物性亲子关系与社会性亲子关系之间的关联，可是这与现有运用科技精心操控的方式并不相同，因为后者涉及的是有意的技术操作，这种操作扩展并选择了人类成长潜能，而这些潜能以前是牢牢封闭在家庭单元中的。

从家庭社会学的观点来看，这样的发展是双刃剑。一方面，社会亲子关系脱离了生物学基础，变得更加自由，成为一种可以与生物学分离而独立运作的现象。成为父母和拥有孩子成了两种可以彼此分离的现象，可以独立组织。生物学的层面则专注于精子与卵子的组合与选择，父母身份本身需要重新定义。从技术上讲，生殖可以完全脱离家庭组织：或者由诊所统一操作，或者将分娩任务委托给一群根据某种标准筛选出的女性。这听起来像是科幻小说，却展示了我们正在前行的方向。

　　另一方面，亲子关系已不再受限于个人自己的基因结构，这件事开启的可能性远超乎我们的想象——当现实已奔向遥远的未来时，我们的想象力就像是挂在上面的可怜虫一样。不久的将来，大家会觉得事先决定小孩子的性别、预测其外貌和可能患上的疾病是理所当然的事。胚胎移植、试管婴儿、通过服用药物生育双胞胎或三胞胎、通过政府监管的专门机构购买冷冻胚胎——有些技术已是稀松平常，另外一些也只是早晚的问题罢了。

　　一旦婴儿可以通过试管培育，母职又意味着什么？以往有些女性视母职为其天性，试管婴儿会对她们造成什么影响？谁是这个孩子真正的父亲、兄弟姊妹、叔伯舅舅？在美国，人们现在已经可以将自己的胚胎冷冻，等到工作稳定后，再怀孕生产；或者将自己的胚胎植入自己母亲的子宫，由她完成怀孕和分娩，这样她既是母亲又是祖母，而孩子则成了自己母亲的弟弟或妹妹。这有何不可呢？如果这样的做法表面上带来了两个好处——女性可以更专注于事业，同时婴儿的出生也能维持人口数量、满足市场需求，并确保有足够的劳动力来支付养老金——长期而言，谁又能阻止它发生呢？这种前景让人心动不已。

　　事情已有失控之虞。生殖医学领域的医生们高呼："你们有选择的自由！这是你自己的决定……我们只是想减轻痛苦……你可以不参与……完全没有强迫……这种技术本身也相当中性，关键是要谨慎行事。我们会不惜任何

代价阻止技术的滥用；法律制度和负责任的科学家会负
责监督。"

假设这种极不可能的预测成真了，假设有法律能够遏
制技术的洪流（实际上并没有），假设双方能够在一种少
见的善意与尊重的氛围中讨论利弊，没有人试图将自己的
观点强加于对方，那么，即使是这样一种完全不切实际的
设想，其结果也只是以"给予患者选择权"为借口，勾勒
出一种后家庭社会新轮廓的蓝图。医学显著且不可阻挡的
发展进步推动了新的家庭生活设计，而这种设计也通过一
套新的遗传学法规获得认可。结果将是一个新时代：亲子
关系失去了与自然过程的联系，而生物学走上了独立发展
的道路，人们越来越难以确定界限在哪里，以及社会何时
应该采取措施保护自身。

没有任何政府干预，没有任何法案起草，也没有在国
会争辩表决，这场革命只是作为医学进步的一部分默默发
生。它得益于我们为患者支付医生咨询费用的公共医疗保
险体系。有一点是明确的：基因工程师和研究人员并不对
结果负责。是否利用这些逐渐可用的广泛技术，完全取决
于社会本身的决定。

　　　社会很可能会选择利用它们。一开始是那些真
正患有先天疾病的人，接着是携带隐性疾病基因的
人，然后是容易感染的人群，最后是被认为存在缺陷
的人。最终，几乎所有人都可能成为目标。这就像其

他的产品或服务一样，最好能把所有人都纳入考虑。一旦这些技术敲开市场，进入大众的内心，唤起个人的期望与需求，它们就会变成一种被需求和使用的产品。伦理无法与消费者的愿望抗衡。人们首先害怕自己的疾病或残疾，然后才可能担忧优生学。先有东西吃，然后再谈道德问题。

各个层面上都实现现代化，这样伟大的成就可能只有下个世代才能享受到——但到了那时候，这又是无可避免的。上一代对下一代的责任不能仅限于提供良好的成长环境。当受精卵在子宫着床时，父母的责任就开始了。每一个血友病患者都给医保支付者群体带来了负担，因此每一个新生儿都会在32细胞阶段接受基因筛查。一旦诊断出有不良情形，就可以选择流产或是加以"改善"，即胚胎疗法。但为什么要止步于先天疾病呢？毕竟，父母的愿望也可以被纳入考虑，并转移到胚胎上。孩子是金发还是棕发，是微胖还是矮小？这些都可以提前安排。不管怎么样，就算当时可能只是因为传统的生育冲动而跟某人结合，你同样可以运用这些技术。（Gabbert，1988：87，89—90）[4]

年迈的康德曾说，人性只是一根曲木，在基因天堂里，人们可以按照自己的想法、信念与担忧将这根曲木拉直。将爱情与生育、亲子关系与情感分离开来，让它们各得其所，这看起来似乎更有诱惑力。对那些无法通过传统的"结婚生子碰运气"方法解决人口危机的社会而言，这种技术选择可能格外具有吸引力。

消失点与试探性的身份：超越男性与女性的角色

假设我们两个人——包括你和我——都有一个自由的愿望，可以随心所欲地实现。那么，我们如何摆脱这种令人尴尬的境地？

我们已忘了如何许愿，想象力的贫乏清楚地暴露出我们对乌托邦已不抱任何期待，我们陷入"无欲的悲歌"中。我们抛弃了传统及其所代表的希望，如今甚至连对这些传统的记忆也一起消失了——那些关于另一条道路、某个超越性目标的记忆，它们过去曾让整个商队和国家都为之前行。探求乌托邦的行为令人觉得愚蠢可笑，就算是探求积极正面的乌托邦也一样令人尴尬。首先，乌托邦已经失去其诱人的光彩；其次，乌托邦已经成为敌托邦；此外，受过启蒙教育的普通欧洲人往往太过清醒，以至于不愿再去追求乌托邦。那么，在真正威胁我们的那种失落笼罩一切时，我们还有什么可失去的？

为什么这种普遍的无望感——这种为时已晚的心态，竟然让许多当代思考的尝试陷入瘫痪，而不是激发我们运用想象力？感到无望本身暗含着一个前提：你潜意识里认为一切都应该有用。然而，对于另一种探索性的思维方式来说，无望感反而可能带来一种解放的效果。就像在戒严状态下人们会趁机抢劫一样，在一种公认的失败主义状态中，人们的想象力可能会以其他世界的愿景做出回应，不再受到必须遵循事实这一严苛要求的束缚。然而，人们仍然拘泥于狭隘的思考，而这往往是创造性想法的丧钟。

怎样才能让你与他人共享一份对双方都有益的生活？让我们大胆地、毫无顾虑地寻求答案，而不要事先就考虑是否可行。

就算只是异想天开的答案，也必须好好组织一下思路。在这里，我们可以区分两个方面。首先是外部因素，它们扰乱了我们彼此相爱的尝试——比如不平等、流动性，以及我们对自我的追寻；其次是内部的动荡——这些动荡内在于后传统的爱情之中（这是本书第 6 章的主题，我们讨论名叫爱情的世俗性宗教）。

让我们从一件简单的事开始谈起：如果两个人的生命是沿着同一条轨道前进的话，那么要如何安排这两条生命的轨迹？换句话说，现代社会是游牧式的，我们在日常生活、假期，以及职业生涯中都处于不断流动的状态。要改变这种状况，需要找到一种刹车机制，让我们回归到一种更稳定的生活节奏。就像要防止经济过热一样，我们也需要限制这种过度的流动性。重新学习如何减缓步伐、增强自给自足的能力，或许是改善社会生活的一大步。

　　然而，这样的改变将把一种非常社会民主但毫无革命性的议题放在首位（类似于减少交通量等问题）：我们需要将工作与收入脱钩。一个已经相当富裕的社会至少可以梦想摆脱以往所有社会和时代都有的必须为了生存而工作的观念，释放人们的生存压力。在关于公民养老金、福利支付、将社会保障与工资单脱钩，以及让人们至少有时候可以决定是否工作的讨论中，我们可以找到朝这个方向发展的初步迹象。这将缓解迫使人们必须在工作和家庭之间做出选择的恶性循环。 如此一来，人们便能有机会尝试新的共同生活模式。

　　在个人生活中，夫妻双方往往缺乏明确的方向，而我们也常常忽视，两性不平等并不只是一个表面议题，不是靠当事人努力就可以简单消除的。这些根本性的不平等实际上是工业社会的内在特征，反映了家庭内外工作态度的矛盾。事实上，我们的社会建立在现代变革与反动结构之间的矛盾之上，而仅仅通过让人们在家庭和事业之间做选择，并不能消除这些矛盾。只要性别仍然受到现有等级制度的压力束缚，男女永远无法真正平等。唯一的出路是重新思考整个工业社会的结构，并根据人们对满足私人生活需求的渴望进行重组，从而找到一种不受性别障碍影响的新平衡。与其选择回归核心家庭或让每个人都有工作这样的伪选项 ，我们应该探索第三种可能性：限制和缓和市场的要求，以便承认并满足我们作为社会性动物的需求。

　　这个原则与我在第 1 章所做的解释正好相反。当家庭变成由个人组成的社群，随之而来的历史进展乃是，生产与私人需求在家庭内部被分离开来。要解决随之而来的种种困难，必须做出安排，使这两种功能在夫妻共同生活期间能够相互结合。

我们以减轻搬迁的负面影响为例来做讨论：通常，人们认为搬迁是某一个体（通常是男性）的事，而家庭，包括配偶，只是跟随其后。对此，夫妻的选择似乎只有两种：要么放弃妻子的职业，承担由此带来的长期后果；要么分居两地，而分居往往是通往离婚的第一步。社会则说这是个人问题。一种更有帮助的替代方案是"协调调动"，即如果某人想雇用男性或女性员工，就必须为其配偶提供良好的机会。

就业服务机构需要为整个家庭提供职业咨询和推荐。企业和政府不应该仅在口头上宣扬家庭价值，还需要实际支持这些价值，例如提供涵盖多个组织的"协调就业模式"。同时我们可以研究能否减少某些现有的工作要求（例如兼职学术岗位的要求），使人们能够继续在家中生活。我们还可以通过法律条款来承认因家庭或关系原因拒绝搬迁的合理性。在评估工作是否合适时，这份工作给家庭带来的潜在风险因素也应纳入考虑。

当然若我们看看当前居高不下的失业率，建议大家尽量不要搬迁似乎非常不切实际。别的方法或许也能达到类似效果，比如缓解工作的压力。这意味着增加社会福利，为每个人提供最低收入保障，并将照顾老年人和健康状况不佳者的责任从就业市场中分离出来。通过这种方式来松绑早有先例（例如，福利国家保障并努力缩短一周内的工作天数和时长）。大量的失业迫使数百万女性加入求职行列，而精简的企业用更少的员工提高了生产力，在此矛盾下，这个议题迟早会纳入政策考虑。

重视家庭，降低市场压力，这只能解决部分问题。人们还需要重新学会如何与他人共处。如今再无规则可循，没有往例可供参考，一切都必须由相关人员达成一致才有可能行得通。这就包括权衡那些自动获得的关系和个人想要的关系，探索它们作为支持系统的潜力——帮助我们在没有传统家庭关系中固有的障碍与陷阱的情况下，寻找自我。

像友情这样看似不激动人心的概念必须被重新唤起。友情是一种经过有意识追求的信任伴侣关系，是两个人在诚实思想交流中建立的纽带。它不像爱情那样迷人又危险，却往往更持久。就像亨利·米勒所说的："朋友赋予你千只眼睛，就像因陀罗一样。通过朋友，你可以经历无数种人生。"（Schmiele，1987：162）

友情并不会轻易从天而降，也不是年轻时就能轻易得到的，我们必须精心维护它，以抵御那些威胁着市场化人生故事的离心力（这一点与双职工婚姻的维系方式有些相似）。在困难时刻相互扶持，敞开心胸接受建设性的批评，分享生命中的酸甜苦辣，包容对方的缺点与不是，这一切都可以让友情一再获得生命力。相比之下，泛泛之交是一种更松散的形式，而两者的交织可以形成一种安全网，用来保护围绕自我局限与疑惑展开的个人生命历程。换言之，人们应该努力发展一种亲密关系，既能满足个人的生活，又能避免其所引起的不幸与愚蠢。其中一个特别值得注意的特征是：既亲密又独立，承认个体需要独处的时间往往多于需要与他人相处的时间。

现代是由个人组成的社会，已不可能回到以往社群生活的形式。我们需要的是一种新的生活形式，能够让我们相互分开又共同生活。这种生活方式既要经得起伴侣双方的考验，又要为都市规划者、建筑师和房东所接受。这样一来，每个人既能拥有独立的私人空间，又能在需要时与对方互动，摆脱群体压力和传统的固定生活模式。

或许，这可以被视为某种后工业启蒙的初现，帮助我们摆脱工业化带来的一些破坏性特征。新的焦点集中在自我意识、分享、爱护他人、身体、自然与万物、找出相同的波长、发现自我、安静独处、开放讨论、做家事等价值上，同时也希望找到朋友，在人生旅途中提供陪伴、支持与批评。这些观念并无特别新奇之处，但它们确实挑战了工业化社会中根深蒂固的家庭生活模式。我们如何将探索自我——一个设想中的、不确定的身份——与旧家庭角色中僵化的要求（例如做一个"好丈夫和父亲""好妻子和母亲"或"乖孩子"）结合起来？

一方面，由于现代社会的流动性和繁忙的工作压力，我们将家庭，而不是邻里、家族或社区，作为私人生活的中心。另一方面，这种以家庭为中心的生活模式让我们难以逃离固定的角色。家庭作为一种稳定的力量和满足需求、展现个人品质的场所，固然有其作用，但它也阻碍了我们对"我是谁"（而不仅仅是"我来自哪里"）这一问题的探索。这样的探询必须持之以恒、不怕尝试，但家庭并不能引领我们穿越自我未知的大陆，去发现每个人内心中隐藏的不同自我。

因此，用婚姻替代自己的原生家庭，看起来像是从一个陷阱逃到另一个陷阱。只要家庭无法让成年人重新回归孩子那样的状态，蜕下他们角色束缚的"蛇皮"，家庭生活就很难成为一个让所有成员共同探索与发现的旅程。"我们要求孩童的权利！反对（把成年人变成）古板老人！"这样的呼声表明了一种新的方向。让家庭成员能够实现独处的梦想，同时培养一种可以超越身份危机和婚姻动荡的友情网络，是两种能够减轻婚姻过高期望的方法，也能缓解离婚带来的恐慌和混乱。

核心家庭过去是且现在仍是一个看似容易接受的方案。它似乎能回答所有问题，但这些问题迟早会"报复性地显现"，因为它们从未被真正提出或认真解决过。只有当社会发展出一种崭新且可行的共同生活模式，可以成为一种范例并为公众所接受，它才能从这座复杂的可能性迷宫中找到出路。

有人认为布尔乔亚式家庭会被一种后布尔乔亚式家庭

所取代，这实在是个错误看法。事实上，现在就已经有各种"后布尔乔亚家庭"了——它们不再是，或者仅仅勉强算"家庭"。这些新家庭形式诞生于男女不断争吵、重新协商和调整关系的过程中，并随着代际互动逐渐发展出独特的动态和价值观——有时甚至带有一定的局限性。然而，这一探索阶段似乎并未形成任何清晰的结果。仍有许多人顽固地认为，只需要对旧有的生活方式稍加修正即可（多分摊一些家事，少一些对工作的投入，互相体谅鼓励），并无必要开创适合于未来的新的生活方式。意识到人们津津乐道的那些"进步"实际上并未真正发生，是迈向某天能够真正掌控自己生活的第一步，而这无疑是一个艰难的起点。

我们陷溺于日常生活的琐碎细节，未能直面真正的问题：沉迷于自由，摇晃着那些早已失去光泽的过去的快乐和微不足道的胜利的残余；沉浸在打扮、舞蹈、惊叹的狂欢中，在内心与外界那些小小的解放区域和高峰上争论和斗争。这些视野，这些关于更好共同生活方式的梦想，与工业社会之前的任何现实都毫无关系；它们是工业社会的产物，是其不断强调的个人生活、婚姻问题、亲子关系、家庭、性与性别认同不过是个人事务的结果。然而，我们的梦想，意识形态、以及对另一个世界的构想，从来不只是权力机构用以激励我们继续前行的投射或愿景。实际上，那些我们个人经历并深受其苦的错误，总是反映了我们所生活的现实处境——反映了我们最深的渴望，以及那些我们无论如何也无法通过任何已知的逃避方式避免的日常冲突。从这个意义上说，这些错误也有其正确之处。这么多个人分别写下他们自己的人生故事，正足以证明以怀旧方式标榜个人生活的魅力是无济于事的。

爱情总是从生活的个人层面展开，由生活中的细节点燃，但似乎又超越了平凡世俗。但从上往下看，或者从外部观察，便不难发现爱情总是与日常生活的琐碎紧密相连：那些习惯、那些在夫妻关系中固化的模式、关于"我和你"的画面，以及被粉饰掩藏的态度。爱情总是受制于我们从历史中继承下来的角色，这些角色通过所爱之人得以体现，并超越了个人，连接着最终又在每个人身上以不同形式重新呈现的历史和政治力量。

爱情始于漂泊、迷失、尝试、调情并建立起一段关系，随后在怀疑猜忌的洞窟中惊醒，诧异自己走过的激情毫不留痕，发现孤独才是真正的伴侣。你的记忆，犹如书里与闲扯中的怪异世界，犹如湖面的粼粼波光，却只是折射天堂的幻影。这种体验相当私密且难以与人共享，它们揭示了一种能够改变我们感知、敏感性和世界色彩的维度。至少，它鼓励我们去追问，真正重要的事情是什么：这种看待事物的方式，这种也许去爱、也许被爱所带来的不确定性和意义，是否能帮助我们找出这个时代关键之问的答案？这个问题就是：面对疯狂发展的技术和正在死去的自然，我们该怎么办？

06

爱，世俗的宗教

传统之后是什么？一无所有？

谁都不应该轻率地宣称他们对爱知之甚详。但是，在本书的结尾，探讨一些在我们身处的去中心化的、非宗教性的，以及个体主义化的世界里游荡的关于爱的理念似乎是有必要的：

> 唯有二物
> 历经千变万化，
> 穿梭在我、我们和你之间，
> 但一切都很痛苦
> 问题是：为什么？

> 无论是玫瑰花、雪花还是浪花

> 曾经绽放的都已凋零，
>
> 唯有二物但存：空虚
>
> 跟一个被污名化的自我。

——戈特弗里德·贝恩[1]

假设这就是我们的处境——唯有二物但存：空虚跟一个被污名化的自我。那么这个空虚意味着什么？难道失去传统就意味着我们真的处于一个从现在延伸到未来、似乎永远持续的真空状态中吗？这种空虚是否充斥着各种"本质"和"神灵"，还是仅仅反映了一种"自我创造的信仰"？也许我们选择逃避到消费主义中：一盘盘的鹅肝酱，或是远方的度假胜地？又或者，这些选择加上一些尚未被我们完全理解的后传统迹象，正在塑造这些被污名化的个体与他人共处或独自生存的方式？

换个角度问这个问题：假设教堂已经变成了空壳，但出于基督教精神，依然无法将它们废弃，那么，在这种情况下，谈论"空虚"是否只是单纯地否定过去的一切？当我们执着于"过去与现在"的对比时，这是否反映了我们缺乏想象力，还是说，我们实际上是在承认没有什么能取代那些已然消逝的东西——一切都结束了，剧终了？那么之后呢？

或许，在这片虚无的表面之下，在空虚的裂缝之间，我们仍可以瞥见一小片与那些曾为生命赋予意义的旧领域及其规则毫无关联的新乐园。这种乌托邦式的存在并不依赖传统，因此无须被编入法典或制度化，也无须证明自己的合理性；它只是根据个人需求量身定制。在最后一章中，我们试图以大胆而试探性的方式，探讨后基督教的现代社会中生命的意义。我们的发现简单且不拘泥于社会学——那就是爱。展望未来，可以肯定地猜测，爱——无论是它的荣耀、至高与深邃的价值，还是它的苦难与幸福，无论是人类的爱还是动物的爱——将成为人生意义与满足的主要来源之一。

一个建议和一个问题：或许，如今曾让男人与女人对立并预先决定家庭结构的阶级制度正在渐渐瓦解，两性是否可以开始期待并渴望友好共处成为新的常态？正如阶级斗争矛盾地催生出平等与团结的理念，两性之间的战争是否也能让我们构想新的可能性，重新定义理想乐园，并唤醒那些推动共同解放、自由相处的政治和社会冲动？新的现实是否正在萌芽，并且伴随着新的神经症？当我们个人的生活不再以宗教信仰、社会阶级和填饱肚子为中心，不再以核心家庭为支柱，而是专注于"我是谁、我要去哪里"，试验各种生活与爱的方式时，这会带来哪些影响？这是否只是穿着现代衣裳的索多玛和蛾摩拉？ 它的影响是否超越了个人生活，延伸至科学、政治、劳动力市场和商业等领域？或者说，我们对自身利益和潜力的极大关注，是否会走向死胡同，最终导致伪亲密关系，催生出彼此疏离却又因无法共处却也无法分离而沮丧的情侣们？

马克斯·韦伯（Weber，1985）曾指出："资本主义精神"是基督教禁欲主义的意外副产品。假设如今新教或职业伦理中尽己之责的精神正在衰退，而习以为常的家庭生活模式也在崩解，那么接下来的争夺焦点很可能会是爱本身，为了爱而奋斗。倘若瓶中塞满了爱情、浪漫念头，以及各种治疗式努力，那么有哪些意想不到的魔鬼会被释放出来？这会对政治思考或政治行动产生什么影响吗？我们不会简单地给出这些问题的答案，而是分以下三个部分加以讨论：

（1）为什么爱情被提升到了一种现代宗教的地位？借由比较爱与宗教可以厘清或解释什么？这种比较在何处恰当，又在何处不相干？为求解答，我们必须先界定一些被以多重含义使用的术语，有时它们似乎描述的是家庭、婚姻和爱情关系的瓦解，有时则描绘了对这些关系的神化。我们的论点是：那种铺设性别、家庭与职业角色的工业社会结构正逐渐崩塌，一种现代形式的原始无序正借助爱情之名而爆发，沿路还布满了无数的喜悦与障碍。正是在此刻，我们对于个体自由与满足的追求——这一瞬息之间便可翻转为仇恨、绝望与孤独的诉求——在离婚与再婚的统计数据中留下印记，也在那些频繁重组与连续更迭的家庭中显现，因为成千上万的人都在追寻幸福。

（2）相反的观点（或"对立面"）则会声称"这一切自古以来就是如此"，深信这种爱的形式自古就有，即使是历史学家也无法追逐它的踪迹。我们企图呈现：对爱投注希望是一种现代现象，一种我们的时代里特有的东西。

的确，浪漫爱情的概念在 20 世纪下半叶之前就已经形成；例如，以彼此相爱作为个人终极自我呈现的方式——这种既写实又充满幻想的混合体，早在 18 世纪、19 世纪就曾被赋予痛苦与狂喜的内涵。真正新颖之处在于，这种带有诗意的爱恨交织的浪漫主义已转变为一种大众化的运动，披上现代生活的各种外衣，渗透到文化生活的每个角落，包括治疗师的教科书、离婚法，以及人们的内心世界。如今，因爱而结婚已不再意味着组建家庭、获得物质保障或走向为人父母等，而是要在方方面面都能做真正的自己：既要在探索自我的道路上不断前行，又能始终相信伴侣会给予稳固的支持与陪伴，力图拥有两全其美的人生。

（3）对于那些必须自行创造或寻找自己社会环境的个人而言，爱情成了赋予他们生活意义的核心支点。在这个无人要求遵从或尊重旧习惯的世界里，爱情仅仅以第一人称单数的形式存在；真理、道德、救赎、超越与本真性亦是如此。根据其内在逻辑，这种爱的现代类型根植于其自身，即根植于体验它的个人之中。它从自身及其主观观念出发，极易走向极权主义：排斥任何外来的权威，只愿在出于情感和自发理由时才去承担责任、做出妥协并保持公平。唯一的义务就是诚实。如果一个人不去爱，即使他的行为或许对他人造成比抢劫或暴力殴打更深的伤害，都不算犯罪，也不算破坏规则。由此可见，爱情不仅是获得情感与亲密的途径，也为人们拿起亲密的利刃去攻击爱人提供了借口。我们推测（并将在后文加以充实和讨论），爱情已经成为某种蓝图：在没有了国家、法律与教会曾经强加的束缚与限制之后，人们在爱情旗帜下寄托各自的希望并付诸行动，并由此衍生出自身的内在逻辑、冲突与悖论。心理学家经常宣称借助考察个人及其成长历程便能解释所有激烈而不稳定的关系，而社会学家意图在诸如工作机会与女性权益等外在因素里寻找原因，但我们认为它的根源尚在别处。如此强烈的情感动荡有一个根本原因：这种建立在瞬息万变的情感基础上的生活方式，加之双方都渴望"成为自己"的诉求，本身就蕴含着内在的自相矛盾。

婚姻、家庭与亲密关系的瓦解与神化

阅读本书的男性与女性，会在不同章节中发现同一个矛盾——有些章节对此着墨不多，而另一些章节则显而易见。现在，必须对这一矛盾加以澄清。读者应该已经注意到，婚姻与家庭生活正在瓦解的有力例证，却同时被另一组同样令人信服的例证所驳斥——这些例证显示婚姻与家庭这两大制度依然至关重要。高高在上的离婚率看似预示着婚姻的终结，而同样高的再婚率则表明婚姻还是很吸引人。任何试图从出生率下降推断出"生儿育女与为人父母的优先地位已消失"的人，看到成千上万的女性（与男性）如何竭力挣脱不孕的困境后，都不得不重新审视这一结论。至于越来越多人选择"事实婚姻"（不领取结婚证而共同生活）是否代表人们对传统家庭模式已经产生根本性怀疑，家庭研究者（他们甚至为此不得不为自己的研究领域辩护）的答案是否定的：婚前或婚外同居的伴侣往往并不喜欢过放荡或离经叛道的生活，他们跟正式结婚的夫妻并无太大差别。

从未有哪个时代的婚姻像今天这样，建立在如此短暂与无形的基础上（见本书第3章）。拥有体面工作的男女在经济上已不再依赖家庭给予的支持。他们的结合不再像封建社会时期那样，肩负政治目的或有维系家族或财产的功能。过去被视为当然的血缘纽带也开始松动，夫妻搭档式的协作模式反倒变得少见。换言之，那些曾被视作牢固且注定的要素正在逐渐消散。取而代之的是，人们必须在与所爱之人共同生活的宏观—微观世界里，寻找并获得曾经由社会分配给各种职业或城市不同区域的功能：浪漫爱情、保持情人关系、怡然自得的亲密感、摆脱成人责任与乏味日常的解放、得到罪责的宽恕、在家族历史与未来规划中寻求庇护，还有为人父母的那份自豪与乐趣——还有那些，神秘而彼此难以兼容的种种面向。

从历史角度看，在男人与女人已经丧失过去的政治、经济确定性和道德指引的时代里，人们不免要问：为什么他们会如此整齐划一地追寻私人幸福，偏偏要为爱而婚，而整个社会似乎又在提倡差异化？为爱而婚只不过是工业革命开始后才出现，是工业革命的产物。它被视为人们所追求的最理想化的目标，尽管社会现实恰恰暗示着相反的情况。婚姻从昔日传承财富与权势的手段蜕变为如今我们所熟知的、仅凭情感投入和寻找自我来维系的轻盈虚浮形态，因此它虽失去了稳定性，却并未失去吸引力。尽管与"糟糕的"社会现实相反，但在社会各个阶层——无论收入、教育程度还是年龄——家庭与亲密关系依旧被理想化。以下是针对工人阶级态度的研究所提供的一些证据：

> 访员："对你而言，有家庭和孩子意味着什么？"
> 席勒先生："让人生有了点意义。"
>
> 席勒太太："你知道你在这儿是为了什么，也知道你工作是为了什么。"
>
> 克斯勒先生："对我而言，家就是一切。除它以外，我什么都能放弃。"
>
> 泰勒女士："家庭和小孩才是最主要、最重要的事。"
>
> 对于父母而言，他们生活中几乎没有什么能像拥有家庭和孩子一样，被如此强烈地视为人生核心。只有当他们拥有家庭与孩子时，生命才获得一种主观的"目的"。（Wahl et al., 1980：34—35）

这个发现既矛盾又神秘：家庭正处于瓦解与被神化的双重状态。如果根据人们的行为来推断他们的信念，那么在我们理想中的相爱伴侣图景里，极乐天堂和精神折磨似乎邻近无比——也许它们只不过是同一座城堡里不同楼层的房间：一处是高塔，一处是刑房。更重要的是，必须对此做出解释：为何如此多的人渴望拥有孩子，往往不惜放弃其他一切兴趣，而与此同时出生率却在下降？同样地，当离婚率陡升时，为何家庭生活还能如此吸引人，似乎能提供一种家居乐园——既有陪伴，也能为人父母，还有爱情的个人救赎？又是什么促使男女双方彼此纠缠撕扯，却依旧对与现任或下一任伴侣共享真爱与自我实现抱持极高期望，而设定如此高标准几乎注定招致失望？

在一个由漂泊个体组成的社会中，理想化的二人世界与成千上万的离婚这两极，恰恰代表了一种迅速吸引追随者的新信仰的正反两面。他们的希望寄托在爱情上——一股服从其自身规则的强大力量，将它的信息铭刻进人们的期望、焦虑和行为模式中，引领他们走向从婚姻到离婚再到再婚的循环。

爱情仿佛与家庭的现实生活，以及它本该帮助走向更大幸福的那个人，分属两个完全不同的世界。根据这种信念，为真爱之故而牺牲婚姻、家庭关系、亲子关系，甚至是依赖自己之人的幸福，并不算罪过，那不过是遵从爱的规则，响应内心的呼唤，为自己也为他人寻求自我实现。这样的人并没有罪；过于执着一个并未给予爱情足够重视的秩序，那才是错误的：

> 许多人认为，人生中的每一次危机都大同小异。然而，事实上，对于一个有孩子的家庭来说，离婚带来的冲击与破坏，是其他任何人生危机都无法相提并

论的……我们还在其他什么生活危机里能感受到这
样强烈的想要杀人的冲动？在什么情况下，我们会把
孩子当作对付对方的武器？与其他危机不同，离婚
会将人最原始的情感——爱、恨和嫉妒——推至表
面……在地震、洪水、火灾等重大灾难发生时，父母
会本能地先把孩子送到安全的地方。然而，在离婚的
关键时刻，孩子却没有父母亲自己重要；父母各自面
临的问题成了第一要务。离婚手续进行期间，父母
几乎在各方面都忽略了孩子；家庭秩序崩溃，小孩
被弃置一旁。分居的父母较少花时间跟他们的孩子相
处，也更难体察他们的需求。在这场动荡的恐慌中，
赤裸裸的自我主义往往占据上风。(Wallerstein and
Blakeslee, 1989 : 28—29)

我们对爱情的信仰具有某种宗教色彩，这一点在与加尔文
主义的鲜明类比中表露无遗。当年的教众被鼓励（甚至被
敦促）让整个世界屈从于他们想要取悦上帝的意志——这
本质上意味着与传统决裂。现代式的爱情崇拜重新捡起这
个理念，允许或者强迫我们割断与家庭的纽带，以免背叛
对真实与真爱的个人追寻。为某人而舍弃自己的孩子并不
被视作对爱的背叛，反倒被当成对爱情的证明；把爱情理
想化，就意味着承诺与各种虚伪的爱彻底决裂。这也彰显
了爱情对我们已然施加的巨大力量，以及在应对日常琐碎
生活的同时，努力践行这一理想所面临的矛盾。

　　这种渴望并追求极致爱情的态度，构成了一种信仰，一种带有宗教意味的心态，必须与人们实际的行为（他们真正所做的事情）严格区分。正如在基督教里存在法利赛人、皈依者、无神论者与异端，在爱情的世界里也同样如此。犬儒主义者，往往是对某种夸张的爱情信仰感到失望与痛苦的心灰意冷的信徒。正因为信仰和行动之间存在许多矛盾，我们必须清晰地区分这两个层面。此处谈及的更多是关于我们对爱情的理解与信仰，而非与之相悖的行为方式——无论这些行为如何偏离或以何种扭曲形式呈现。

　　此外，还存在一个现象，可称为信仰与确定性成反比的定律。任何一个在日常生活里与爱侣相处愉快的人，都会忘了爱的信仰对他或她有多么重要。人们的注意力总是被不确定性吸引——只有当不确定性出现、确定性被驱逐时，人们才会痛切地意识到：爱情在塑造我们个人生活的过程中究竟扮演了多么重要的角色，即便我们尝试否认这一点。

　　如果这个把爱当作终极答案的准宗教信仰并不直接体现在行为上，那么它又是如何表现出来的呢？有些人可能会说："我的人生有好几项要务，其中也包括爱情；而且爱情本就形态多样，从炽烈的激情到母爱，再到婚后十七年的相伴之情，可以是同性的，也可以是异性的。"如我们先前所言，离婚的数据可以从一个侧面反映出爱情对人们的影响有多么强烈：人们为此付出的深层承诺，就在那些离婚数字上得到了清晰展现（见本书第1章）。但与此同时，研究又普遍显示，人们对家庭与婚姻的憧憬依然坚定不移，即使"甜蜜之家"的标志已经歪歪扭扭地悬挂多时。无论如何，（早期）离婚后再婚的人数依然相当可观（Federal Office of Statistics 1988：71 and table 3.23）。离婚家庭的小孩往往更加努力想要经营一个幸福家庭，遗憾的是，这一目标常常未能如愿实现（Wallerstein and Blakeslee，1989：38—39）。

所有这些并不能完整反映人们在日常生活中实际的所作所为，却凸显出理想中的生活和与他人朝夕相处的现实之间的差异。[2] 正如韦伯（Weber，1985）通过研究加尔文宗信仰的文本来寻找内在禁欲主义的踪迹，如今我们应该考虑在自助书籍、治疗准则，以及离婚诉讼记录中寻找真爱信仰留下的印记。

爱作为当代宗教

我们对爱情的信仰本质可以借着与宗教对照而清楚地呈现出来。两者都承诺可达成完美的幸福，且所遵循的路径也大同小异。二者皆能使人摆脱日常琐碎，为平凡生活披上一层崭新的光芒；古旧陈腐的观念被抛诸脑后，世界似乎焕发出新的意义。就宗教而言，人们把全部心力投向另一个无限的真实，视其为唯一真正的实在，并且包容一切有限的生命。相对地，就爱而言，这种突破常规界限的体验既具感官与个人色彩，展现在彼此的性爱激情之中，也见于人们对自我和世界的全新感知中。相爱的人拥有不一样的视野，因此成为不同的自我，并为彼此打开新的现实之门。双方在彼此倾诉过往的过程里，重新塑造了自己，并赋予未来新的模样。正如阿尔贝罗尼（Alberoni，1983）所言，爱情是一场"属于两个人的革命"；克服那些阻碍他们的冲突与道德律时，他们便真正地证明了自己的爱情。恋人随情感的鼓舞而发现，自己身处一个新的世界，一个属于俗世又占有独立领域的世界。

爱情是"一种典型的反抗行为"（Alberoni）——似乎这正是现代爱情所承诺的，在一个充斥着实用主义与权宜的谎言的世界里，仍能保有做真实自我的机会。爱情是人们对自我的探寻，是渴望真正地接触到我与你的冲动：共享身体、共享思维、彼此坦诚相见、忏悔并获得宽恕，以及理解、肯定并支持过往和当下。人们在其中寻求归属与信任，用以对抗现代生活带来的焦虑与不安。如果不再有确定性与安全感，甚至每天呼吸的空气也要面临污染，那么人们就会去追逐那些关于爱情的迷人幻梦，直到有一天，它们忽然变成噩梦。

我们总是在不经意间跨越看似坚固的日常现实边界。记忆带领我回到儿时的光景。我为白云感到惊奇，并且想象藏在它们背后的故事。我翻开一本书，发现自己置身于另一个时代；脑海里满是一个我从未谋面、已然故去之人的生活场景；我从未听过的声音在我耳内回荡。在这些不寻常的生活经验里，爱有其特殊地位。不像疾病和死亡，至少在我们当下的文化中，爱情不被压抑，而是被人主动追求。它无法被理智或实际操作所左右，也无法按需生产。那些期盼找到爱的人，追求的正是此时此地的救赎，所谓的"彼岸"就在此世，有它自己的声音、形体与意志。宗教告诉我们，死后才有来生；爱情则宣称，死前就已有了另一种生命。

正如 P. L. 贝格尔指出的，鲜有作者如罗伯特·穆齐尔那般对爱的极端一面观察入微：

> 性渴望会粗暴地打断人们平稳的日常节奏，蓦地扯下男人和女人所戴的社会面具，暴露出他们礼仪举止下那骇人的兽性一面。在穆齐尔的小说《没有个性的人》中，主人公乌尔里希与博娜迪娅有了一次疯狂邂逅后写道：爱让人们变成"狂乱的傻子"，而且借此能力，性的体验就像是"被另一层意识占据的小岛""冲入"日常真实里。更有意思的是，同一段文字里，乌尔里希还把性爱跟其他现实生活中的其他颠覆性因素相比，特别是戏剧、音乐和宗教。（Berger, 1983：235—236）

爱是资本主义里的共产主义；吝啬鬼散尽家财，反而获得极大幸福：

坠入爱河意味着敞开自己，去迎接一种全新的
存在方式，但并没有任何保证能真正获得它，就像是
吟咏幸福的狂想曲却不一定有所响应……而当挚爱
的人真的给出答案时，那感觉就好像自己并不配，却
意外获得了一件奇迹般的礼物……神学家对此有个
专门的术语：恩典。如果对方——我们的爱人——
也同样说"我爱你"，并且两人全身心沉浸于彼此，
那么这一刻就是无比幸福的，时间仿佛静止不动。
（Alberoni，1983：39—40）

爱情是一种乌托邦，它并非来自上层的规定、文化传统或
布道式的规划，而是自下而生，源于性冲动的力量与持续
性，以及深层的个人愿望。就此而言，爱情是不受外在意
义和传统束缚的宗教，它的价值源自恋人之间的深切吸引
和他们在主观层面彼此许下的承诺。信仰真爱不需要成为
教徒或经过皈依仪式。

因此，我们对爱的信仰与其脱离传统的特性密切相
关；它出现在那些令人失望的各种信条之后，不需要组织
委员会，也不需要党派成员，就能成为一种有效的主观力
量和文化力量。它是性部分摆脱传统禁忌，以及人们普
遍对既有信仰感到幻灭所带来的结果。依现代社会结构而
言，没有外在的道德机构来为爱负责，唯有恋人彼此的感
受才是唯一的准则。

缺乏坚实教义的宗教通常会逐渐消失，但爱情却是一

种没有教堂、没有祭司的宗教，它能够一直存续下去，就和当下已不再受到社会指责的强大性需求一样确定。它无法被制度化，这也同时意味着它是独立于制度之外的。尽管会衍生出各种文化形态，但它唯一真正的位置始终在恋人双方的心中。正因如此，它才成为一种非传统、后传统的宗教，而我们往往对此并不自觉——我们本身就是它的圣殿，我们的欲望就是向它发出的祈祷。

随着旧法律、教会、国家和道德步步衰退，即使是爱情，也摆脱了旧有的固定模式与成规。结果是带来了一种实证主义式的思路：把个人的偏好和价值观转化为规范。然而，这并没有削弱爱情的地位（为生活赋予目的与意义的神秘力量），反而进一步肯定了这一点。在此，教会与《圣经》、议会与政府都合而为一——关于爱情的一切都取决于个人的良心，指引着每个人如何规划并塑造自己的生活。至少这是我们所共享的理想状态，也正是我们所期望的样子，尽管在现实层面上，人们时常只能采取一些惯常的解决办法。

爱侣在情感问题上只能依赖自身直觉，而这个过程本身就是循环往复的，因此任何关于爱的言谈也同样如此。治疗师想要用通行的方式厘清这些纠缠不清的个人遭遇和经验，但那个被认为能解释和证明一切的最基本公式——我就是我——正如米兰·昆德拉在他的《好笑的爱》一书里所讽刺的那样，是一种用事物本身来定义事物的奇特尝试。罗兰·巴特在关于爱的语言分析里也揭示了这种循环论证：

可爱的

当一个人无法确切说出自己对所爱之人那种特殊欲望时，就会退而求其次，用这个有些愚蠢的词：可爱的……此处深藏着一个我永远无法解答的隐秘谜团：为什么我如此渴望爱？为什么我始终不停息地追求它？我追求的是全部的爱（身影、体态或某种情绪）吗？那样的话，这个被我爱着的身体里，究竟是哪一点引发了我的恋物之情？是什么毫不起眼的小地方惹人爱呢，还是什么偶然的因素造成的？也许是某只指甲的形状？一颗略微倾斜的断牙？一缕头发？或是在说话、抽烟时摊开手指的某种姿势？所有这些身体的褶皱细节，我只想说它们都可爱。可爱意味着这就是我的欲望之所在，且独一无二；"就是它，确实就是它（正是我所爱的一切）！"然而，我越是感受到这份欲望的独特性，就越难给它一个名字；欲望的目标越精准，就越难以描述。欲望最本质、最专属的东西，往往只能带来表达上的失败。语言无法言说时，便只剩下一个字眼——"可爱"。

……可爱正是语言枯竭后残留的微弱痕迹，是语言本身力不从心的表现。我一次次试图用"不同的话语"来描述我心中所想形象的自我本质（ipseity），即努力以不得体之言表达得体的欲望。在

> 这段旅程的终点，我唯一的终极哲学便是去承认、去
> 实践纯粹的同义反复。可爱就是可爱。或者说，我爱
> 你是因为你可爱，我爱你就是因为我爱你。（Barthes，
> 1978：18，20—21）

事实上，爱的这些珍贵而神圣的面向并不只是我们自我陶
醉的结果。若想理解为什么那么多人像是着了魔般陷入爱
情狂潮，就需要往截然不同的领域——比如教育、科学进
步、世界市场与技术风险——去深究。外部世界有大量抽
象的事物正冲击着我们：统计数据、数字、公式，所有这
些都在提示我们正处于危险境地，而这些信息又几乎都超
出了我们的理解能力。于是，去爱就成了一种反抗的方
式——借由这股情感力量，我们能够抵御那种飘忽难测、
晦暗难明的存在处境。

爱的价值在于它提供的那种特殊而激烈的经验——具
体、饱满、引人入胜、无从回避。在其他社会交往形态逐
渐失去吸引力之时，即政治变得无关紧要，阶级被简化为
统计数字，甚至同事之间也因为倒班或弹性工作制而难得
见面之时，唯有爱情（以及它所引发的矛盾冲突——从谁
洗碗这个永恒问题，到要怎样的性生活，从怎样养育孩子，
到用自我揭露的方式彼此折磨）依旧占据着垄断地位：爱
是你唯一可以真实接触自己和他人的地方。周遭的生活越
是缺乏人情味，爱情就越具吸引力。它宛若一次神圣的感
官浸润，就像办公室职员在林间慢跑时获得的那种舒畅一

样，为那些天天跟数字打交道的人带来了同样的解脱——它让你重新感到自己活着。

缺乏传统的社会会制造出一系列偶像：电视、啤酒、足球、机车、精致鹅肝酱——几乎涵盖人生每个阶段的喜好。你可以加入俱乐部或和平倡议组织，或者保持远距离的友谊，以确保你仍然与某些人有共同话题。你也可以回归古老的神祇，或去发现新的崇拜对象，翻找遗迹，或研究星座。你甚至可以继续坚持阶级斗争，并且歌颂自由，尽管心里明白，那样的黄金岁月（若曾有过）早已不复存在。

与这些逃避途径相比，爱情的独特在于，它是有形的、具体的、个人的、当下的。情感上的动荡既无法推迟，也无法转移，无论男女双方是否情愿，都不得不做出回应。没有人能决定自己何时坠入或走出爱情，却可能在任何瞬间，像踩到陷阱一样，掉进一个全新的维度。因此，爱不是替代品或避雷针，也不是政治上理想的出口商品，更不仅仅是电视广告。当下这股爱情热潮，反映的正是当前的生活状态，以及市场强加给人们的那种匿名化、预制化模式——在这种模式里，人们的私人需求被无奈地排到了最后。[3]

阶级、贫穷、宗教、家庭和爱国主义等老问题结束以后，又有新问题出现：它有时以不确定、焦虑、无法满足，也注定无法满足的渴望的面貌出现，有时则以色情、女性主义和心理治疗的方式清楚地呈现。可渐渐地，这个问题开始展现自身的光芒与节奏，为人们描绘了比升职加薪、换新电脑或薪酬不公等起伏更为诱人的前景。

"被爱，意味着有人告诉你'你不会死'。"[4]当我们愈发意识到自身的有限、孤独与脆弱，这种灼热的希望就显得愈加美好且令人无法抗拒。疾病与死亡，个人的不幸与危机都是检验爱情誓言是真诚还是谎言的时刻，就此而言，爱，这个世俗宗教可以宣称它与其他宗教一样能赋予生命意义。反过来看，对死亡的恐惧会粉碎日常生活，让一切看起来疑点重重；而在痛苦与恐惧之际，爱情则获得了新的维度。原本脆弱又精心构筑的外壳，在这一瞬间（至少暂时地）出现了缝隙，放任"为什么？""为了什么？"之类的问题涌入，那些对失而复得的相伴时光的渴望也随之涌现。

随着宗教对人们的束缚逐渐松动，人们开始在私密的圣所中寻求慰藉。爱情所承载的希望，不仅仅是亲密与性爱带来的满足。床笫之欢是一种形式，病榻上的相互照料又是另一种形式。爱情的力量表现在它能够接纳软弱、衰老、错误、疏忽，甚至罪行。至于"无论富贵或贫穷"之类的誓言究竟能否兑现，其他宗教也同样要面对这个问题。病痛也会催生出一种新的虔诚；在对所爱之人倾注感情，从而弥补自身过失与不足的愿望背后，潜藏着这样一种信念：爱情是一种告解行为，常常也是对冷漠社会的一种姿态。

将爱情与宗教类比，视其为给生活带来意义的力量，这种类比会在爱情本身终结时宣告结束。在这个当代宗教里，爱情的终结依旧毫无意义；或只有在"为了爱"的名义下、通过恋人间的相互体谅而分手，这才勉强有了一点意义。也许对于未来世代而言，换爱人会像换工作一样平常，爱情的流动也会成为社会流动的一种形式，但就当下来看，离婚法庭上层出不穷的纠纷指向的却是相反的局面。

相信爱情，就意味着被当下所左右：此时此地，你和我，我们的相互承诺，以及我们如何践行。拖延是不被允许的，我们也没法指望上帝帮忙或将幸福推迟到来世的空间。即便在这个世界失败了，也不会有一个仁慈的天堂来满足我们彼此间那些不合时宜的冲突和过高的期望。爱情冷酷无情，必须即刻兑现。

信仰爱情意味着爱你的爱人，却不一定爱你的邻居，并且这份爱随时可能转化为恨。前任爱人们一旦失去现任身份，也便失去了家园，连居留许可也不复存在；他们无权寻求庇护。没有被爱，就意味着被抛弃，这也是心理治疗师们（那些被离婚摧残的人的重症监护室）能写出无数专题的领域。对爱情的信仰制造出两群不稳定的人：一是现任爱人们，数量大抵稳定，但个体随时在更换；另一个是前任爱人们，随着现任们的不断替换而日渐增多。于是，人们在局内人和局外人之间穿梭往来——有的人仍然被祝福，有的人已失去祝福；他们曾经亲密，如今却关系疏离，依旧各自寻找最终能带来满足的爱情。

爱情与宗教之间互有异同。爱是私人化的宇宙，宗教则与现实中掌握权力的各种体制结盟。在爱情里，恋人就是他们自己的教会、自己的祭司、自己的圣经——即便有时他们会求助治疗师来帮忙解读这些经文。他们必须自行制定规则和禁忌；形形色色的私人爱情体系层出不穷，而一旦这对情侣不再以彼此信仰的祭司姿态相待，这些体系也就失去了神奇的力量，甚至随之瓦解。

爱巢是由恋人之间用来消除陌生感并赋予这段关系一段过去的种种象征元素所构筑的。他们将这巢装点成二人世界的中心，变出一张飞毯，承载共同的梦想。如此一来，那些崇拜对象、牺牲奉献、隆重仪式，甚至熏香和日常礼仪，都共同构成了我们得以在其中相爱的可见场域。这份私密的信仰更多地依赖个人的方式被设计、发明并妆点，而不是让官方来认证或管理：依偎在米老鼠和泰迪熊旁，认可黄色作为爱的颜色，在秘密世界里为彼此取特别昵称……所有这些努力都是为了对抗那种挥之不去的恐惧：万一有一天爱情结束，一切都会失去甚至被遗忘。

宗教的界域横跨此世与彼岸、开始与结束、时间与永恒、生命与死亡，因此常被视作不受时光侵蚀、亘古不变。相反地，爱的界域狭窄又特定，仅限于你和我所构成的小小世界，除此之外别无他物；它排斥异己、逻辑自私，甚至可能显得不公或残酷；它带着某种任意性，游离在法律的范畴之外。它的种种戒律往往与他人或社会的其他诉求相冲突，而其原则也能抵挡任何标准化的尝试。

也正因为如此，爱情成为对抗个体化危机最理想的意识形态。它强调每个人都不同，却又为那些形单影只的个体提供一种在一起的可能。它不依赖过时的地位、金钱或法律规定，只依赖真实而直接的情感，以及对于这种情感正当性的信仰，还有投射到对方身上的信念。在这当中，立法者就是恋人本身，他们用彼此相爱的喜悦来确立法条。

爱的历史：民主化的浪漫主义

当然，与上述思考路线相反的观点就是"事情一直都是如此"：自古以来，爱情的各种华美与混乱——繁衍、生育、性欲、压抑、激情、亲密、仇恨与暴力——始终是同一出人类戏剧。表面上看，这并不难证明。我们如今依然能够存在并延续繁衍，本身就说明"鸟儿与蜜蜂"*那点事，自古以来便广受欢迎。无论一个人是黑人、黄种人、白人，是 11 世纪的穆斯林、15 世纪的基督徒，还是古希腊的奴隶，不管身处专制还是民主体制，人们造人的方式从根本上并无改变。生物学家、心理学家和剧作家（普劳图斯、莎士比亚、克莱斯特、贝克特、哈罗德·品特）等形形色色的见证者在这一点上倒是罕见地达成共识：要么爱情自始至终就是生活的隐秘核心，要么它从来都不

---

* "鸟儿与蜜蜂"用来指代性教育或性繁衍相关话题，常被用来向儿童解释"人类如何生儿育女"，以一种较为隐晦、不直接描述性行为的方式传递基本的生理知识和观念。

是。如果真是如此，那我们的理论不论往哪边都说不通。

因此，我们必须更精确地论证。我们关注的焦点并非性行为在生物学层面的影响，也不是围绕性而建立起来的大量社会制度。我们的主题是，作为我们文化中一个象征界的爱情，以及它与其他象征界（如贫穷、功利主义、技术风险、环境意识）之间的关联。如果说在中世纪的武士社会或阶级社会中，爱情确实扮演了一定角色，却尚未成为主角，那么我们认为当下及未来则正好相反。换言之，随着社会越发繁荣，人们的生活越不受阶层或既定权威的束缚，于是注意力更多地集中到一种对情感满足的急切追求上。

与众多社会学家普遍的看法截然不同的是，我们相信：那种唯有爱情才能赋予人生目的与意义的坚定信念，正是现代社会变迁中合乎逻辑的产物。若以一种略显粗糙的方式来概括（这也使得这一论点更易被质疑与驳斥），历史上似乎存在宗教—阶级—爱情的接续关系。这不是说它们之间有高低之分，或是有后者优于前者的进步脉络，而是指社会中不同时期会出现各自的原则与视野范围。若是个人的生活崩溃了，人们不会再去寻求教会、上帝或是其所属阶级的保护，而更渴望找到一个可以信赖、与之共享世界观并承诺给予支持与理解的人。当然，其中充满了时间错位和多层交叠，但社会的焦点已经明显转移。用韦伯的话来说：人们的"指导价值观"也随之发生变化，就像一道"光束"，会凸显或掩盖那些在文化上被视为重要或无足轻重的因素。

这意味着工业资本主义并不仅仅是寄生在传统价值和信仰之上，[5] 当工业主义开始衰落时，新的态度与目标正逐渐站稳脚跟。其中一个对抗个人主义的趋势便是信仰爱情。

在这里，我们可以与各种不同的观点相互对照，例如心理学家和精神科医生解读世界的方式。探究爱情意味着什么并不止于个人的回答或童年经历，还必须纳入塑造我们生活的社会结构，如工作和生活条件、家庭理想、性别角色刻板印象，以及人们在其中组织和校准自身需求与愿望的价值观。

本书的观点与一种认为爱情在历史进程中发生了意义变迁的理论相呼应——我们站在爱神这边。在我们的文化中，性之于浪漫之爱如同现实之于潜能。日常生活的重负会压抑我们的渴望，让原本的激情看起来不过是包装——更像菜单上的诱人描述，而非餐盘上那只难啃的鸟。在科学的"现实主义"视角下，热烈的爱情往往被视作近乎变态或至少是过度的行为。社会主义者和资本主义者很容易将它视为逃避责任的借口。倘若坚持从这个角度来看，的确可能如此。要知道，恋人比其他任何人都更会依照自己的世界观来调整行为，从而在某种程度上改变现实。然而值得注意的是，其他一些世纪与文化在缺少我们所谓"科学智慧"的情况下，却将这种疑虑留给了市井之徒，并以我们难以想象的方式精心打磨了爱的艺术。

上述的简短回顾已经展示了爱情在历史上呈现出何等

多样的形态。从文化史与社会史来看，单是激情之爱就有
数百种形式（暂且不提对烤鸭或一记十足漂亮的反手击球
的喜爱）。在早期的印度、中国和阿拉伯，爱是一种艺术
形式；而在西方，则有柏拉图式爱情、由基督教修士所修
炼的肉欲之罪、针对通常遥不可及的贵族女子而升华出的
宫廷之爱，乃至意大利文艺复兴时期席卷一切、不容任何
桎梏与权威的燃烧之爱。这种爱最终化身为情妇恋情，在
欧洲统治阶层的宫廷生活与文学圈里普遍流行，使当时及
后世的浪漫幻想都带上它的印记。

　　当然，这一切都是在教会警惕且不赞许的注视下发生
的。那些年长而博学的神父担负起对夫妻在床上的所作所
为进行分类的艰巨任务，主要依据是道听途说和《圣经》。
我们如今掌握的大部分史料也正来自这些神职人员，因此
中世纪里关于爱情、繁衍、礼仪、体面，以及禁忌体位等方
面的记载都带有神父不悦的色彩。让人好奇的是，在告解、
清洗良心的前后，现实里究竟发生了什么？

　　回顾这些文化名词，至少能让我们看到昔日爱之可能
性的广阔维度——而那些情形当年都是真实存在的（文学
作品认为它们值得记录）。也许，如柏拉图所言，我们眼
下离见证某种美好并不远，而并没有成为自己所担忧的
被塑料包裹、无根无蒂的现代人。也许米歇尔·福柯在
1984 年（他去世前不久完成了《性史》）所说的那番话是
对的："将道德视为对一系列规则的服从——这种理念正
在消失。这份无所遵循的道德缺失，必然通过对生存美学

准则的探索来加以回应。"换言之，福柯认为，与其拘泥
于法律、道德戒律、刻板的等级需求，他更倡导古老的"生
活艺术"，即通过"自我风格化"和"提升个性品质来让
自己的人生臻于美好"（转引自 Schmid，1986：680）。
多么奥林匹斯式的计划啊：我们未来的邻居可能会是古希
腊人了！也可能是阿拉伯人，文艺复兴时期的爱侣们，吟
游诗人，或甚至还有我们尚未得知的第四、第五乃至第六
种人群。

即便冒着简化或曲解大量史料的风险，我仍想将爱情
与婚姻的关系划分为三个主要阶段（这里也顺带对应了
爱情如何演变为一种宗教的脉络）。第一阶段横跨整个古
代和中世纪，一直到 18 世纪结束。这一时期的根本假设
是：爱与激情亵渎婚姻。正如塞涅卡所言，"爱己妻如情
妇是再羞耻不过之事"（转引自 St Jerome，in Flandrin，
1984：155）。至少对于贵族与统治阶层来说，这意味着
可以与情妇发展更精致的爱情，而无须受到婚姻责任与权
利的束缚。

第二阶段始自 18 世纪晚期的英国。随工业资本主义
荣景而兴的新中产阶级，因不满贵族"散漫的道德"转而
将清教徒禁欲式观念强加给整个社会。结果是，人们的欲
望转入地下，各种非主流的性行为都被贴上"越轨性行为"
的标签，交由心理学家和医生来处理。

第三阶段也就是本书所讨论的当下。僵化的中产道德
反而暗中引发了人们对"被禁或怪诞行为"的好奇，各种

离奇幻想开始普及。在这样的环境里，爱情看似格外诱人，因为它不仅能刺激性欲，也提供了一种全新的自由。浪漫主义赖以奠基的那些大胆理念——每个人都要寻找自己的命运、无视中产阶级规范去直面人生的喜怒哀乐——曾经只属于少数特立独行、敢作敢为之人，如今却成了大众共同的精神财产。爱情就是自我与自我相逢，用你–我再造的现实；它宛如庸俗的浪漫主义，不再背负过多禁忌，正在成为一种群众性现象：一种世俗化的爱情宗教。

爱、僧侣和前工业时代秩序

"在除了我们这个时代以外的几乎所有社会和所有年代中，"正如菲利普·阿里耶斯与让–路易·弗朗德兰在他们极具启发性的研究中所示，"婚姻之爱和婚外之爱全然不同"（Ariès，1984：165；Flandrin，1984）：

> 人们认为对自己妻子表达超乎常人所能表现的爱……是羞耻的行为。过度的爱是一种不加约束的激情，通常只在婚外恋情中才能感受到。一个理性的男人应该以冷静的态度，而不是用满腔激情爱自己的妻子；他应该克制自己的欲望，不可放任自己沉溺于夫妻的云雨之欢。（Seneca，转引自 Ariès，1984：169）

平心而论，当我们去阅读那些将婚姻严格限定为权宜之计的理由时，颇能领略其中独特的魅力。即使连智者蒙田都在他的文章里提过，"婚姻生活是一种笃信而神圣的结合"。在此结合中，情欲是不合宜的，除非"人们以理性的态度认真而严肃地思考过"或者"本着良心谨慎享乐"。（Flandrin，1984：161）显然，就连蒙田也受到了神学家的影响。这些神学家认为婚姻的主要目的在于生育后代，并以此支持当时全赖血亲与脆弱的男性血统来维系的权力结构，必须确保有合法继承人。背负如此重责大任，结婚双方就只能行礼如仪，不得顺其欲望得寸进尺，因为他们的告解神父总是盘旋在头顶若隐若现，也因为保障国家统治权力和赢得战争胜利都需要更多男性子嗣。为了不让敌人夺走自己的权力、宫廷和财富，每个人都得在这一领域出力。

鉴于生育失败几乎等同于输掉一场战争，教会将婚内性交定性为只追求单一目标（即生育）的道德行为，这未尝不是一种仁慈。如果让社会秩序依赖人们的情感——爱情与欲望——那便等于将权威拱手让给了无法掌控的冲动，并且会把爱与战争搅和在一起。

基于上述看法，教会将婚姻视作生育与抚养子女的制度，可以说合乎情理，或至少当时看来无可厚非。如果如今我们觉得其中某些方面令人费解，不妨记住：自那以后，国家已将维护社会秩序的职责委托给经宪法选出的权力机构和一套分化完善的法律体系，因此统治系统对具体性行为所带来的后果的依赖已大大降低。

然而，人们难免会好奇，当年那些僧侣与神学家究竟是如何执行这份微妙工作的：

> 一个过于纵情欲望，并把自己的妻子当成似乎不是自己的妻子那般来满足自己情欲需求，甚至想与自己妻子调情的男人，就是有罪之人。圣哲罗姆似乎也认可毕达哥拉斯门徒塞克斯都的说法，"对妻子过度着迷的男人正犯下通奸之罪"……因此，一个男人不应待己妻如妓女，而他妻子也不应如同情妇般爱她的丈夫，因为，进行这神圣的婚姻圣礼时，理当怀着得体且敬重的态度。（Benedicti，转引自 Flandrin，1984：155）

这些论据本身也颇具趣味。僧侣十分明白，被点燃的情欲未必只会停留在家中，还可能在外头激起几处别有乐趣的小小炼狱：

> 更有甚者，这些丈夫还教妻子各种淫秽的花招，各种猥亵的技巧，新的姿势，千回百转，还把阿雷蒂诺那种骇人的姿势图都教给她们；只要他们身体里的一团欲火被点燃，就会在妻子身上点燃一百团火，让妻子变得像娼妓一样。妻子在这种训练之后，便会情不自禁地想离开丈夫，另外寻找其他骑士寻欢。这会令丈夫们抓狂，甚至杀掉妻子；而如此行径实在是荒唐至极。（Brantome，转引自 Flandrin，1984：161）

许多文献里都能见到这种道德说教与淫秽描写交织的现象。作者们既清楚自己在说什么，也明确自己所反对的对象，却毫无保留地写出来。这表明，教会在公开层面反性，同时在私底下又无形中培育并维持了更具吸引力的地下情色文化，恰恰因为它是禁忌而显得诱惑十足。

坚持把婚姻维系在为繁衍后代而结合的框架上，其实还衍生出另一面：婚外的激情。只要你足够富有或强势，即便教会不赞同，也仍有机会寻欢作乐。这里产生了道德行为与世俗行为之间的区分；这种区分固然偶尔尴尬，却也允许人们在不影响各自婚姻责任的情况下（当然是有选择性地，且常以牺牲女性为代价）去过自己的情感生活。婚姻之爱和婚外之爱在本质上并不相同，而这样反而让二者各自得到巩固：婚姻无须时刻担心因情欲摇摇欲坠；而爱情也可不必顾虑长久相守与生儿育女等责任带来的束缚。数世纪以来，只有当男女之间并不被迫长相厮守时，情色艺术与性爱的艺术才得以蓬勃发展。

即使来到当代，这一法则仍以略微不同的形式存在。我们如今往往认定婚姻建立在爱情基础上，因此无法像过去那样把婚姻与爱情的矛盾简单地并行放置，只能先后而行：先拥有婚姻或爱情，然后再换另一种状态。我们的时代极力强调区分各种功能，却又把私生活和性生活混为一谈，并且理想化地认为二者合二为一才是正道，这等于从根本上颠覆了分工的法则。若让那些古老的修士看到如今的情况，恐怕只会带着一丝嘲讽的微笑，轻轻摇头罢了。

商业伦理、破除陈规和通奸

　　围绕着早期资本主义社会中浪漫之爱与清教式婚姻理想之间的对立，人们已经做了大量批判。然而，自由观念所蕴含的悲剧性并不是资产阶级社会唯一的矛盾；婚内忠诚同样与资产阶级反抗统治者时高喊的自由与平等格格不入。要在商业上取得成功，商人就必须打破封建的规范与限制，并且把自己的利益置于竞争对手的需求之上，但一回到家里，却又要求其家庭生活秩序井然。现代哲学家倡导理性行为作为指导原则，试图摆脱形而上学与宗教的束缚。然而，所谓理性意味着抛开重重限制、追求自身目标、不侍奉任何主宰，并相信个人的直觉与经验——当然，这种自由需要人际网络的支持，但它仍旧是一种绝对命令，必须抵御各种来自主观（也就是他人）利益的冲击。

　　我们不再生活在一个预定的世界里；我们的生存状况源自我们的行为，并且受其左右。此时，康德的学说与凭借财务才能去征服世界的企业家之雄心不期而遇。这种态度假定并暗示了：我们中的每一个都有能力且有责任在自身权利上做出决断。但是性、激情与爱却不是如此。为什么会这样？理由何在？又有谁来为此背书？

　　如果说商人的自由在于无视陈旧的封建规范，那么恋人们打破清教徒式的资产阶级礼教，是否也理所应当？这两种理念密切关联：在人际或商业中赢得胜利，以及在爱情中自行其是，都揭示了中产阶级压抑道德中的内在伪善，也让人们对那种偷偷摸摸、被排斥在外的爱情格外敏感。被禁忌所蛊惑，性便轻易地变成了淫荡的激情。

爱情逃离资产阶级传统规范，不仅仅是一种逃离，它同时也将这些规范颠覆了。爱情的迷人之处，在于它似乎能带给人们从旧道德桎梏中解放的自由。浪漫主义——这里指的是无限的主观性，以及去爱与承受苦难的能力——是资本主义兴起所提供的第二种可能性；只要看看那些快速更迭的亚文化现象，以及极尽奢华的消费风潮就不难明白这一点。从这个角度看，19世纪出现的严苛婚姻道德规范、工业化进程、主观个性、萨德侯爵的遗产、浪漫诗歌，以及文学和现实生活中的传记式出逃，都不是历史的偶然。

当下的浪漫主义：爱是一首流行歌曲

从浪漫主义的源头看，爱情本质上就是一场抵抗"社会"的谋反。除了自身的规则，它不承认界限、阶级或任何法律。自古以来，这种带有颠覆性的"意识形态"就带有一丝歇斯底里——正如汉斯·马格努斯·恩岑斯贝格尔在他那部关于浪漫派诗人克莱门斯·布伦塔诺的"纪实"小说（Enzensberger，1988）中所描绘的那样：

奥古斯特·布斯曼致克莱门斯·布伦塔诺（1808年秋，兰茨胡特）

周五早晨

噢，你这恐怖、肮脏、卑贱、面目可憎又惹人怜爱的克莱门斯，克莱门斯，为何你要这般折磨我？今天晚上你休想得到亲吻；如果你敢来见我，我会鞭打你、啃噬你、抓伤你，把你压得粉身碎骨……

三年后，在被这份爱情"压得粉身碎骨"之后，布伦塔诺用这首独特的告别诗来消解他的仇恨：

> 好啊，我终于摆脱你了，
> 你这个轻狂放肆的女人！
> 诅咒你满是罪恶的怀抱，
> 诅咒你淫荡待售的身躯，
> 诅咒你堕落轻佻的乳房，
> 既不端庄，又不真诚，
> 满身羞耻，满嘴谎言，
> 污秽的枕头满是卑鄙的欲望。
> 诅咒我在你欺骗的嘴上
> 所浪费的每一个肮脏污秽的吻
> 诅咒那无聊透顶的时光。
> ……
> 再见了，你这个骗子，给我滚，你看这就是那

扇门，

> 我那悔恨的心在此终要离开你，你这个巫婆，
> 愿每一只踩进你床榻的脚都尽数枯萎，
> 我从不认识你，也从未见过你，
> 那真是噩梦一场，终将随风散去……

亲爱的、不幸的奥古斯特［恩岑斯贝格尔写］，你可能难以想象你和少数同时代的男女到底做了什么。我毫不夸张地说，正是你们（这些生活在 18 世纪、19 世纪之交的人）发明了"爱"——或者说，你们所理解并实践的爱，一直延续至今。毕竟，在此之前又有什么呢？以前，人们结婚，或好或坏，图个搭把手养儿育女，能幸福就幸福，不幸就不幸，也就这样过一辈子。唯有在你们的时代，才有人想到：生活里或许还有别的东西，不光是生孩子、做工、置产，好像在这一方面也能把命运握在自己手里。这是多么冒险、多么伟大的想法啊！我的自我，在最绚烂的姿态里，对应着你的你。身与心，都要化作一段小小的永恒。这是何等紧张、何其宏大的期待——去追求一种先前几代人从未奢望过的幸福；同时，这也使人们彼此期望过高，因而开启一种全新的不幸。失望正是你们那个天堂的反面，你们的新主张也让两性之战有了更激烈的变革。

我还可以花更多篇幅说明这些后果，但恐怕你

也不会相信。事实上，你那部小说是无数文学作品的先驱，而你们的爱情故事至今还在各式舞台上演出，这些都只是最无关紧要的部分。你更难以相信的，奥古斯特，就是：你们的故事早已变得稀松平常、平淡无味、琐碎无聊，因无数次重复而变得了无生气，却也造成了成千上万人的苦痛。如今有一整门学科专事研究它；一支庞大的专家、顾问与江湖术士队伍为这部无休无止的故事，以及它所衍生的烦琐官司奔忙。它每天都要在法庭上接受审判。因为这可不是巧合——正是在你们那个时代，人们一边发现了所谓纯粹的感情，一边也发明了离婚。（Enzensberger, 1988：92，190—191，228—229）

奥古斯特·布斯曼和克莱门斯·布伦塔诺义无反顾地以他们自己的方式实验着，也承受着这种自我着魔又彼此着迷的过程，可谓是爱情这条荆棘之路的先行者，但并不像恩岑斯贝格尔所暗示的那样，真的发明了爱情。他们留下的那些过度痴迷的片段与残骸里，充满了柏拉图晚期的影子（如今各大书店里不乏带有柏拉图式意味的同居指南）；吟游诗人与浪漫文学的回响；古印度智慧的复苏（当然畅销得很）；以及一些曾经只流行于宫廷圈子，如今却在成千上万的公寓里反复上演的举止。换句话说，这些看似极具个人色彩的折腾，实则根源于被重新发掘的古老传统与准则。

　　以这个角度观察，爱情成了对小说文本的应用实践，对流行歌曲的现场演绎，对自我信仰者言辞的大胆试验。个人的冲动与幻想相互交织，甚至往往被早已形成并且可能相距遥远的旧日想象所主导，而这份异域情调或许正是浪漫爱情的核心魅力之一。[6] 也就是说，人们经由阅读、聆听或亲身经历所拼凑起来的一切，让爱情常常借用他人的语言（比如流行歌词）来表达自身。也许当年的奥古斯特与克莱门斯自己都不确定，他们是在写情书还是在将情书的内容付诸生活。 在写信的过程中表达爱意、盼望并回味真实相会、捕捉线索并创造新的目标，这些行为或许如今已经式微，却被另一种形式取代：观看之爱与聆听之爱（电视节目与心理治疗里标准化的模板式爱情），也就是由数以千计的居家观众共享同一份剧本的"罐头之爱"。

　　曾经，爱情可以一举打破家庭的束缚与各种禁忌。在藩篱倒塌之后，爱情越来越难以振奋人心。既无抵抗，也无可违背的规则，爱情便不再显得不道德，甚至连处于道德之外都称不上，只能自顾自地兜转，顾影自怜。[7]

　　于是，各式各样关于关系的单调讨论层出不穷，可爱情却被埋在了堆积如山的建议与疗法、色情式的自助指南之下。人们过分关注恋爱这个状态本身，以至于真正的那个恋人反而被遗忘。就像科学界不再用真理去对抗谬误，而是让不同的真理彼此碰撞，浪漫爱情如今也只是诸多爱情类型中的一种，难免造成困惑与误解。爱情本应是心灵的避风港，但这种特质正在流失，因为它有了太多种形态，往往看起来相互可替代，而我们找不到真正属于自己的那一种。

当真正的爱变成稀有而珍贵的商品时，它便对我们这个高度个体化的社会拥有了巨大的吸引力，而找到它也随之成为事关生存的问题——不只对 19 世纪那些离经叛道者和英雄如此，对每一个人都是如此。或者更直白些说：随着爱情之死在我们周遭蔓延，人们眼中的大爱似乎正逐渐解体为父母之爱、婚外性、调情、陪伴、家庭责任等若干微缩版本；正因为如此，大众反而掀起了一场对那种完整无缺的宏大之爱的集体搜寻。

当人与人之间原本由阶层或社交场合所提供的便利关系与安全感逐渐被剥离，孤立的现代人只能自行构想与他人相处的方式。理想主义的浪漫派与治疗式的浪漫派有一个共同点：都强调保持距离。"距离产生美"——恋人往往更爱去爱这件事本身，而非直面所选择的对象那平凡琐碎的现实。隔着距离去理想化一个人也更容易："当我坠入爱河时，我持续地对现实抱有幻觉……错觉难道真是欲望的前提吗？"[8]

如露·安德烈亚斯－萨洛梅所言，这种爱情其实是千倍的孤独：人们借助回声来摆脱那种在世上形单影只的感受。这不只意味着，相爱的人借由将对方理想化来消弭寂寞，还意味着此后一段时间内，个人都不会陷入寂寞。陶醉沉浸的人们实现了彼此之间的理想化，于是距离被嵌入其中。相反地，那也意味着，人们几乎已经完全不能避免那些只能靠着距离推开与冲淡的爱之脆弱，回归寂寞和日益苏醒的规范性与现实。因此，只有看穿了自己的理想化，爱的终结才会到来；两个人依然各自孤单，但他们至少拥有某种亲密的关系。当生活恢复到平淡常态，唯有继续保持距离才能暂时延缓重归孤独的脚步。或者，如果令人失望的爱人恰巧就在身边，也许试着以自嘲或轻松的方式面对彼此那些不切实际的期望，能稍稍缓和局面。爱，就是这样，既远又近；这就是爱的浪漫所在与现实所在，也可以说这是它之所以被发明的缘由。

爱情，就是两个人的孤独：

> 虽然我们幻想彼此可以完全满足对方，但实际上，我们只是被自己的状态所充斥；反倒因为这份沉醉，我们根本无法真正去关注任何事物的本质。从一开始，爱的激情就使我们无法真实客观地看待另一个人，也无法真正理解他／她的感受。爱，更像是我们对自己内心的最深探入，是千倍的孤独，却似乎能在自身的寂寞之上扩展开来，幻化成一个包罗万象的世界，犹如被无数闪亮的镜子所环绕。（Andreas-Salomé，1986：59）

爱作为主观的立法者：预设的冲突与悖论

现今，教会的话语权式微，法律也只能反映社会变迁，爱似乎已经纯粹是相爱的两人之间的事——或至少它本应如此。可令人困扰且最难理解的是：那些规则被转嫁到个人身上，而他们却发现自己被一种自带逻辑与悖论的模式所裹挟，个人生活也被入侵；他们既扮演自己，又同时是这出共同剧目中的演员。就像资本主义一样，作为纯粹关系的爱情拥有一套预定的行为模式与危机形态，影响着所有人，但表面上却似乎又是每个人的个人选择（还可参见Weitman，1994）。

（1）爱情既是赋予我们个人价值与意义的关键因素，又是避免在世界上孤立无援的一种方式。它是孤独的替代品，因此带有反个体化的倾向，或者更确切地说，爱情其实是人们的一个梦想：既能与某人极度亲密，又能保持彼此独立与自主。反过来，个体化进程又促使人们将二人生活理想化；在当前环境下，即使是现实主义者也可能变成理想主义者，因为支离破碎且充满不确定性的世界驱使他们将所有对安全与安慰的希冀，都寄托在私密的爱情生活上。

（2）爱情这种社会模式依赖能动的个体，即一个承担责任的人，这与匿名或机械化的模式形成对比（不过，我们会看到它的机制其实也相当明显）。在爱情领域里，相对于外部世界，人们似乎是自由的个体，能够自主决策，并为自身行为负责。可实际上，爱情一旦降临，人们就被卷入其中，无法回避。被强烈的情感裹挟之际，恰恰在欣然认为"这才是真正的我"时，人们却发现自己扮演了某些陌生而被预定的角色。要触及自己最深沉、最振奋的情感，往往需要借助性别角色、劳动力市场与经济等听来平淡无奇的载体。这时候人们既是国王，又是奴隶，或者既是立法者、法官，又是监狱守卫。为了维系那些最寻常不过的事情，人们需要不断创造奇迹，哪怕他们早已丧失了对奇迹或救赎的任何信仰。

（3）与其以传统或形式化的方式为爱情辩护，我们如今更倾向于依靠情感与个人层面的理由。爱情源于我们自身的体验，源于个人的期望与恐惧，而非某种至高无上的力量。恋人们——也只有他们自己——才能判断他们的爱情何为真实、何为正当，这也意味着他们既是法官，同时又是能够随时重写规则的立法者。然而，这也暗示了，即便其中一方被逮个正着，也并不存在所谓不公正，更无从上诉。爱情与正义仿佛属于两种彼此无法互通的语言体系。

（4）爱情以自身为根基：它的依据始终且仅是情感本身。就操作层面而言，这意味着除了恋人本人之外，没人能决定他们是否相爱——这是一种两个人的激进民主，也是个人责任的极致形式。极端到什么程度呢？即便表现出毫无责任感也没关系，因为只有恋人自己才能决定何时结束这份爱情——只要一方觉得情感已变，就可以单方面终止。

（5）爱情是我们对抗怀疑的备选方案：我们期望从中获得安全感。19世纪，爱情还是非理性的、与资产阶级规范对立的、不确定且带有异国情调的意象，以拥有蛇一般魅力的诱惑者作为象征。如今，情况恰好相反：在多种社会支撑纷纷瓦解的情境中，爱情反而成了终极庇护所。过去，爱情会在社会规范的压力下分崩离析（或被点燃）；但当下，人们反倒寻求一段爱情关系来躲避这个充满敌意的世界。

（6）爱情是一份空白表格，等待恋人们自行填写：他们究竟如何安排彼此的感情生活？爱情意味着什么？这些都需要双方共同决定。这些决定可能包含不同的禁忌、期待，以及对不忠的态度等，全凭他们自己的选择。相爱意味着为自己订立规范，而这规范并非关于如何行动，而是关于如何决定要如何行动，这完全是良心层面的抉择。真正填进爱情包裹里的内容，是双方在主观上共同发明出来的，但其周围隐藏着各种陷阱与潜在危机。即使他们借助预设的答案——譬如某些道德信条、《爱经》、治疗学知识等——来填补他们所认定的空白，为自己的共同创造增添一层保障，这些问题和挑战依然存在。

（7）没有任何传统支撑的爱情，是容不下任何形式的偏离的，或者至少只容许个人层面上的偏离。社会期望并认可的仅仅是两个人彼此同意；任何分歧或强制行为都被视为违反规则，要公开受罚。

（8）爱情与伴侣关系的意义始终处于风险之中，这进一步证明了它的世俗本质。这个体系中的一个主要威胁在于谁来决定这段关系是否应当继续，以及应当以何种形式继续。恋人们各自握有通向两个活板门的两个操纵杆；关系可能因对方的决定而突然终结，且无法上诉。标准最终基于主观的感受，以及每个人如何根据自己的梦想（或潜在的竞争诱惑）来看待这段关系。在那些关于当前误解的无休止讨论背后，隐约笼罩着单方面决策的断头台，迫使参与者如笼中老鼠般紧张地在彼此的情感领域里奔跑。

（9）爱情是两个人的教条主义。当一切顺利时，爱情表现为愉快的共识；而当情况不佳时，它则化作激烈的信仰冲突。教条主义的这一面往往隐藏在情感的和谐与热情背后，而一旦两人为了追求"真实"而爆发出长期的根本性冲突，它便会显露出来，因为只有这样才能保证他们感情的真实性与紧密性。追求真实意味着要有所不同，进而产生相互冲突的真理。"完全诚实"和"坚持自己的感受"意味着关系突然终结，选择离开，因为我想要的就是这样。整个过程本身就是教条化的，并不受个人选择的支配，因为现代爱情的定义内部就蕴含着教条主义。具有讽刺意味的是，恋人们可以决定他们关系中的一切，却无法决定他们如何做出这些决定，因为他们本身就是这种模式的体现，他们的感情由他们作主。这也意味着，爱情不仅可以飞升到极乐的高度，也能轻易地坠到坚硬冰冷的地面——当两人的结合分裂成两个互相排斥、绝不妥协的对立教条时。

（10）爱情与工具理性的行为截然相反。它不是一个可以瞄准、为之努力或在技术上加以完善的目标。它甚至不是其他活动带来的副产品。婚姻也不是捕捉或驯服爱情的配方或构建套件。爱情分布不均且不公，无法用于组建压力团体或政党；任何将爱情作为旗帜的政党都在追求一种幻觉。

（11）当代的爱情是后传统和非传统的，它根据不再受道德或法律义务束缚的性欲望制定自己的规则。只要自由意志和相互同意是其指导原则，爱情就无法被制度化或编纂，也无法在任何普遍意义上被合理化。换句话说，一个宗教不再被传播时很快就会失去对我们思维的任何影响，而爱情作为一个没有祭司的宗教，则靠性吸引力的力量而兴盛。至少在外部标准失去效力、从流行歌曲到色情再到心理治疗的繁荣市场开启了个人渴望的洪水闸门的情况下，爱情就是如此。在此，要再次强调的是：爱是主体性的宗教，是信仰，在《圣经》、教士、上帝、诸神与魔鬼、手与身躯那里，人们看到爱人而受爱折磨的个人的幻想与愚昧。

可是，在这样的体系里，天堂和地狱是怎样相互交错的？简而言之，摆脱传统束缚的爱，变成了一种纯粹的关系，于是就变成自我负责的彻底形式，一个希望和行动的框架，其中的问题、法律、行为和法律程序——实际上所有的一切——都完全掌握在恋人手中。因此，其背后的模式（决定如何以及为何做出决策）绝对符合现代关于进步与启蒙的思维，这种思维将曾经预定好的事物转变为由个体决定的决策。然而，这种诱人的观念隐藏了一个陷阱，直到有人对做出的决定或判决提出上诉时，这种陷阱才显现出来。答案仍然是相同的：个体有权评判彼此。人们在此唯一清楚的是，爱所承诺的和睦、共识、相互支持等蒙蔽了人们认清事实的双眼。当热情烟消云散，或者冷漠、怀疑、恐惧、仇恨倾囊而出时，决定权依然落在那些爱的斗士的手掌心。因此，爱情也是一种激进的自我治理形式，缺乏制衡，不承认裁判、规范或法律程序，这些本可以帮助将其从肮脏的指责与分歧沼泽中剥离出来，带到一个中立的法庭上。那些已经失去爱的战斗者坐下来相互宣判最终的判决，并尽力执行它们。因此，爱情的民主兜了一圈又回到原点，结果却恰恰相反：没有人能阻止这两人肆意宣泄的仇恨，他们被迫紧紧束缚在一起，承受着没有感情的亲密的残酷，相互指责，深知彼此的弱点。如此看来，爱情仿佛在国家能够干预之前，已经变成了一场中世纪的宗教战争。决定的决定，裁判的裁判在每一点上的平衡、历史、需求——都不能被转移到他处，寻求替代方案，纵使危机四伏，也只能同时坚定不渝地，使它们成为随爱的冲突而结合的事件。

从社会面向来看，爱情就像一艘处于漫长航程中的顺风船。一两场风暴可以轻松应对。然而，由于船长、帆、桅杆和船体都是一体的，在长时间的风暴中，混乱便会爆发。如果情况发展到极端，船体的破洞只能用撕裂的木板临时堵住，因为此时突然出现了两位船长，他们为航海图争斗不休，并用破损的索具互相殴打。爱情之所以吸引人，是因为它带来了自由、互相理解和满足感，但我们往往忽视了这种状态必然会导致相反的结果。这样的感情状态不是因为疏忽，也不是因为本可以排除的结构错误而走向爱的反面——它注定走向爱的反面。当冒险者发现他们的宝藏被盗并在绝望与失望中相互背叛时，仅仅建立在协议和自由选择基础上的爱情，无法转变为带有条件和逃生条款的自由。

恋爱给我们设下的陷阱，正是它诱惑我们的那种安全感的阴暗面：我们完全依赖主体性，而这种不受外在约束的主体性很快就会变得专断和残酷。恋人们在自立法则的同时，也为某种无法无天的状态敞开了大门——一旦热恋的魔力消失，个人利益登上舞台，无法无天便会显现。爱情要求双方毫无保留地彼此敞开，也因此让彼此都拥有了因熟悉而变得格外锋利的邪恶武器，进而攻击对方。作为（受过市场训练的）个人，我们把爱重铸成它自己的立法者，使其顺应我们自己的主张与意趣。这也难怪我们不只能体验到《新约》里那位善体人意，又慈善悲悯的上帝，也能体验到《旧约》里那位满心嫉妒，又神秘难解的上帝了。

爱情不可避免的冲突：前提条件

爱情的运行机制遵循一条法则，即针对个人需求的主观性和亲密性所展现出的无序法则，其摆脱了所有外部控制，完全依赖自身运作。

当然，这是一张隐藏在我们所能观察到的变迁现象背后的"观念"草图，但这也同时暗示了在现实中极有可能出现的发展趋势，预示着爱未来可能会变成什么模样。影响这些变化的可能因素有：

——男人与女人在职业领域（地位和收入）逐渐走向平等，从而减少或消除了经济束缚，使爱情本身成为双方相互结合的主要纽带。

——越来越多的伴侣来自不同的生活背景，要想抵御两种截然不同的人生经历之间的离心力，找到并保持共同点，就只能靠这对男女自己去努力。

——伴侣几乎不知道或了解对方的工作状况，因此很难通过共同的工作体验来增强联系。

——国家和教会不再承担婚姻和亲密关系立法者的职能，爱情因此有更多空间发展其内在的冲突，成为一种激进的、自我管理的对亲密关系的探索。

——个体化，即个人依赖自身的教育、流动性、对劳动力市场的投入，以及各种非人格化的规章制度，让爱情看起来似乎是对抗孤独的最佳方案，也让爱情变成了一定会是一次富有意义且令人满意的身体与情感体验的承诺。

本书以多种方式呈现的一些重要迹象和长期趋势表明，这些变化正在发生。举例而言，世界上不同国家的离婚法都印证了国家与法律正在后撤——离婚的依据从过错方原则转变为婚姻无法挽回的破裂原则。这意味着将"过错"问题排除在外，只需要对结果进行规范，比如离婚财务分配和子女抚养问题（Lucke，1990）。

对于所谓的"变态"爱情形式，只要不涉及暴力，也同样去罪化。这意味着合法与否的问题都交给当事人自己去决定。确实，教会，特别是天主教教会，仍然深切地关注婚姻与家庭问题，并公开呼吁人们遵守教义。但是，即使在宗教氛围最浓厚的天主教地区，道德要求与实际行为之间仍存在明显落差。不只节育方式如此，堕胎率也是如此——例如在天主教的波兰，堕胎率位居欧洲前列。

当此类亲密行为在无人干预的情况下放任发展，人们往往会以看似独具个性的方式走入或跌入各种矛盾悖论之中，而这恰恰让我们能够清晰地看到爱情所内含的逻辑。

自由的悖论

如果自由就是一切，限制他人的自由也必然成为某种目标，本应倡导相互尊重和支持彼此自由的爱情此时正在做着完全相反的事。大家期望的是他人自愿放弃他们的自由以换取自己的自由。如何才能达成这个目标呢？正如萨特所问：

如果不是因为他人使我存在，我为什么要想占有他人？但这恰恰意味着某种特定的占有方式；我们想要抓住的正是他人的自由本身。暴君蔑视爱情，他满足于恐惧。如果他试图赢得他的臣民的爱，那是出于政治原因；如果他找到更经济的方式来奴役他们，他会立即采用。另一方面，想要被爱的人并不渴望奴役被爱者。他并不打算成为机械式涌现的激情的接收者。他不想拥有一部爱的机器——如果人们想要羞辱它，只需说服它，相爱催生的激情只不过是心理学决定论的结果。如此一来，爱人者的爱和存在都变得廉价许多。如果特里斯坦和伊索尔德只是因为服饮春药而疯狂相恋，那么他们两人的爱情故事就不吸引人了。对被爱者全面奴役反而会扼杀爱人者的爱……因此，爱人者并不想像占有一件物品一样将被爱者占为己有。他寻求的是一种特别的占有方式。他想要能够占有自由的自由。

另一方面，爱人者并不满足于那种更高尚的自由形式——自由且自愿的约定。谁会对一份仅仅基于誓言忠诚的纯粹爱情感到满意？谁会对"我爱你，只因为我自愿承担这份义务，因为我不会违背我的誓言"这类言辞感到心满意足？因此，爱人者一方面要求誓言，另一方面又总是因誓言而恼怒。他想要被自由的人所爱，却总是要求这个自由人本身不再是自由之身。他希望对方出于自由意志而选择去爱——不只

在情爱关系开始时如此，在关系进行的每一刻都应保
持下去——同时他又希望这种自由被自己占有，并
转向自己，疯狂地、如痴如梦地飞奔向他，好像这
个自由人自己愿意被囚禁一般。这个囚禁必须是一
种既自由又被我们束缚的主动交付。（Sartre，1956：
342—343）

本真性的悖论

爱情就是用第一人称来表达一切：我的经验、我的真
理、我的超越、我的救赎。这些不论是原则上或是实际上
都以本真性为前提。那么，真诚是什么意思呢？它的基础
何在？当它被进一步质疑时，它如何阻止自己陷入自由落
体的境地？我对于某种感受的态度，是否必须和那种感受
本身一样确定无疑？当另一个人以他们的情感真理向我施
压时——而这份情感真理既让我难以参透，又以坚定不移
的信念否认了我自身的重要利益，甚至否定了我对爱人的
种种要求——我该如何回应？这正是本真性的悖论。根据
卢曼的观察，人们需要的是

一项简单又能够被明确规定的原则，以便将三百年来
人们对"在人的存在和爱情中，诚实与不诚实密不可
分"的洞见放在一旁。然而，撇开"被爱的人是否会
允许你说出你想说的一切"这个问题不谈，在情绪多

变反复的时候，人仍应该坚守本真吗？对方难道要像温度计那样，随我的情绪起伏而波动吗？而更为重要的是：我们又该如何对一个对自己都不诚实的人保持诚实？难道每个人的存在归根结底都只是一种无根据的投射，需要以不诚实的方式获得支撑和保护吗？一个人能否在表达自己的诚实时不因为这种表达而变得不诚实？

我们很难准确衡量治疗师对于道德的影响（以及道德对于治疗师的影响），但这群人确实应该引起我们的警惕。他们用个人不稳定的健康状况和对情感支持的需求取代了爱情，他们所能构建的唯一爱情概念，就是建立在对诚实的不诚实理解基础之上的永久互相治疗。（Luhmann，1984：210—211）

行动的悖论

也许贫困能够被消除，不平等可以被缓解；也许军事与技术层面的风险也能受到遏制。爱情却无法被刻意追求或强迫出现，任何制度也无法限制它。它就那样自发地发生，像闪电般突然而至或悄然消退，遵循着不受个人或社会掌控的某些规律。它的对立面冷漠也是如此：冷漠的产生与爱情一样飘忽不定，也有可能在一次爱情来袭中被击得粉碎。那么，如果我们无法依靠唯一可用的理性的"手段—目的"方式来获取爱情，那又该如何获得、

维持爱情，并在爱情之中生存？当所有人都在追逐一个
至少以现有方式看来无法企及的目标时，又会发生什么？
如果抵抗这一目标反而成了抵达它的捷径，又该如何？
或者，当我们最终抵达了爱情，却发现它转变成了与我
们当初期望截然相反的东西，又当何解？

在这为爱而坠入爱河的新时代，恰逢技术和理性力量
到达顶峰之际，人们却似乎将自己托付给了也许是最后
一种能对抗理性权威、逃脱现代思维掌控的幸福。它之
所以拥有如此强大的魅力，正是因为这一事实赋予了它神
秘感。 就像焦虑——在一个已习惯风险的社会里，对爱
情的崇拜与焦虑往往是一体两面的——爱情同样无法被解
释，也无法被反驳，实则更是难以描述。尽管我们对亲密
关系有着泛滥成灾的讨论（也许恰恰因为如此），却没有
人能真正把自己的感受传递给他人。

竞争的观点

从思想史的角度来看，随着去禁忌化的爱情理论及其
自有价值体系与行为逻辑在现实生活中日渐普及，至少有
两种目前占主导地位的观念将变得不那么令人信服。

首先，是心理学家与精神分析学家所持的观点：他们
认为所有情感动荡几乎都源于个人人格，并且投射在儿时经
验上。

但根据我们描述的情形，可以得出的一个结论是，这

些动荡与冲突并不一定都源自个人的神经症或创伤体验；它们同样可能来自爱情本身内在的矛盾，以及它那扑朔迷离的动力机制。若执意把系统中的崩溃与震荡完全追溯到心理问题或个人过去，就好比把登山事故全都归咎于"肛门期困难"，或将通货膨胀的经济环境归咎于"被压抑的性本能"那样荒谬不经。

第二个错误的结论则来自各种社会理论所形成的广泛共识：它们假定社会需要一个为其提供意义的传统，并且这个传统必须被记录、传承、批判与正当化，还要通过讲坛与讲道台灌输给下一代，才能防止其消失、失效。不过，爱刚好反其道而行——抛却传统价值与规范之后，为我们开启了通往感官与情欲的大门。受其影响，人们相信并依赖自己的感受去让生活更具意义，信任自己内心深处的感情与渴望，不需要旧有的观念传递模式，而是直接对自身的意识或潜意识冲动与需求做出回应。这是一种个体化的宗教，其有双重含义：它的源头在每个个体之中，并且它承诺会消除孤独；它不走传统之路，或者说，它是一种后传统，基于个人的期望与恐惧，为其信奉者带来目标感，并让他们在爱情的战场上发掘自我需求与力量的乐趣。

从未来回望，或最后的情人节

让我们以《国际先驱论坛报》上的一篇报道作为结束——这篇报道恰好出现在本书撰写期间：

　　波士顿——史书上记载，我们祖先最后一次庆祝情人节是在1990年。当时，为爱而设的全国性节日这个概念已经显得格格不入，像是性、药物和摇滚乐时代残存的一丝痕迹。

　　国会里有些议员从未赞同过情人节，在20世纪80年代末就有人提出要对任何收藏以丘比特为名的裸体孩童形象的博物馆进行资金管控。家长团体们认为，最起码也应该让商店在情人节贺卡上标注家长警示。

　　但真正致命的一击，是来自政府召集组织的爱的委员会完成的关于当年（1990年）的爱情年度报告。结果并不令人意外，委员会的结论是，爱会导致专家们所说的"意识崩溃"。这一说法在严谨至上的20世纪90年代有着清晰而可怕的含义：爱被视为一种药物，而美国人则成了滥用者。

　　服用爱情这种药物后产生的症状是有目共睹的、无所不在的，而且令人心惶惶。委员会认定，一旦坠入爱河，人们就会产生普遍而危险的症状：他们很难集中注意力，常常分心、发呆或目光呆滞，这被称为"爱情失明"。许多人出现食欲缺乏、心率加快、脸部潮红等症状——这在肉眼观察下非常明显。

　　被委员会将称为爱情滥用的现象，其对健康的影响令人担忧，对财政的影响也同样令人忧虑。委员会估计，恋爱每年要让国民生产总值损失数百万美元，因为这种不受控制的情感会凌驾于其他事务之上，比如策划企业恶意收购。相比之下，委员会指出日本人就没有用国定假日来正式庆祝爱情。还需要委员会多说什么吗？

美国社会对爱情的忧虑由来已久。半个世纪之前，人们就开始质疑那些潜在的暗示信息，哪怕是在老歌里也不例外，比如《爱正横扫美国》（"Love is sweeping the country"）和《宝贝，我能给你的只有爱》（"I can't give you anything but love，baby"）。

然而，这一次，随着伍德斯托克一代步入中年，他们已戒掉、放弃了各种曾经沉溺的药物，反倒把目光投向了爱情。他们担心自己脆弱的孩子身上会出现爱情的蛛丝马迹——谁能不担心那会使人兴奋，使人心醉神迷的东西？

20世纪90年代以前，研究历史的人都知道，爱通常被当作名词或动词使用。现在，爱却越来越多地出现在诸如"爱情成瘾者"和"爱情瘾君子"等表述中。坠入爱河的人们形容自己像被对方勾住一般。确实，爱情会造成依赖，甚至更糟的是互相依赖。这正是1989—1990年那个政治革命的冬季里无数畅销书的主题。

进入21世纪后，美国人见面时往往会自报姓名、性别，以及他们参与的互助会和心理治疗计划："嗨，我叫爱丽丝，我在戒爱小组。"可事实上，早在1990年，就已经有数百万人因各自的成瘾抱团取暖，正如他们的先辈会因相同的族裔背景而聚在一起。连埃丽卡·琼这样一位曾极力推崇爱情魔药的作家，也开始改写有关节制的作品。禁戒之风开始吹起来。

所有这些为1990年接纳委员会的建议奠定了基础。科学证据显示爱情流行病正在蔓延，需要采取行动。

最高法院批准了对工作场所进行随机爱情检测。政府拨款用于帮助那些想要摆脱他人的群体开展项目。教育者受命教导年轻人爱情的风险，《罗密欧与朱丽叶》因此遭到禁演。在这种气氛下，情人节已不再受人青睐。

如今，美国人已把他们从坠入爱河到走回现实的漫长历程，追溯至那最后一个情人节。爱，作为最致命、最普遍的狂喜之源，最终被摁回地面并得以管控。

偶尔还会传出某对情侣脸颊红润、相拥而眠的报道，但几乎都被解释为这是在做完有氧运动之后。确实，节制从未彻底，但可以说，在后情人节时代，我们已几乎实现了对一切保持节制——唯独在痛苦面前束手无策。多亏了1990年那一代先人，我们如今生活在一个无爱的美国。（Ellen Goodman，"The Last Valentine's Day"）[9]

注　释

导论　个体化，以及生活与爱的方式

1　'Motive zum BGB', *circa*，1880，p. 562.

2　个体化作为概念、臆测、解释、补救及诅咒，如今成为每个人朗朗上口的名词。这个名词通常与所谓的"情绪的民主政治"（从前稳定的选民们出现的不可预期的行动）、工会遭遇到的困难（显然，他们无法以陈旧的标语及组织形式维持成员数量）、年轻人群体的顽固（"X 世代"）和难以仅通过灰色大众统计数据重新归类的社会结构性不平等问题联系在一起讨论。不言而喻，这情况同样适用于由婚姻和家庭的统计数字所引发的那些普遍的问题，没有人能在这些问题上完全保持中立。关于"个体化"概念争议的综述，请参见 Beck，1994；Beck and Beck- Gernsheim，1994，1995。关于社会个体化的理论方面，尤其参见 Elias，1991；Habermas，1988：223ff.；Honneth，1988a and 1988b；Luhmann，1989；Kohli，1988；Keupp，1988；Keupp and Bilden，1989；P. A. Berger，1987；Berger and Hradil，1990：Introduction；Dörre，1987：43ff.；Ritsert，1987；Brose and Hildenbrand，1988；Lau，1988；Rosenmayr，1988；Hennig，1989；Esser，1989；Hornstein，1988；Flitner，1988；Weymann，1989；Klages，1988；Heitmeyer and Möller，1988；Wahl，1988；Neckel，1989；Zoll et al.，1989。

3　Foucault，1978；Burckhardt，1958；Elias，1991：vol. Ⅱ。在加尔文教派的内在禁欲主义当中，马克斯·韦伯（Weber，1985）在传统的救赎

确定性中看到了某种解放；对他而言，这也呈现了通过自我主张、过节俭克制的生活，以及积累财富来征服自然的强制力。对格奥尔格·齐美尔（Simmel，1978）而言，个体化的核心动力在于金融经济；后者打破了社会圈层，并使其重新混杂。因此个体化的主题可经由这些时代及社会理论而追溯到现在。

4　司法审判、福利国家的保护、传统家庭的解体、每周工作时间的缩短及其他因素仍然在这里发挥作用（Beck，1986：121—130）。个体化概念的模糊性及其引人注目的公众影响，揭示了整个社会在社会结构方面的不安定。个体化是一个关键词，象征着旧有社会不平等形式的消退和一种新的不平等形式的暧昧浮现。这个观点参见 *Soziale Welt*，March 1983；the special issues of *Soziale Welt* edited by Kreckel，1983；Berger and Hradil，1990。

5　"个体化过程在不同的社会环境中以不同的速度进行，而且不见得是朝同一方向发展。"具体参见 Burkart，Fietze and Kohli，1989：256；pp. 11—12，61，195，259；Bertram and Dannenbeck，1990。

01　爱或自由：共同生活、分居或争执

1　离婚率的最高峰出现在 1984 年，每 10,000 对现有婚姻当中，就有 87 对离婚。从那年起，离婚率便逐渐下降：1985 年是 86 对，1986 年降至 83 对。参见 Federal Office of Statistics（ed.），1988：78。

德国离婚率：

年份	离婚总人数	每万人	每万对
1900	7,928	1.4	8.1
1913	17,825	2.7	15.2
1920	36,542	5.9	32.1
1930	40,722	6.3	29.5
1938	49,487	7.2	31.1
1950	84,740	16.9	67.5
1960	48,878	8.8	35.0
1970	76,520	12.6	50.9
1980	96,222	15.6	61.3
1984	130,744	21.3	87.1
1988	128,729	21.0	——

数据来源：Federal Minister of Youth，Family and Health，1985：57，137；*Statistisches Jahrbuch 1983-1985*：Tables 3.22-3.34；*Wirtschaft und Statistik*，no. 8，1989：508。

2　离婚数字因结婚年限而有差异，在结婚十六至二十年且共同抚养小孩的夫妇间离婚数字最高（每 10,000 对夫妇有 360 对离婚），而结婚二、三或四年的夫妇的离婚率则介于每 10,000 对夫妇有 146 至 230 对离婚之间；Federal Minister of Youth, Family and Health, 1985：78。人们自然会怀疑，只当孩子还留在家中时，他们才能维系夫妻关系。

3　德国青少年研究协会计算的结果是 250 万人。根据《西德日报》（Suddeutsche Zeitung, 10—11 June 1989）引用的艾林巴赫人口学协会（The Allensbach Institute for Demographics）估计数据，这一数字为 300 万人。经常听到的一种解释认为非婚结合是准婚姻或某种新形式的婚约，但这种解释与此类同居关系的构成情况相矛盾：这些同居关系既可能有孩子，也可能没有；可能发生在离婚前或离婚后；也可能是离婚造成的物质或身体受害者之间的关系，或者所谓的"退休伴侣关系"（Bertram and Borrmann-Muller, 1988：18）。

4　Burkart, Fietze and Kohli, 1989：30, 34；Süddeutsche Zeitung, 8—9 October 1989.

5　由未婚男女、离婚及已婚人士所组成的群体约占独居人口的 58%，而寡妇（及鳏夫）加起来则占 41.5%；参见 Federal Office of Statistics, as reported in the Süddeutsche Zeitung, 24—25 June 1989：Table 3.16 and 64ff.。

6　Federal Minister of Education and Science, 1988—1989：70。在学校成就最优异的毕业者中，女性比例出现轻微下降；这一比例在 1987 年是 45.7%；参见 Federal Office of Statistics（ed.）, 1988：345f.。

7　这个差距在大学时甚至更加扩大了；在 1988—1989 年的秋季学期，就读于德国各大学里的学生有 62% 是男性，而只有 38% 是女性；见 Federal Office of Statistics（ed.）, 1988：359。

8　更精确地说，就读于人文学科的学生有 61% 是女性，就读于法律及经济的只有 38% 是女性，就读于数学及自然科学的也只有 31%；Federal Office of Statistics（ed.）, 1988：361。

9　Federal Minister of Education and Science, 1988—1989：206—208；Federal Office of Statistics, as reported in the Süddeutsche Zeitung, 24—25 June 1989：367。在高教职场中，女性比例约为 15%，占教授职位（不区分薪资等级）的 5%，助理教授的 13%，讲师的 19%。

10　Federal Office of Statistics（ed.）, 1987：79；这里包括各个生产力群体的数据，这些群体之间的差距有时并不明显。

11　从个体化概念在公共领域和学术界的急速崛起中可见一斑。关于这场论争及其基本主张的概述，可参考 Beck, 1994；Beck and Beck-

Gernsheim，1994 and 1995。关于青少年社会学这方面的研究，可参见
Fuchs，1983；Hornstein，1985；Rosenmayr，1985；Baethge，1985；
Michal，1988：143ff.；Heitmeyer and Moller，1988。关于工人阶级及
劳工运动，可参见 Mooser，1983；Dörre，1987。关于女性研究，可参见
Beck-Gernsheim，1983；Bilden，1989。关于社会不平等，可参见 Berger
and Hradil，1990；Neckel，1989；Mayer，1989。关于家庭社会学，可参
见 Bertram and Borrmann-Muller，1988；Hoffmann-Nowotny，1988；
Burkart，Fietze and Kohli，1989。

02　从爱情到婚外情：个体化社会中的关系变迁

1　Rückert，reprinted in Behrens，1982：205。
2　女孩 / 女性的比例

	文法学校（高年级）	大学新生	大学在校生
1960	36.5%	27.0%	23.9%
1970	41.4%	28.8%	25.6%
1980	49.4%	40.1%	36.7%
1990	49.8%	40.2%	38.0%

数据来源：Federal Minister of Education and Science，1989—1990：46 and 154—155。

3　1907 年，15 岁以上的德国已婚女性有 26% 的人在外工作。1965 年的西
　　德，这一数字为 33.7%，1988 年时是 44.5%（Federal Office of Statistics，
　　1983a：63；1989，as reported in *Siiddeutsche Zeitung*，24—25 June 1989）。
4　育有成年（18 岁以上）子女的女性参与劳动的比例自 1961 年的 22.3%
　　上升至 1982 年的 44%（Federal Minister of Youth，Family and Health，
　　1984：21）。
5　参见梅里安书籍（Merian，1983）的封面图。
6　Wingen，1985：348；*Statistisches Jahrbuch 1988*（*für die Bundesrepublik
　　Deutschland*）：78.
7　Lutz，1985：3；这是奥地利的统计数字，但德国的趋势与此十分相似。
8　非婚子女在所有新生儿中的比例从 1967 年的 4.6%（近几十年来的最
　　低水平）上升到 1987 年最后一个季度的 10.2%（Permien，1988：20；
　　Burkart，Fietze and Kohli，1989：30）。

9　"非婚生子女不像过去那样多是青少年过早意外怀孕的后果，而更常是
　　25 岁以上女性有计划怀孕的产物。年轻女性的未婚怀孕不再是'不幸的
　　事'，而更像是年长女性显然计划好或至少有意识做出的选择。"（Burkart，
　　Fietze and Kohli，1989：34）

10　1962 年和 1983 年开展的关于女性生育时是否应该先结婚的调查显示：
　　1962 年接受调查的女孩中有 89.4% 认为这一点很重要，而到了 1983 年，
　　这一比例下降到仅有 40%（Allerbeck and Hoag，1985：97—98）。

11　Merrit and Steiner，1984；Fabe and Wikler，1979：122—123；
　　"Ledige Mütter mit Wunschkind：Geht es wirklich ohnc Mann"，*Für
　　Sie*，November 1985；"When Baby Makes Two：Choosing Single
　　Motherhood"，*Ms.*，November 1984；"Having Babies without
　　Husbands"，*New Woman*，May 1995.

03　自由恋爱，自由离婚：解放的两面

1　Translated by Mary J. Price and Laurence M. Price as *The Feud of the
　　Schroffensteins*，in *Poet Lore*，25 May 1916：518，563.

2　引用的访谈内容出自一项尚未发表之研究的原始资料，该研究属于慕尼
　　黑德国青少年协会"下层阶级的育儿方式"项目的分支。关于此计划，
　　请参考 Wahl et al.，1980。

04　一切皆因爱子情深

1　也可参见 *Einstellungen zu Ehe und Familie*，1985：177。

2　对于体外受孕的科学说明请参见 Bräutigam and Mettler，1985：54—68。

05　夏娃晚熟的苹果：或爱情的未来

1　Federal Office of Statistics，as reported in the *Süddeutsche Zeitung*，24—
　　25 June 1989.

2　特别见沃勒斯坦和布莱克斯利（Wallerstein and Blakeslee，1989）与弗
　　斯滕伯格（Furstenberg，1987）的文章。后者谈到"连续短暂婚姻经历"
　　以及"分居式育儿"的概念，并预测，由于离婚率居高不下，一种母系

社会逆转将会出现，而这将大幅削弱父亲在家族体系中的责任感。

3 感谢罗纳德·希茨勒（Ronald Hitzler）的提醒。相关的指向性指标包括那些虽然仍处于婚姻状态，但实际上已经与配偶分居或与新伴侣共同生活的人。这些人之所以没有离婚，可能是因为害怕离婚要支付的经济或情感成本，又或者仅仅是为了维持表面形象。在这种情况下，明显可以看出，虽然关于结婚及离婚的争执辩论、行政条例，以及统计叙述，都在持续增加当中，但它们的意义已经变得更加形式化和临时化。如果结婚数字又再次升高，这也是因为婚姻已散发出的魅力，如今婚姻作为一种可以随时终止的尝试被大众接受，它就像是到南半球度假，慕尼黑啤酒节或心理分析一样，成为一种需要尝试的体验。

4 有关父母对"理想孩子"观念的发展脉络的具体研究，请参见贝克-盖恩斯海姆（Beck-Gernsheim, 1988b and 1995）和贝克（Beck, 1988：chapter 1）关于生殖医学与人类遗传学的社会后果的文章。

06　爱，世俗的宗教

1 Verses translated by Jane Wiebel, from Gottfried Benn, *Sämtliche Werke*, in an edition with Use Benn, ed. Gerhard Schuster, vol. 1：*Gedichte 1* (Kleti Cotta, Stuttgart, 1986). 特此致谢出版社的慨允授权。

2 "赋予生活意义的，往往是有关家庭和子女的意象与幻想，而非过往人生经历或现实生活中真实可见的家庭体验。"（Wahl et al., 1980：35）

3 这种分析试图将爱情植根于个体化生活世界的冲突情境中，因此也质疑了传统社会环境完全被分解为许许多多"小型社会生活世界"这一看法（Hitzler, 1988：136ff.）。在去传统化的生活世界里，爱情几乎成为一个不可回避的主题；这也表明，将对"个体化倾向"的探究与对新近出现的社会模式及理解方式的研究相结合是何等重要。

4 这句引文要感谢克里斯托弗·劳（Christoph Lau），为加布里埃尔·马塞尔语。

5 关于这个论点，哈贝马斯经典的表述是："意义无法由行政手段生产"（Habermas, 1973：99）。对一条可追溯至亚当·斯密、黑格尔，以及托克维尔的漫长论证作总结时，赫尔穆特·杜比尔写道："正如工业会消耗没有替代品的化石资源，自由市场体制的稳定也在消耗某种社会道德底蕴，而这些社会自身的政治、经济与文化制度却无法再生"（Dubiel, 1987：1039ff.）。倘若这里提出的观点站得住脚，那么就需要对这种评价作如下反思：能否将去传统化、充满冲突的爱情视为一种不断更新的社会意义源泉？我的回答是：这是个值得更多讨论的问题。如果爱确实是人们（尤其男女之间）在最深层次上彼此纠缠、摩擦、伤害，同时又迫使他们反思自我道路、未来、人格、品性、意志，以及信念与怀疑的来源，那么，也许这恰恰就是它的意义所在——并非某种积极、预先给定、具权威且明确的意义，而是一种源于生命本质、直指生命本质甚至摧毁它的冲突。这正是爱情的后传统意义的表现形式。那些油然而生的问题从内部、从根基处，威胁着正常秩序的大厦，也因此成为诸多现象的根源：退缩、痛苦、玩世不恭，同时又（矛盾地）孕育出新的视野、新的世界观、新的生活方式，或者至少在人们那座庆祝自我的城堡中，留下对这些事物的渴望——哪怕是被压抑的渴望。它并未呈现为人们可以随手摘取的确定性或价值观，而更像是一种文化性酸痛或被唤醒的敏感，激发了人的感知，也重新排列了优先顺序。当然，我也同意托马斯·卢克曼（Luckmann，1983：esp.188）的观点：作为后宗教的爱情，只能在私人领域产生意义建构的效应，并且前提是"在这一领域不受大型制度的过多干预"；关于这点，可参见本章后文的"爱情不可避免的冲突：前提条件"一节。

6 浪漫主义与浪漫之爱这两个概念无疑都相当模糊而暧昧，正如围绕"浪漫主义的现代性"而爆发的诸多争论（Bohrer，1988）那样。卢曼也像我们一样，怀疑其中真正的核心意义，或许就在理想化与距离的独特关系里。浪漫爱情是"理想且矛盾的，因为它宣称要将二元性化为一体。关键在于：在放弃自我的同时，又能保留并提升自我；在全情投入的同时，又带着几分反讽。总之，一种新颖且典型的浪漫式矛盾在此占据主导：通过保持距离，反而令观看、体验和享受的强度得到加强"（Luhmann，1984：210—211）；关于其历史渊源，可参见坎贝尔（Campbell，1987）与霍耐特（Honneth，1988b）的文章。

7 此想法我要感谢克里斯托弗·劳。此论断与卢曼在其著作（Luhmann，1984）所说的"生活的反身性"并不完全相同。后者并不指涉一个在历史上崭新的事态；相反，在抽象的层面看，它乃是所有天赋与处境的潜在可能性。

8 Kristeva，1989：16："所有那些企图为爱情体验提供通往现实之路的哲学家——从柏拉图到笛卡尔、康德与黑格尔——都将爱情中令其不安的成分剔除，将之简化为一段被至善或纯粹心灵所吸引的启蒙旅程。唯有神学……愿意被爱情的神圣疯狂诱入陷阱。"

9 Ellen Goodman, 'The Last Valentine's Day', *International Herald Tribune*, 14 February 1990. Copyright © Washington Post Writers Group, by permission of Editors Press Service, Inc. on behalf of the Washington Post Writers Group.

参考文献

Adorno, T. 1978: *Minima moralia*. London (Ger. orig. 1951).

Alberoni, F. 1983: *Verliebtsein und lieben: Revolution zu zweit*. Stuttgart *(Falling in Love,* New York).

------ 1987: *Erotik: Weibliche Erotik, männliche Erotik, was ist das?* Munich.

Allerbeck, K. and Hoag, W. 1985: *Jugend ohne Zukunft?: Einstellungen, Umwelt, Perspektiven*. Munich.

Andreas-Salomé, L. 1986: *Die Erotik*. Frankfurt and Berlin.

Ariès, P. 1962: *Centuries of Childhood: A Social History of Family Life*. New York (Ger. trans. 1978).

------ 1984: Liebe in der Ehe. In P. Ariès et al., *Die Masken des Begehrens und die Metamorphosen der Sinnlichkeit,* Frankfurt *(Western Sexuality: Practice and Precept in Past and Present,* Oxford, 1985).

Ayck, T. and Stolten, I. 1978: *Kinderlos aus Verantwortung*. Reinbek.

Bach, G. R. and Deutsch, R. M. 1979: *Pairing: Intimität und Offenheit in der Partnerschaft*. Reinbek.

Bach, G. R. and Molter, H. 1979: *Psychoboom: Wege und Abwege moderner Therapie*. Reinbek.

Bach, G. R. and Wyden, P. 1969: *The Intimate Enemy: How to Fight Fair in Love and Marriage*. New York.

Baden-Württemberg Provincial Government 1983: *Bericht der Kommission 'Zukunftsperspektiven gesellschaftlicher Entwicklungen', erstellt im Auftrag der Landesregierung von Baden-Württemberg*. Stuttgart.

Badinter, E. 1988: *Ich bin Du: Die neue Beziehung zwischen Mann und Frau*. Munich.

Badura, B. (ed.) 1981: *Soziale Unterstützung und chronische Krankheit: Zum Stand sozialepidemiologtscher Forschung*. Frankfurt.

Baer, J. 1976: *How to be an Assertive (not Aggressive) Woman*. New York.

Baethge, M. 1985: Individualisierung als Hoffnung und Verhängnis. *Soziale Welt,* 3: 299f .

Barthes, R. 1978: *Fragments: A Lover's Discourse*. New York.

Beck, J. 1970: *How to Raise a Brighter Child.* London.

Beck, U. 1983: Jenseits von Stand und Klasse?: Soziale Ungleichheit, gesell-schaftliche Individualisierungsprozesse und die Entstehung neuer sozialer For-mationen und Identitäten. In Kreckel 1983: 35-74. (Beyond Status and Class? In Meja, Misgeld and Stehr (eds), *Modern German Sociology,* New York, 1987.)

------ 1986: *Risikogesellschaft: Auf dem Weg in eine andere Modernität.* Frankfurt *(Risk Society: Towards a New Modernity,* London, 1992).

------ 1988: *Gegengifte: Die organisierte Unverantwortlichkeit.* Frankfurt *(Ecological Politics in the Age of Risk,* Cambridge, 1995).

------ 1994: The Debate on the 'Individualization Theory' in Today's Sociology in Germany. In B. Schäfers (ed.), *Sociology in Germany: Development, In-stitutionalization, Theoretical Disputes,* Opladen.

Beck, U. and Beck-Gernsheim, E. (eds) 1994: *Riskante Freiheiten: Individua-lisierung in modernen Gesellschaften.* Frankfurt.

------ 1995: Individualization in Modern Societies. In S. Lash, P. Heelas and P. Morris (eds), *Detraditionalization,* Oxford.

Beck, U., Giddens, A. and Lash, S. 1994: *Reflexive Modernization: Politics, Tradition and Aesthetics in the Modern Social Order.* Cambridge.

Beck-Gernsheim, E. 1980: *Das halbierte Leben: Männerwelt Beruf, Frauenwelt Familie.* Frankfurt.

------ 1983: Vom 'Dasein für andere' zum Anspruch auf ein Stück 'eigenes Leben': Individualisierungsprozesse im weiblichen Lebenszusammenhang. *Soziale Welt,* 3: 307-41.

------ 1988a: *Die Kinderfrage: Frauen zwischen Kinderwunsch und Unab-hängigkeit.* Munich.

------ 1988b: Zukunft der Lebensformen. In J. Hesse, H.-G. Rolff and C. Zoppel (eds), *Zukunftswissen und Bildungsperspektiven,* Baden-Baden: 99-118.

------ 1989: *Mutterwerden: Der Sprung in ein anderes Leben.* Frankfurt.

------ 1995: *Technology, the Market, and Morality: On Reproductive Medicine and Genetic Engineering.* Atlantic Highlands, NJ.

Becker-Schmidt, R. and Knapp, G.-A. 1985: *Arbeiterkinder gestern - Arbeiter-kinder heute.* Bonn.

Behrens, K. (ed.) 1982: *Das Inselbuch vom Lob der Frau.* Frankfurt.

Béjin, A. 1984: Ehen ohne Trauschein heute. In P. Ariès et al., *Die Masken des Begehrens und die Metamorphosen der Sinnlichkeit,* Frankfurt *(Western Sexuality,* Oxford, 1985).

Benard, C. and Schlaffer, E. 1981: *Liebesgeschichten aus dem Patriarchat.* Reinbek.

------ 1985: *Viel erlebt und nichts begriffen: Die Männer und die Frauenbewegung,* Reinbek.

Benn, G. 1962: *Leben ist Brückenschlägen: Gedichte, Prosa, Autobiographisches.* Munich and Zurich.

Berger, B. and Berger, P. L. 1983: *The War over the Family.* New York.

Berger, J. 1986: Gibt es ein modernes Gesellschaftsstadium?: Marxismus und Modernisierungstheorie im Widerstreit. In J. Berger (ed.), *Die Moderne: Kon tinuität und Zäsuren. Soziale Welt,* special volume 4: 79 96

Berger, P. A. 1986: *Entstrukturierte Klassengesellschaft^* Opladen.

------1987: Klassen und Klassifikationen. *Kölner Zeitschrift für Soziologie und Sozialpsychologie,* 29: 59-85.

Berger, P. A. and Hradil, S. (eds) 1990: *Lebenslagen, Lebensläufe, Lebensstile. Soziale Welt,* special volume 7.

Berger, P. L. 1973: *Zur Dialektik von Religion und Gesellschaft.* Frankfurt.

------1983: Das Problem der mannigfachen Wirklichkeiten: Alfred Schütz und Robert Musil. In Gradhoff and Waidenfels (eds), *Sozialität und Inter-Subjektivität,* Munich.

Berger, P. L. and Kellner, H. 1965: Die Ehe und die Konstruktion der Wirklichkeit. *Soziale Welt,* 3: 220-35.

Berger, P. L., Berger, B. and Kellner, H. 1973: *The Homeless Mind: Modernization and Consciousness.* New York.

Bernard, J. 1976: *The Future of Marriage.* Harmondsworth.

Bernardoni, C. and Werner, V. (eds) 1983: *Der vergeudete Reichtum: Über die Partizipation von Frauen im Öffentlichen Leben.* Bonn.

Bertram, H. and Borrmann-Müller, R. 1988: Individualisierung und Pluralisierung familialer Lebensformen. *Aus Politik und Zeitgeschichte,* supplement to the weekly *Das Parlament,* 13: 14-22.

Bertram, H. and Dannenbeck, G. 1990: Zur Theorie und Empirie regionaler Disparitäten: Pluralisierung von Lebenslagen und Individualisierung von Lebensführungen in der BRD. In Berger, P. A. and Hradil, S. 1990.

Beyer, J., Lamott, F. and Meyer, B. (eds) 1983: *Frauenhandlexikon.* Munich.

Biermann, L, Schmerl, C. and Ziebell, L. 1985: *Leben mit kurzfristigem Denken: Eine Untersuchung zur Situation arbeitsloser Akademikerinnen.* Weilheim and Basie.

Bilden, H. 1989: Geschlechterverhältnis und Individualität im gesellschaftlichen Umbruch. In Keupp, H. and Bilden, H. (eds), *Verunsicherungen,* Göttingen: 19-46.

Blixen, T. 1986: *On Modern Marriage.* New York.

Bock-Rosenthal, T., Haase, C. and Streeck, S. 1978: *Wenn Frauen Karriere machen.* Frankfurt and New York.

Bohrer, K. H. 1988: Die Modernität der Romantik. *Merkur, 469:* 179-98.

Bolte, K.-M. 1980: Bestimmungsgründe der Geburtenentwicklung und Überlegungen zu einer möglichen Beeinflußbarkeit. In *Bevölkerungsentwicklung und nachwachsende Generation,* Schriftenreihe des Bundesministers für Jugend, Familie und Gesundheit, vol. 94, Stuttgart, Berlin, Cologne and Mainz: 64-91.

------ 1983: Subjektorientierte Soziologie. In Bolte, K.-M. and Treutner, E. (eds), *Subjektorientierte Arbeits- und Berufssoziologie,* Frankfurt: 12-36.

Bopp, J. 1984: Die Marnis und die Mappis: Zur Abschaffung der Vaterrolle. *Kursbuch 1967,* June: 53-74.

Borscheid, P. 1986: Romantic Love or Material Interest: Choosing Partners in Nineteenth-Century Germany. *Journal of Family History,* 2: 157-68.

Boston Women's Health Collective (ed.) 1971: *Our Bodies, Ourselves.* New York.

Braun, D. and Wohlfahrt, D. 1984: *Ich und du und unser Kind: Tagebücher aus dem Leben zu drill.* Reinbek.

爱的失序

Bräutigam, H.-H. and Mettler, L. 1985: *Die programmierte Vererbung: Möglichkeiten und Gefahren der Gentechnologie.* Hamburg.

Brinker-Gabler, G. (ed.) 1979: *Frauenarbeit und Beruf.* Frankfurt.

Brod, H. (ed.) 1987: *The Making of Masculinity.* Boston.

Brontë, C. 1966: *Jane Eyre.* Harmondsworth (first edn 1847).

Brose, H. G. and Hildenbrand, B. (eds) 1988: *Vom Ende des Individuums zur Individualität ohne Ende.* Opladen.

Brose, H. G. and Wohlrab-Sahr, M. 1986: Formen individualisierter Lebensführung von Frauen: ein neues Arrangement zwischen Familie und Beruf? In H. G. Brose (ed.), *Berufsbiographien im Wandel,* Opladen: 105-45.

Bruckner, G. and Finkielkraut, A. 1979: *Die neue Liebesunordnung.* Munich.

Bruker, M. O. and Gutjahr, I. 1986: *Biologischer Ratgeber für Mutter und Kind.* Lahnstein.

Buchholz, W. et al. 1984: *Lebenswelt und Familienwirklichkeit.* Frankfurt.

Bullinger, H. 1986: *Wenn Paare Eltern werden.* Reinbek.

Burckhardt, J. 1958: *The Civilization of the Renaissance in Italy.* New York (Ger. orig. 1858).

Burkart, G., Fietze, B. and Kohli, M. 1989: *Liebe, Ehe, Elternschaft: Eine qualitative Untersuchung über den Bedeutungswandel von Paarbeziehungen und seine demographischen Konsequenzen (Materialien zur Bevölkerungswissenschaft,* no. 60, ed. Bundesinstitut für Bevölkerungsforschung). Wiesbaden.

Campbell, C. 1987: *The Romantic Ethic and the Spirit of Modern Consumerism.* Oxford.

Cancian, F. M. 1985: Gender Politics: Love and Power in the Private and Public Spheres. In A. S. Rossi (ed.), *Gender and the Lifecourse,* New York: 253-65.

------ 1986: The Feminization of Love. *Signs,* 4: 692-709.

Capek, K. 1985: Romeo und Julia: Eine Erzählung. *Süddeutsche Zeitung,* 25- 7 May.

Chesler, P. 1979: *With Child: A Diary of Motherhood.* New York.

Chester, R. (ed.) 1982: *Children and Marriage.* Special issue of the *International Journal of Sociology and Social Policy,* 2/3.

Christie, A. 1977: *An Autobiography.* New York.

Cohen, A. 1983: *Die Schöne des Herrn.* Stuttgart.

------ 1984: *Das Buch meiner Mutter.* Stuttgart.

Cook, E. H. and Harrell, K. F. 1984: *Parental Kidnapping: A Bibliography.* Monticello: Vance Bibliographies.

Cunningham, M. 1991: *A Home at the End of the World.* London.

Daele, W. van den 1985: *Mensch nach Massi: Ethische Probleme der Gen manipulation und Gentherapie.* Munich.

Degler, C. N. 1980: *Women and the Family in America from the Revolution to the Present.* New York.

Demos, J. and Boocock, S. S. (eds) 1978: *Turning Points: Historical and Sot to logical Essays on the Family.* Chicago.

Diezinger, A., Marquardt, R. and Bilden, H. 1 982: *Zukunft mit best hranklrn Möglichkeiten, Pro/ektberu ht.* Munch.

Dische, I. 1983: Das schönste Erlebnis. *Kursbuch,* 72 (June): 28-32.

Dörre, K. 1987: *Risiko-Kapitalismus: Zur Kritik von Ulrich Becks Weg in eine andere Moderne.* Marburg.

Dowrick, S. and Grundberg, S. (eds) 1980: *Why Children?* New York and London.

Dubiel, H. 1987: Zur Ökologie der sozialen Arbeit. *Merkur:* 1039ff.

Duby, G. 1983: *The Knight, the Lady and the Priest: the Making of Modern Marriage in Medieval France.* New York.

Durkheim, E. 1933: *The Division of Labor in Society.* New York (Fr. orig. 1893).

Ehrenreich, B. 1983: *The Hearts of Men.* New York.

------ 1984: The Politics of Talking in Couples: Conversus Interruptus and other Disorders. In A. M. Jaggar and P. S. Rothenberg (eds), *Feminist Frameworks,* New York: 73-6.

Ehrenreich, B. and English, D. 1979: *For Her Own Good: 150 Years of the Experts' Advice for Women.* London.

Ehrenreich, B., Hess, E. and Jacobs, G. 1986: *Remaking Love; The Feminization of Sex.* New York.

Eichenbaum, L. and Orbach, S. 1983: *What Do Women Want?: Exploding the Myth of Dependency.* New York.

Elias, N. 1978: *The Civilization Process: The History of Manners.* New York.

------ 1985: Foreword. In M. Schröter, 'Wo *zwei zusammen kommen in rechter Ehe ... ': Sozio- und psychogenetische Studien über Eheschliessungsvorgänge vom 12. bis 15. Jahrhundert,* Frankfurt: vii-xi.

------ 1991: *The Society of Individuals.* Oxford.

Elschenbroich, D. 1988: Eine Familie, zwei Kulturen: Deutsch-ausländische Familien. In Deutsches Jugendinstitut (ed.), *Wie geht's der Familie?: Ein Handbuch zur Situation der Familien heute,* Munich: 363-70.

Enzensberger, H. M. 1988: *Requiem für eine romantische Frau: Die Geschichte von Auguste Bussmann und Clemens Brentano.* Berlin.

Erler, G. A. 1985: Erdöl und Mutterliebe: Von der Knappheit einiger Rohstoffe. In T. Schmidt (ed.), *Das pfeifende Schwein,* Berlin.

Esser, H. 1989: Verfällt die soziologische Methode? *Soziale Welt,* 1/2: 57-75.

Fabe, M. and Wikler, N. 1979: *Up Against the Clock: Career Women Speak on the Choice to Have Children.* New York.

Fallaci, O. 1976: *Letter to a Child Never Born.* New York.

------ 1980: *A Man.* New York.

Federal Minister of Education and Science (ed.) 1982-3, 1984—5, 1988-9, 1989-90: *Grund- und Strukturdaten.* Bonn.

Federal Minister of Youth, Family and Health (ed.) 1980: *Frauen 80.* Bonn.

------ 1984: *Frauen in der Bundesrepublik.* Bonn.

------ 1985: *Nichteheliche Lebensgemeinschaften in der Bundesrepublik Deutschland (Schriftenreihe des Bundesministers für Jugend, Familie und Gesundheit,* vol. 170). Stuttgart, Berlin, Cologne and Mainz.

Federal Office of Statistics (ed.) 1983a: *Frauen in Familie, Beruf und Gesellschaft, Ausgabe 1983.* Wiesbaden.

------ 1983b: *Datenreport.* Bonn.

------ 1987: *Frauen in Familie, Beruf und Gesellschaft, Ausgabe 1987.* Wiesbaden.

------ 1988: *Statistisches Jahrbuch 1988 (für die Bundesrepublik Deutschland)*. Bonn.

Fend, H. 1988: Zur Sozialgeschichte des Aufwachsens. In Deutsches Jugendinstitut (ed.), *25 Jahre Deutsches Jugendinstitut e.V.: Dokumentation der Festveranstaltung und des Symposiums*, Munich: 157-73.

Fischer, E. 1983: *Jenseits der Träume: Frauen um Vierzig*. Cologne.

Fischer, I. 1989: Der andere Traum vom eigenen Baby. *Geo-Wissen, Sonderheft Sex-Geburt-Genetik* (May): 46-58.

Fishman, P. M. 1982: Interaction: The Work Women Do. In R. Kahn-Hut, A. K. Daniels and R. Colvard (eds), *Women and Work: Problems and Perspectives*, New York: 170-80.

Flandrin, J. L. 1984: Das Geschlechtsleben der Eheleute in der alten Gesellschaft. In P. Ariès et al., *Die Masken des Begehrens und die Metamorphosen der Sinnlichkeit*, Frankfurt *(Western Sexuality*, Oxford, 1985).

Fleming, A. T. 1989: When a Loving Nest Remains Empty. *New York Times*, 15 March 1989.

Flitner, A. 1988: Zerbrechliche Zukunft. In his *Für das Leben-oder für die Schule?*, Weinheim: 211-19.

Foucault, M. 1978: *The History of Sexuality*. New York (Fr. orig. 1976).

Frankl, V. E. 1984: *Das Leiden am sinnlosen Leben: Psychotherapie für heute*. Freiburg.

Fuchs, R. 1988: *Die Technisierung der Fortpflanzung*. Berlin.

Fuchs, W. 1983: Jugendliche Statuspassage oder individualisierte Jugendbiographie? *Soziale Welt*, 3: 341-71.

------ 1984: *Biographische Forschung*. Opladen.

Furstenberg, F. Jr. 1987: Fortsetzungsehen: Ein neues Lebensmuster und seine Folgen. *Soziale Welt*, 1: 29-39.

Gabbert, K. 1988: Prometheische Schamlosigkeit. *Ästhetik und Kommunikation*, 69: 85-91.

Garfinkel, P. 1986: *In a Man's World*. New York.

Gensior, S. 1983: Moderne Frauenarbeit. In *Karriere oder Kochtopf, Jahrbuch für Sozialökonomie une Gesellschaftstheorie*. Opladen.

Gerhard, U. 1978: *Verhältnisse und Verhinderungen: Frauenarbeit, Familie und Rechte der Frauen im 19. Jahrhundert*. Frankfurt.

Geulen, D. 1977: *Das vergesellschaftete Subjekt*. Frankfurt.

Gilligan, C. 1982: *In a Different Voice: Psychological Theory and Women's Development*. Cambridge, Mass.

Glick, P. C. 1984: Marriage, Divorce, and Living Arrangements: Prospective Changes. *Journal of Family Issues*: 7-26.

Goldberg, H. 1979: *Der verunsicherte Mann: Wege zu einer neuen Identität aus psychotherapeutischer Sicht*. Reinbek.

Goody, J. 1983: *The Development of the Family and Marriage in Europe* Cambridge.

Gordon, S. 1985: Interview with Jean Baker Miller. *Ms.* (July): 42.

Grass, G. 1980: *Kopfgeburten*. Darmstadt: Eng. trans, as *Headbirths; or The Germans are Dying Out*, 198.

Gravenhorst, L. 1983: Alleinstehende Frauen. In J. Beyer et al. (eds), *Frauen-handlexikon: Stichworte zur Selbstbestimmung*, Munich: 16f.

Groffy, C. and Groffy, U, (eds) 1986: *Das Insel-Buch der Ehe*. Frankfurt.

Grönemeyer, R. 1989: *Die Entfernung vom Wolfsrudel: Über den drohenden Krieg der Jungen gegen die Alten*. Düsseldorf.

Gross, P. 1985: Bastelmentalität. In T. Schmidt (ed.), *Das pfeiefende Schwein*, Berlin: 63-84.

Gross, P. and Honer, A. 1990: Multiple Elternschaften. *Soziale Welt*, 1.

Gstettner, P. 1981: *Die Eroberung des Kindes durch die Wissenschaft: Aus der Geschichte der Disziplinierung*. Reinbek.

Habermas, J. 1973: *Legitimationsprobleme im Spätkapitalismus*. Frankfurt (*Legitimation Crisis*, Cambridge, 1988).

------ 1988: *Nachmetaphysisches Denken: Philosophische Aufsätze*. Frankfurt.

Hage, V. 1987: Ferne Frauen, fremde Männer. *Die Zeit*, 11 December.

Hahn, A. 1988: Familie und Selbstthematisierung. In K. Lüscher et al. (eds), *Die 'postmoderne' Familie*, Konstanz: 169-79.

Handke, P. 1982: *Kindergeschichte*. Frankfurt.

Häsing, H. (ed.) 1983: *Mutter hat einen Freund: Alleinerziehende Mütter berichten*. Frankfurt.

Häsing, H. and Brandes, V. (eds) 1983: *Kinder, Kinder!: Lust und Last der linken Eltern*. Frankfurt.

Häussler, M. 1983: Von der Enthaltsamkeit zur verantwortungsbewussten Fortpflanzung: Über den unaufhaltsamen Aufstieg der Empfängnisverhütung und seine Folgen. In M. Häussler et al., *Bauchlandungen: Abtreiben-Sexualität-Kinderwunsch*, Munich: 58-73.

Heiliger, A. 1985: Alleinerziehende Mütter: Ohne Partner glücklicher. *Psychologie heute* (December): 10-11.

Heitmeyer, W. and Möller, K. 1988: Milieu-Einbindung un Milieu-Erosion als individuelles Sozialisationsproblem. *Zeitschrift für erziehungswissenschaftliche Forschung*: 115-144.

Hennig, C. 1989: *Die Entfesselung der Seele: Romantischer Individualismus in den deutschen Alternativkulturen*. Frankfurt.

Hennig, M. and Jardim, A. 1977: *The Managerial Woman*. New York.

Hentig, H. von 1978: Vorwort. In P. Ariès, *Geschichte der Kindheit*, Munich.

Hite, S. and Colleran, K. 1989: *Kein Mann um jeden Preis: Das neue Selbstverständnis der Frau in der Partnerbeziehung*. Niederhausen.

Hitzler, R. 1988: *Sinnwelten*. Opladen.

Hoff, A. and Scholz, J. 1985: *Neue Männer in Beruf und Schule: Forschungsbericht*. Berlin.

Hoffmann-Nowotny, H.-J. 1988: Ehe und Familie in der modernen Gesellschaft. *Aus Politik und Zeitgeschichte*, supplement to the weekly *Das Parlament*, B 13: 3-13.

Höhn, C. Mammey, U. and Schwarz, K. 1981: Die demographische Lage in der Bundesrepublik Deutschland. *Zeitschrift für Bevölkerungswissenschaft*, 2: 139-210.

Hollstein, W. 1988: *Nicht Herrscher, aber kräftig: Die Zukunft der Männer.* Hamburg.

Hölzle, C. 1989: Die physische und psychische Belastung durch In-vitro-Fertilisation. *pro familia magazin,* 5: 5-8.

Homan, W. E. 1980: *Kinder brauchen Liebe - Eltern brauchen Rat.* Munich.

Honig, M.-S. 1988: Kindheitsforschung: Abkehr von der Pädagogisierung. *Soziologische Revue,* 2: 169-78.

Honneth, A. 1988a: Soziologie: Eine Kolumne. *Merkur,* 470: 315-19.

------ 1988b: Soziologie: Eine Kolumne. *Merkur,* 477: 961-5.

Höpflinger, F. 1984: Kinderwunsch und Einstellung zu Kindern. In H.-J. Hoffmann-Nowotny et al., *Planspiel Familie: Familie, Kinderwunsch und Familienplanung in der Schweiz,* Diessenhofen: 77-181.

Hornstein, W. 1985: Strukturwandel im gesellschaftlichen Wandlungsprozess. In S. Hradil (ed.), *Sozialstruktur im Umbruch: Karl Martin Bolte zum 60. Geburtstag,* Opladen: 323-42.

------ 1988: Gegenwartsdiagnose und pädagogisches Handeln. *Zeitschrift für Pädagogik,* 34.

Hubbard, R. 1984: Personal Courage is Not Enough: Some Hazards of Childbearing in the 1980s. In R. Arditti et al. (eds), *Test-Tube Women: What Future for Motherhoods,* London: 331-55.

Hurrelmann, K. 1989: Warum Eltern zu Tätern werden: Ursachen von Gewalt gegen Kinder. *Forschung - Mitteilungen der DFG,* 1: 10-12.

Ibsen, H. 1986: *A Doll's House and Other Plays,* trans. Peter Watts. Harmondsworth.

Illich, I. 1985: Einführung in die Kulturgeschichte der Knappheit. In A. H. Pfürtner (ed.), *Wider den Turmbau zu Babel: Disput mit Ivan Illich,* Reinbek: 12-31.

Imhof. A. E. 1981: *Die gewonnenen Jahre.* Munich.

------ 1984: *Die verlorenen Welten.* Munich.

Institute for Demographics, Allensback/Köcher, R. 1985: *Einstellungen zu Ehe und Familie im Wandel der Zeit.* Stuttgart.

Jaeggi, E. and Hollstein, W. 1985: *Wenn Ehen älter werden: Liebe, Krise, Neubeginn.* Munich.

Jannberg, J. 1982: *Ich bin ich.* Frankfurt.

Jong, E. 1974: *Fear of Flying.* London.

------ 1985: *Parachutes and Kisses.* London.

Jourard, S. M. 1982: Ehe fürs Leben - Ehe zum Leben. *Familiendynamik,* 2: 171-82.

Kamerman, S. B. 1984: Women, Children and Poverty: Public Policies and Female-headed Families in Industrialized Countries. In *Women and Poverty,* special issue of *Signs: Journal of Women in Culture and Society,* 10/2: 249-71.

Kaufmann, F.-X. 1988: Sozialpolitik und Familie. In *Aus Politik und Zeitgeschickte,* supplement to the weekly *Das Parlament,* B 13: 34-43.

Kaufmann, F.-X., Herlth, A., Quitmann, J., Simm, R. and Strohmeier, P. 1982: Familienentwicklung: Generatives Verhalten im familialen Kontext. *Zeitschrift für Bevölkerungswissenschaft,* 4: 523-45.

Kern, B. and Kern, H. 1988: *Madame Doctorin Schlözerin: Ein Frauenleben in den Widersprüchen der Aufklärung.* Munich.

Kerner, C. 1984: *Kinderkriegen: Ein Nachdenkbuch.* Weinheim and Basel.

Keupp, H. 1988: *Riskante Chancen: Das Subjekt zu/tschen Psychokultur und Selbstorganisation.* Heidelberg.

Keupp, H. and Bilden, H. (eds) 1989: *Verunsicherungen: Das Subjekt im gesellschaftlichen Wandel.* Munich.

Kitzinger, S. 1980: *The Complete Book of Pregnancy and Childbirth.* New York.

Klages, H. 1988: *Wertedynamik: Über die Wandelbarkeit des Selbstverständlichen.* Zurich.

Klein, R. D. 1987: Where Choice Amounts to Coercion: The Experiences of Women on IVF Programs. Address at the Third International Interdisciplinary Women's Congress, Dublin (mimeographed ms.).

Kohli, M. 1985: Die Institutionalisierung des Lebenslaufes. *Kölner Zeitschrift für Soziologie und Sozialpsychologie,* 1: 1-29.

------ 1988: Normalbiographie und Individualität. In H. G. Brose and B. Hildenbrand (eds), *Vom Ende des Individuums zur Individualität ohne Ende,* Opladen: 33-54.

Krantzler, M. 1974: *Creative Divorce: A New Opportunity for Personal Growth.* New York.

Krechel, U. 1983: Meine Sätze haben schon einen Bart: Anmahnung an die neue Weiblichkeit. *Kursbuch* (September): 143-55.

Kreckel, R. (ed.) 1983: *Soziale Ungleichheiten.* Special issue of *Soziale Welt.*

Kristeva, J. 1989: *Geschichten von der Liebe.* Frankfurt *(Tales of Love,* New York).

Kuhn, H. 1975: *'Liebe': Geschichte eines Begriffes.* Munich.

Kundera, M. 1974: *Laughable Loves.* New York (Czech orig, pre-1968).

Lange, H. and Bäumer, G. (eds) 1901: *Handbuch von der Frauenbewegung, I. Teil: Die Geschichte der Frauenbewegung in den Kulturländern.* Berlin.

Langer-El Sayed, I. 1980: *Familienpolitik: Tendenzen, Chancen, Notwendigkeiten.* Frankfurt.

Lasch, C. 1977: *Haven in a Heartless World: The Family Besieged.* New York.

Lau, C. 1988: Gesellschaftliche Individualisierung und Wertwandel. In H. O. Luthe and H. Meulemann (eds), *Wertwandel-Faktum oder Fiktion?,* Frankfurt and New York.

Lazarre, J. 1977: *The Mother Knot.* New York.

Ledda, G. 1978: *Padre, Padrone.* Zurich.

Lempp, R. 1986: *Familie im Umbruch.* Munich.

Ley, K. 1984: Von der Normal- zur Wahlbiographie. In M. Kohli and G. Robert (eds), *Biographie und soziale Wirklichkeit,* Stuttgart: 239-60.

Liegle, L. 1987: *Welten der Kindheit und der Familie.* Weinheim and Munich.

Lorber, J. and Greenfield, D. 1987: Test-Tube Babies and Sick Roles: Couples' Experiences with In Vitro Fertilization. Address at the Third International Interdisciplinary Women's Congress, Dublin (mimeographed ms.).

Lucke, D. 1990: Die Ehescheidung als Kristallisationskern geschlechtsspezifischer Ungleichheit im Lebenslauf von Frauen. In P. L. Berger and S. Hradil 1990.

Luckmann, T. 1983: *Life-World and Social Realities*. London.

Lüscher, K. 1987: Familie als Solidargemeinschaft aller Familienangehörigen: Erwartungen und Möglichkeiten. In *Familienideal, Familienalltag* (Schriften des deutschen Vereins für öffentliche und private Fürsorge, vol. 226), Frankfurt: 22-37.

Luhmann, N. 1984: *Liebe als Passion: Zur Codierung von Intimität*. Frankfurt (*Love as Passion*, Cambridge, 1986).

------ 1985: Die Autopoiesis des Bewusstseins. *Soziale Welt*, 4: 402-46.

------ 1989: Individuum, Individualität, Individualismus. In his *Gesellschaftsstruktur und Semantik*, III, Frankfurt: 149-258.

Lutz, W. 1985: Heiraten, Scheidung und Kinderzahl: Demographische Tafeln zum Familien-Lebenszyklus in Österreich. In *Demographische Informationen*: 3-20.

Maase, K. 1984: Betriebe ohne Hinterland. In *Marxistische Studien, Jahrbuch des IMSF*, Frankfurt.

Mackenzie, N. and Mackenzie, J. (eds): *The Diary of Beatrice Webb, Volume Three, 1905-1924*. London.

Mayer, E. 1985: *Love and Tradition: Marriage between Jews and Christians*. New York and London.

Mayer, K. U. 1989: Empirische Sozialstrukturanalyse und Theorien gesellschaftlicher Entwicklung. *Soziale Welt*, 1/2: 297-308.

Meller, L. 1983: *Lieber allein: Zur Situation weiblicher Singles*. Frankfurt.

Merian, S. 1983: *Der Tod des Märchenprinzen*. Reinbek.

Merrit, S. and Steiner, L. 1984: *And Baby Makes Two: Motherhood without Marriage*. New York.

Metz-Göckel, S. and Müller, U. 1987: Partner oder Gegner?: Überlebensweisen der Ideologie vom männlichen Familienernährer. *Soziale Welt*, 1: 4-28.

Metz-Göckel, S., Müller, U. and Brigitte Magazine 1985: *Der Mann*. Hamburg.

Michal, W. 1988: *Die SPD-staatstreu und jugendfrei*. Reinbek.

Michelmann, H. W.. and Mettler, L. 1987: Die In-vitro-Fertilisation als Substitutionstherapie. In S. Wehowsky (ed.), *Lebensbeginn und Menschenwürde: Stellungnahmen zur Instruktion der Kongregation für Glaubenslehre vom 22.2.1987 (Gentechnologie*, 14), Frankfurt and Munich: 43-51.

Mooser, J. 1983: Auflösung der proletarischen Milieus, Klassenbindung und Individualisierung in der Arbeiterschaft vom Kaiserreich bis in die Bundesrepublik Deutschland. *Soziale Welt*, 3: 270-306.

Müller, W., Willms, A. and Handl, J. 1983: *Strukturwandel der Frauenarbeit 1880-1980*. Frankfurt.

Münz, R. 1983: Vater, Mutter, Kind. In G. Pernhaupt (ed.), *Gewalt am Kind*, Vienna: 33-44.

Muschg, G. 1976: Bericht von einer falschen Front. In H. P. Piwitt (ed.), *Literaturmagazin 5*, Reinbek.

Musil, R. 1952: *Der Mann ohne Eigenschaften*. Hamburg (first edn, 2 vols, 1930-3; Eng. trans, as *The Man without Qualities*, 3 vols, 1953-60).

Nave-Herz, R. 1987: Bedeutungswandel von Ehe und Familie. In H. J. Schulze and T. Mayer (eds), *Familie- Zerfall oder neue SelbstverständnisC* Würzburg 18-27.

------ 1988: *Kinderlose Ehen: Eine empirische Studie über die Lebenssituation kinderloser Ehepaare und die Gründe für ihre Kinderlosigkeit.* Weinheim and Munich.

Neckel, S. 1989: Individualisierung und Theorie der Klassen. *Prokla,* 76: 51-9.

Neidhardt, F. 1975: *Die Familie in Deutschland: Gesellschaftliche Stellung, Struktur und Funktion.* Opladen (4th expanded edition).

Nichteheliche Lebensgemeinschaften in der Bundesrepublik Deutschland 1985: Schriftenreihe des Bundesministers für Familie, Jugend und Gesundheit, 170. Stuttgart.

Norwood, R. 1985: *Women who Love too Much: When You Keep Wishing and Hoping He'll Change.* New York and Los Angeles.

Nunner-Winkler, G. 1985: Identität und Individualität. *Soziale Welt,* 4: 466-82.

------1989: Identität im Lebenslauf. In Psychologie heute (ed.), *Das Ich im Lebenslauf,* Weinheim.

ÖKO-TEST 1988: *Ratgeber Kleinkinder.* Reinbek.

Olerup, A., Schneider, L. and Monod, E. 1985: *Women, Work and Computerization: Opportunities and Disadvantages.* New York.

O'Reilly, J. 1980: *The Girl I Left Behind.* New York.

Ostner, I. and Krutwa-Schott, A. 1981: *Krankenpflege: Ein Frauenberuf?* Frankfurt.

Ostner, I. and Pieper, B. 1980: Problemstruktur Familie - oder: Über die Schwierigkeit, in und mit Familie zu leben. In Ostner and Pieper (eds), *Arbeitsbereich Familie: Umrisse einer Theorie der Privatheit.* Frankfurt and New York.

Palmer, C. E. and Noble, D. N. 1984: Child Snatching. *Journal of Family Issues,* 5/1: 27-45.

Papanek, H. 1979: Family Status Production: The 'Work' and 'Non-work' of Women. *Signs,* 4/4: 775-81.

Partner, P. 1984: *Das endgültige Ehebuch für Anfänger und Fortgeschrittene.* Munich.

Pearce, D. and McAdoo, H. 1981: *Women and Children: Alone and in Poverty.* Washington.

Perls, F. and Stevens, J. O. 1969: *Gestalt Therapy Verbatim.* Lafayette, California.

Permien, H. 1988: Zwischen Existenznöten und Emanzipation: Alleinerziehende Eltern. In Deutsches Jugendinstitut (ed.), *Wie geht's der Familie?: Ein Handbuch zur Situation der Familien heute,* Munich: 89-97.

Pfeffer, N. and Woollett, A, 1983: *The Experience of Infertility.* London.

Pilgrim, V. E. 1986: *Der Untergang des Mannes.* Reinbek.

Plessen, E. 1976: *Mitteilung an den Adel.* Zurich.

Praschl, P. 1988: Bloss keine Blösse geben. *Stern,* 13: 38.

Praz, M. 1933: *The Romantic Agony.* London.

Preuss, H. G. 1985: *Ehepaartherapie: Beitrag zu einer psychoanalytischen Partnertherapie in der Gruppe.* Frankfurt.

Pross, H. 1978: *Der deutsche Mann.* Reinbek.

Quintessenzen aus der Arbeitsmarkt- und Berufsforschung 1984: Frauen und Arbeitsmarkt. Nuremberg.

Rapp, R. 1984: XYLO: A True Story. In R. Arditti et al. (eds), *Test-Tube Women - What Future for Motherhood?*, London: 313-28.

Ravera, L. 1986: *Mein Hebes Kind.* Munich.

Reim, D. (ed.) 1984: *Frauen berichten vom Kinderkriegen.* Munich.

Rerrich, M. S. 1983: Veränderte Elternschaft. *Soziale Welt,* 4: 420-49.

------ 1988: *Balanceakt Familie: Zwischen alten Leitbildern und neuen Lebensformen.* Freiburg.

------ 1989: Was ist neu an den 'neuen Vätern'. In H. Keupp and H. Bilden (eds), *Verunsicherungen,* Göttingen: 93-102.

Richter, H. E. 1969: *Eltern, Kind, Neurose: Die Rolle des Kindes in der Familie.* Reinbek.

Riehl, W. H. 1861: *Die Familie.* Stuttgart.

Riesman, D. 1981: Egozentrik in Amerika. *Der Monat,* 3: 111-23.

Rifkin, J. 1987: *Kritik der reinen Unvernunft.* Reinbek.

Rilke, R. M. 1980: *Briefe.* Frankfurt.

Ritsert, J. 1987: Braucht die Soziologie den Begriff der Klasse? *Leviathan,* 15: 4-38.

Rolff, H.-G. and Zimmermann, P. 1985: *Kindheit und Wandel: Eine Einführung in die Sozialisation im Kindesalter.* Weinheim and Basie.

Roos, B. and Hassauer, F. (eds) 1982: *Kinderwunsch: Reden und Gegenreden.* Weinheim and Basie.

Rosenbaum, H. (ed.) 1978: *Seminar: Familie und Gesellschaftsstruktur.* Frankfurt.

------ 1982: *Formen der Familie: Untersuchungen zum Zusammenhang von Familienverhältnissen, Sozialstruktur und sozialem Wandel in der deutschen Gesellschaft des 19. Jahrhunderts.* Frankfurt.

Rosenmayr, L. 1984: *Die späte Freiheit.* Munich.

------ 1985: Wege zum Ich vor bedrohter Zukunft. *Soziale Welt,* 3: 274ff.

Rossi, A. S. (ed.) 1974: *The Feminist Papers: From Adams to de Beauvoir.* New York.

Roth, C. 1987: Hundert Jahre Eugenik. In Roth (ed.), *Genzeit: Die Industrialisierung von Pflanze, Tier und Mensch: Ermittlungen in der Schweiz,* Zurich: 93-118.

Rothman, B. K. 1985: Die freie Entscheidung und ihre engen Grenzen. In R. Arditti et al. (eds), *Retortenmütter,* Reinbek: 19-30.

------ 1988: *The Tentative Pregnancy: Prenatal Diagnosis and the Future of Motherhood.* London.

Rubin, L. B. 1983: *Intimate Strangers: Men and Women Together.* New York.

Ryder, N. B. 1979: The Future of American Fertility. *Social Problems,* 26/3: 359 70.

Sartre, J.-P. 1956: *Being and Nothingness,* trans. Hazel E. Barnes. New York (Fr. orig., 1943).

Schellenbaum, P. 1984: *Das Nein in der Liebe: Abgrenzung und Hingabe in der erotischen Beziehung.* Stuttgart.

Schenk, H. 1979: *Abrechnung.* Reinbek.

Schlumbohm, J. (ed.) 1983: *Wie Kinder zu Bauern, Bürgern, Aristokraten wurden, 1700-1850.* Munich.

Schmid, J. 1989: Die Bevölkerungsentwicklung in der Bundesrepublik Deutschland. In *Aus Politik und Zeitgeschichte,* supplement to the weekly *Das Parlament,* B 18: 3-15.

Schmid, W..1986: Auf der Suche nach einer neuen Lebenskunst. *Merkur:* 678ff.

Schmidbauer, W. 1985: *Die Angst vor der Nähe.* Reinbek.

Schmiele, W. 1987: *Henry Miller.* Reinbek.

Schneewind, K. A. and Vaskovics, L. A. 1991: *Optionen der Lebensgestaltung junger Ehen und Kinderwunsch, Forschungsbericht.* Munich and Bamberg.

Schneider, S. W. 1989: *Intermarriage: The Challenge of Living with Differences.* New York.

Schönfeldt, S., Countess von 1969: *Das Buch vom Baby: Schwangerschaft, Geburt und die ersten beiden Lebensjahre.* Ravensburg.

------1985: *Knaurs Grosses Babybuch.* Munich.

Schopenhauer, A. 1987: *Vom Nutzen der Nachdenklichkeit.* Munich.

Schröter, M. 1985: *'Wo zwei zusammenkommen in rechter Ehe...': Studien über Eheschliessungsvorgänge vom 12. bis 15. Jahrhundert.* Frankfurt.

Schulz, W. 1983: Von der Institution 'Familie' zu den Teilbeziehungen zwischen Mann, Frau und Kind. *Soziale Welt,* 4: 401-19.

Schumacher, J. 1981: Partnerwahl und Partnerbeziehung. *Zeitschrift für Bevölkerungswissenschaft,* 4: 499-518.

Schütze, Y. 1981: Die isolierte Kleinfamilie. *Vorgänge, 5:* 75-8.

------1986: *Die gute Mutter: Zur Geschichte des normativen Musters 'Mutterliebe'.* Bielefeld.

------1988: Zur Veränderung im Eltern-Kind-Verhältnis seit der Nachkriegszeit. In R. Nave-Herz (ed.), *Wandel und Kontinuität der Familie in der Bundesrepublik Deutschland,* Stuttgart: 95-114.

Seidenspinner, G. and Burger, A. 1982: *Mädchen '82: Eine Untersuchung im Auftrag der Zeitschrift Brigitte.* Hamburg.

Sennett, R. 1976: *The Fall of Public Man.* London.

Sichrovsky, P. 1984: Grips-Mittelchen. *Kursbuch* (May): 55-9.

Sichtermann, B. 1981: *Leben mit einem Neugeborenen: Ein Buch über das erste halbe Jahr.* Frankfurt.

------1982: *Vorsicht, Kind: Eine Arbeitsplatzbeschreibung für Mütter, Väter und andere.* Berlin.

------1987: *Wer ist wie? Über den Unterschied der Geschlechter.* Berlin.

Sieder, R. 1987: *Sozialgeschichte der Familie.* Frankfurt.

Simmel, G. 1978: *The Philosophy of Money,* trans. D. Frisby. London (Ger. orig. 1977).

------1985: *Schriften zur Philosophie der Geschlechter,* ed. H. J. Dahmke and K. Höhnke. Frankfurt.

Steinbeck, J. 1966: *America and Americans.* New York.

Stich, J. 1988: 'Spätere Heirat nicht ausgeschlossen...': Vom Leben ohne Trauschein. In Deutsches Jugendinstitut (ed.), *Wie geht's der Familie?: Ein Handbuch zur Situation der Familien heute,* Munich: 155-62.

Stone, L. 1978: Heirat und Ehe im englischen Adel des 16. und 17. Jahrhunderts. In 11. Rosenbaum (ed.) *Seminar Familie und Gesellschaftsstruktur,* Frankfurt: 444|79

------1979: *The Family, Sex and Marriage in England 1500-1800.* New York.

Strauss, B. 1987: Ihr Brief zur Hochzeit. *Süddeutsche Zeitung,* 24-5 Jan., weekend supplement.

Strümpel, B. et al. 1988: *Teilzeitarbeitende Männer und Hausmänner.* Berlin.

Swaan, A. De 1981: The Politics of Agoraphobia. *Theory and Society.* 359-85.

Theweleit, K. 1987: *Male Fantasies,* 2 vols. Minneapolis (Ger. orig. 1987).

Tilly, C. (ed.) 1978: *Historical Changes of Changing Fertility.* Princeton.

Tuchman, B. 1978: *A Distant Mirror: The Calamitous Fourteenth Century.* New York.

Turow, S. 1991: *The Burden of Proof.* London.

Urdze, A. and Rerrich, M. S. 1981: *Frauenalltag und Kinderwunsch: Motive von Müttern für oder gegen ein zweites Kind.* Frankfurt.

Vester, H. G. 1984: *Die Thematisierung des Selbst in der postmodernen Gesellschaft.* Bonn.

Vogt-Hagebäumer, B. 1977: *Schwangerschaft ist eine Erfahrung, die die Frau, den Mann und die Gesellschaft angeht.* Reinbek.

Vollmer, R. 1986: *Die Entmythologisierung der Berufsarbeit.* Opladen.

Wachinger, L. 1986: *Ehe: Einander lieben-einander lassen.* Munich.

Wagnerova, A. 1982: *Scheiden aus der Ehe: Anspruch und Scheitern einer Lebensform.* Reinbek.

Wahl, K. 1989: *Die Modemisierungsfalle: Gesellschaft, Selbstbewusstem und Gewalt.* Frankfurt.

Wahl, K., Tüllmann, G., Honig, M. S. and Gravenhorst, L. 1980: *Familien sind anders!* Reinbek.

Wallerstein,}. and Blakeslee, S. 1989: *Gewinner und Verlierer.* Munich *(Second Chances: Men, Women and Children a Decade after Divorce,* New York).

Wander, M. 1979: *'Guten Morgen, du Schöne!': Frauen in der DDR, Protokolle.* Darmstadt and Neuwied.

Wassermann, J. 1987: *Laudin und die Seinen.* Munich (first edn 1925; Eng. trans, as *Wedlock,* New York, 1926).

Weber, M. 1985: *The Protestant Ethic and the Spirit of Capitalism.* London (Ger. orig. 1905).

Weber-Kellermann, I. 1974: *Die deutsche Familie: Versuch einer Sozialgeschichte.* Frankfurt.

Wehrspaun, M. 1988: Alternative Lebensformen und postmoderne Identitäts- konstitution. In K. Lüscher et al. (eds), *Die 'postmoderne' Familie,* Konstanz; 157-68.

Weitman, S. 1994: Elementary Forms of Socioerotic Life. MS, Tel Aviv.

Wetterer, A. 1983: Die neue Mütterlichkeit: Über Brüste, Lüste und andere Stil(l)blüten aus der Frauenbewegung. In M. Häussler et al., *Bauchlandungen: Abtreiben-Sexualität-Kinderwunsch,* Munich: 117-34.

Weymann, A. 1989: Handlungsspielräume im Lebenslauf: Ein Essay zur Einführung. In Weymann, *Handlungspielräume: Untersuchungen zur Indiin dualisierung und Institutionalisierung von Lebensläufen in der Moderne,* Stutt- gart: 1-39.

White, N. R. 1984: On Being One of the Boys: An Explanatory Study of

Women's Professional and Domestic Role Definitions. *Women's Studies International Forum,* 7/6: 433-40.

Wiegmann, B. 1979: Frauen und Justiz. In M. Janssen-Jurreit (ed.), *Frauenprogramm: Gegen Diskriminierung,* Reinbek: 127-32.

Wiggershaus, R. 1985: 'Nun aber ich selbst': Neue Tendenzen in der Literatur von Frauen in der Bundesrepublik, in Österreich und in der Schweiz. *Die neue Gesellschaft, Frankfurter Hefte,* 7: 600-7.

Williams, L. S. 1987: 'It's Gonna Work for Me': Women's Experience of the Failure of In Vitro Fertilization and its Effect on their Decision to Try IVF Again. Address at the Third International Interdisciplinary Women's Congress, Dublin (mimeographed ms.).

Willms, A. 1983a: Segregation auf Dauer?: Zur Entwicklung des Verhältnisses von Frauenarbeit und Männerarbeit in Deutschland. In W. Müller, A. Willms and J. Handl 1983: 107-81.

------ 1983b: Grundzüge der Entwicklung der Frauenarbeit von 1880-1980. In W. Müller, A. Willms and J. Handl 1983: 25-54.

Wimschneider, A. 1987: *Herbstmilch: Lebenserinnerungen einer Bäuerin.* Munich.

Wingen, M. 1985: Leitung und Einführung zur Podiumsdiskussion 'Heiratsverhalten und Familienbindung'. In J. Schmidt and K. Schwarz (eds), *Politische und prognostische Tragweite von Forschungen zum generativen Verhalten: Herausgegeben von der Deutschen Gesellschaft für Bevölkerungswissenschaft,* Berlin: 340-51.

Wysocki, G. von 1980: *Die Fröste der Freiheit: Aufbruchphantasien.* Frankfurt.

Zinnecker, J. 1988: Zukunft des Aufwachsens. In J. Hesse, H.-G. Rolff and C. Zoppel (eds), *Zukunftswissen und Bildungsperspektiven,* Baden-Baden: 119-39.

Zoll, R. et al. 1989: *'Nicht so wie unsere Eltern!': Ein neues kulturelles Modell?* Opladen.

Zschocke, F. 1983: *Er oder ich: Männergeschichten.* Reinbek.

望 MOUNTAIN
登自己的山

主　　编｜谭宇墨凡
策划编辑｜谭宇墨凡　李　珂

营销总监｜张　延
营销编辑｜狄洋意　许芸茹　韩彤彤　张　璐　石　喆

版权联络｜rights@chihpub.com.cn
品牌合作｜zy@chihpub.com.cn
出版合作｜tanyumofan@chihpub.com.cn

野望 SPRING
MOUNTAIN

Room 216, 2nd Floor, Building 1, Yard 31,
Guangqu Road, Chaoyang, Beijing, China